（2024年）

心理委员工作
蓝皮书
——全国高校心理委员工作调查

Blue Book of Psychological Monitors' Affairs

—Survey of National Psychological Monitors' Affairs in Colleges

主　编　詹启生　刘　卉

副主编　姚　斌　刘明波　宋宝萍

李永慧　王立前　王敬群

郑爱明　冉龙彪　罗嘉文

2024年

2017年

天津大学出版社

TIANJIN UNIVERSITY PRESS

图书在版编目（CIP）数据

心理委员工作蓝皮书 ： 全国高校心理委员工作调查 / 詹启生，刘卉主编 ； 姚斌等副主编. -- 天津 ： 天津大学出版社，2024. 9. -- ISBN 978-7-5618-7835-4

Ⅰ. G444

中国国家版本馆CIP数据核字第20241HZ921号

出版发行 天津大学出版社
地　　址 天津市卫津路92号天津大学内（邮编：300072）
电　　话 发行部：022-27403647
网　　址 www.tjupress.com.cn
印　　刷 北京盛通印刷股份有限公司
经　　销 全国各地新华书店
开　　本 720mm×1010mm　1/16
印　　张 16.5
字　　数 297千
版　　次 2024年9月第1版
印　　次 2024年9月第1次
定　　价 48.00元

《心理委员工作蓝皮书
——全国高校心理委员工作调查》
编写委员会

乔　燕
秦红霞
邵执玉
沈宏艳
沈文静
盛　雯
史学莉
司武阳
宋蔼丽
苏　炜
孙桔云
孙军敏
孙　蕾
孙萍萍
孙　强
孙义星
孙裕如
汤　倩
陶梦馨
田文海
王成宝
王东华
王康春
王倩芸
王小影
王亚蒙
韦萍萍
吴长奇
伍惠文
夏寅生
谢　琛
谢亮亮
谢章明
辛　苇
徐桂香
徐丽超
杨丽丽
杨　倩
杨　潇
杨　珍
姚琦郡
姚　瑶
尹明证
余慧玲
俞　超
袁金全
袁　焱
张昌银
张　瑾
张冉冉
张　瑞
张　涛
赵慧宇
甄　君
郑　勤
郑雯雯
周　祎
朱彩娣
朱龙凤

北京

白　杨
常梦宁
陈　蕾
崔　岱
崔丽娜
邓　听
邓先丽
谷陟璇
顾　丽
郭爱莲
韩　鹏
贺小瑞
黄雅梅
贾　烜
蒋惠竹
黎玮轩
李　梅
李佩玲
李　蓉
李胜强
李　湾
李亚兰
李　英
李　征
李　卓
李子颖
廖　冉
刘凤娥
刘桂萍
刘海娟
刘　鹏
刘希庆
刘　琰
刘　颖
鲁　萍
罗　燕
聂　宁
聂少杰
权江红
石　薇
宋广荣
宋　萱
宋　宇
宋振韶
索桂芝
唐　菲
童　欣
汪明春
王传宏
王豪坤
王　红
王　颖
王育韵
吴　悦
辛俊杰
许丽媛
许玉萍
闫康婧
杨　学
姚彩琴
叶冬梅
张　驰
张春艳
张海丹
张　靖
张梦元
张　平
张婉奇
张阳阳
张　宇
张　月
赵　晨
周柯均
周　蜜
朱仙桃
朱艳新

福建

白　丽
蔡丽煌
蔡婉君
陈红英
陈　虹
陈锦锋
陈　森
陈　睿
陈世盛
陈夏芸
陈晓明
陈雅彬
陈玉娥
陈元津
邓士婷
丁闽江
杜丹红
方慧兰
傅晋斌
龚财枝
官如香
郭晓煜
何维康
何晓莹
何鑫华
何一澜
洪淑君
黄丹丹
黄福生
黄丽敏
江　鹏
柯锦墩
雷　浩
梁　璇
廖婷红
林冰军
林　晨
林成圣
林　斐
林蓉蓉
林纾宇
林　雪
林赞歌
龙细连
陆美月
罗腾香
罗香群

吕　倩
马秀红
欧嘉烟
潘芬芬
施小清
汪燕芳
王海荣
王丽馨
王雪珍
王　娅
王艳红
韦　炜
吴浦南
吴　云
吴真真
谢　彬
谢　立
谢天麒
谢燕卿
徐礼云
徐维玮
徐晓娟
许安兵
许琳玲
许清宁
许　霞
杨　帆
杨　莹
叶彦琪
张惠娟
张　艺
郑梅钦
郑明娟
钟华华
周瑶瑶
周　政
朱银燕

甘肃

保玉胜
蔡　敏
常小全
陈利云
陈赟婷
程　活
丁月娥
尔杰草
关　琳
焦　隽
孔亚亚
李春雨
李　梅
刘斌成
刘　瑾
刘潇潇
鲁玉福
马辉琳
马梅芬
孟向婷
祁　畅
宋炜弘
宋小玲
苏　雪
索梦弦
田文娇
汪海红
王　欢
王　珂
王文霞
王心亮
吴彩霞
武　燚
徐伊文婕
闫红丽
杨　琳
杨玉鹏
张晓琨
张艳峰
张正丁
赵　静
仲　伟
朱海娟
朱瑛川

广东

艾思佳
蔡洁钒
蔡瑶瑶
蔡媛媛
蔡钟川
曾　锐
陈　榕
陈舒文
陈晓怡
陈晓云
陈秀兰
从　勇
崔洪波
代　红
戴雯菲
邓昕睿
杜俊鹏
樊翠娟
方　盈
高长松
龚伟志
郭凯娟
郭　亮
何丽明
侯小花
胡　婧
胡文鹏
黄桂玲
黄凯琳
黄思媛
黄婷红
霍颖扬
霍中开
纪力敏
亢　蓉
柯东成
雷　琴
雷晓元
雷　一
黎晓钧
黎玉河
李红梅
李嘉誉
李静娴
李坤德
李丽慧
李利平
李　玲
李　鸥
李鹏飞
李天畅
李亚娟
李一平
李玉婷
李　桢
梁彩玲
梁杰珍
梁芹生
梁小燕
梁　艳
梁燕玲
梁咏诗
梁钰炫
刘国华
刘　静
刘　勉
刘小松
柳　林
卢　芳
卢小莲
鲁　成
陆昕昕
罗京滨
罗维惟
马幸会
欧敏静
彭丹蕾
秦舒婷
邱璐璐
任增辉
石丹丹
宋兰霞
苏静贤
孙桂芳
孙小芳
谭健烽
谭清方
汤思尧
唐秋连
汪清扬
汪思含
王凤姿
王慧秋
王　婧
王立昭
王少璞
王　适
王晓敏
王新香
王有霞
王　煜

王　远
魏雅君
温　岚
温舒艺
巫昭海
吴尔诺
吴　欢
吴　洁
吴文珍
吴　妍
吴志雄
吴智龙
武　倩
肖　潇
萧文彩
徐艳平
徐梓然
轩　威
薛翠志
严家怡
阎　茹
颜　笑
燕　慧
杨敏梨
杨琼敏
杨新梅
杨彦川
杨颖香
杨志乾
姚双雁
叶红梅
叶丽霞
叶　玲
叶　婷
叶稳安
叶晓燕
余彩红
袁卉芬
袁孝珺
苑　冀
张常青
张加薇
张金慧
张庆曦
张　羽
赵传锡
赵　青
赵　文
郑文清
钟小川
周晓霞
周宜娇
朱　亚
邹思静
左　兰

广西

安华平
班兰美
曹　玉
曾　珍
陈　立
程族桁
邓娌莉
董　蓓
樊　茜
甘　标
郭忠芳
黄红甜
黄　江
黄莉惠
黄园园
江彩凤
姜卓茂
蒋吉丽
蓝筱璐
李嘉嘉
李　晴
李　青
李　赏
李韦嫦
梁　静
梁　媛
蔺　薇
刘便荣
刘玲花
龙茂森
卢灵巧
路晓华
罗金玲
罗　欣
吕学巧
吕兆华
毛小玲
毛旭明
潘露瑶
庞少红
秦懿昭
申晓晴
宋　倩
孙凤娉
覃金梅
谭艳艳
谭咏梅
谭智中
唐龙萍
田　薇
王彩方
韦晶晶
邬　巧
向银环
熊少青
杨　玲
杨苏洁
业　明
尹晨祖
余金玲
张承宗
张　瑜
张紫晨
赵春兰
郑　杰
郑　霞
周　婧
周婧颖

贵州

曾　薇
陈晓雪
陈玉荣
邓　桀
窦　娟
杜昆筑
付　琴
郭超英
郭　瑞
韩淑红
何德敏
何明远
何　山
何　媛
胡崇强
胡祖兴
黄青青
江雯茜
蒋佳成
蒋　露
李芳苹
李　瑾
李　丽
李　娜
李楠柯
李　运
刘　刚
刘　佳
刘　鑫
陆　昀
罗　辑
罗莉莉
罗　禹
马　燕
倪虹霞
沈　力
石　琳
孙丛亮
孙　文
覃　丽
汤悦翊
田双凤
王丹一
王虹旭
王　慧
王　艳
王　妤
韦　瑶
吴晶晶
吴　柳
伍　勤
武　岩
谢其利
杨　兰
杨　丽
杨龙珍
杨通宇
杨小燕
杨　莹

于岚茜
余昭琼
袁小勤
张钧榆
张 钱
张乾宁子
赵 明
郑元媛
钟 英
周洪媛
周 静
周 勇
朱连香
朱敏慧
祝和芬

海南

陈美琼
陈 圣
窦建鹤
符婧柔
谷文彤
黄 远
李 菁
李 静
李菊顺
李樱紫
刘忆春
刘子君
潘家健
田红梅
田嘉琪
王昌纯
王海燕
王晓宇
王永杰
夏彩云
许 哲
尹嫦春

河北

白冬雪
白 洁
边丽丽
边 帅
蔡 谦
常 静
陈慧洁
陈立民
陈丽敏
陈田园
陈 英
仇 菊
崔 桐
邸岩童
杜漫丽
范彧然
冯海婧
冯立婷
付海玲
高 峰
高斯恬
勾晓铭
郭丽娜
郭璐璐
郭 威
国敬璇
韩凯军
郝雅琪
何 筠
洪宝玲
侯 婷
胡 铂
贾强华
贾文梦
贾晓红
贾志平
康 伟
康圆圆
郎艳红
李桉冰
李春莉
李方方
李浩然
李继光
李佳丽
李 立
李 明
李木子
李树梅
李拓霖
李宪琴
李 洋
林乃磊
刘 宝
刘 芳
刘 娜
刘青芝
刘晰凝
刘 颖
刘玉红
刘昱涵
刘占平
路继先
马苗苗
马艳杰
马艳萍
孟丹丹
孟丽丽
钱雅文
乔 瑜
尚思达
石世平
宋海英
宋佳瞳
宋秀丽
宋伊迪
苏 艳
孙世玲
孙欣欣
陶晓星
田 飞
王国强
王 昊
王虎生
王 静
王丽芳
王梦萦
王瑞学
王 莎
王秀希
王旭升
王雅丽
王增纳
王 锃
吴珊妹
武 迪
武士容
谢亚棋
徐梦琪
许 骁
许 旭
薛 冰
杨 丹
杨 柳
杨巧娟
姚爱红
姚和霞
叶 青
郁雅楠
詹 爽
张 宏
张金英
张丽存
张丽平
张 鹏
张 青
张瑞庆
张 杉
张淑琪
张 维
赵立英
赵 彤
赵伟鹏
左 勇

河南

畅相韦
陈芳芳
陈梦雅
陈 晴
程文娟
代 鹏
单永花
丁 洁
丁玉连
豆全丽
范爱华
范成璐
冯钰丹
付进华
高奇峰
郜艳丽
郭丽娟
韩江江
韩晓燕

郝 娟
郝 梅
何忠霞
贺天庆
洪梦飞
黄静静
黄梦雅
黄 青
黄晓敏
黄 欣
惠凤先
冀梦格
贾梦霏
蒋艳君
焦秋芬
雷 霄
李 程
李欢阳
李慧娟
李建英
李军霞
李俊丽
李 可
李 蕾
李 敏
李鹏飞
李 琦
李秋艳
李世斌
李玉霞
李志凯
梁 川
梁丽娜
梁贤英
刘柏涛
刘慧玲
刘慧瀛
刘家珂
刘 洁
刘 娟
刘俊岐
刘俊茹
刘梦冉
刘 琦
刘天池
刘小转
刘晓静
刘晓丽
卢慧娟
卢 琰
路晓英
吕建德
吕 喆
马潇冉
马璇乐
马忆萌
满 义
孟雪玲
苗 瑞
莫华敏
牛海霞
潘 苏
彭河银
皮晓媛
齐鑫超
乔蓓蕾
屈丽娟
权嘉黛
冉慧敏
尚瑞莉
尚宇红
师彦洁
石晓柯
宋川川
孙晨哲
孙世佳
陶 丹
田 飞
田倩倩
仝 捷
汪双双
王红如
王红滟
王会军
王济发
王 娟
王明森
王 琪
王 青
王婷婷
王小倩
王 雪
王 燕
王迎春
王永铎
温娟娟
吴菁莉
吴双双
吴颖盈
武琳琳
徐恩镇
许 存
许敬杰
闫素云
闫怡雯
杨卫敏
杨 壮
姚静华
易陈彬
尹 磊
于洪超
于明华
袁 磊
袁旭辉
张 典
张 鼎
张 慧
张 静
张 靓
张瑞红
张琬晴
张雯瑜
张新红
张鑫丽
张燕平
张 洋
张 颖
张玉洁
赵娟娟
赵灵芝
赵迎春
郅利聪
种秋茹
周永平
朱梦涵
朱娜娜
朱艳丽
朱芷毅
朱智秀

黑龙江

常 苹
陈斯文
付翃飞
付 瑶
戈兆君
郭 靖
韩奇廷
侯润楠
姜春哲
姜 梦
金 泽
李 袒
李春华
李 东
李庆萍
李双双
李雪健
李艳武
李 焱
李永升
刘金锋
刘 蕾
刘 恋
刘晓华
刘雪婷
刘照源
罗 帅
吕智慧
马 林
钱淑红
曲明星
石 晶
史 倩
宋 玥
孙洪波
孙 宇
万春秀
王静雯
王 磊
王莉莉
王 倩
王姝雯
王 威
王威宇
王晓琦

王新元
王兴华
魏　佳
魏姗珊
吴　弢
夏菁菁
谢　盈
辛世敏
杨凤娟
杨　铭
杨雯雯
杨　宇
于海洋
于瑛琦
袁　韬
张国欣
张海彬
张慧敏
张　静
张　岚
张　亮
张　锐
张诗曼
张文漪
张晓萌
张月秋
张忠宇
赵春慧
赵　旋
赵紫豪
周倍娴
周立超
周丽臻

湖北

曾　姝
柴奉时
陈冬明
陈　庆
陈天军
陈　悦
谌　燕
程　芳
崔文龙
邓黎崇
丁太一
丁　毓
董　芳
方梦蝶
封　静
扶长青
付国秋
付　艳
郭敏慧
郭　琼
郭小英
侯　燕
胡　敏
黄美程
黄湘琳
贾健宇
姜　蕾
蒋　灿
焦晓飞
赖海雄
雷英爽
黎四美
李博文
李　方
李　琳
李　伦
李　梦
李　娜
李晓夏
李亚南
林　辰
林　凡
刘　奔
刘　兵
刘陈陵
刘　佳
刘　俊
刘　玲
刘　濛
刘孟琪
刘晟吉
刘迎新
刘　瑜
刘　玥
罗　黎
马桑妮
潘纬织
彭彩丽
彭力群
彭思怡
石曼云
史梦璐
孙茂原
孙艳妮
涂怡菲
陀柠瑜
万　钰
王　枫
王　卉
王建宇
王锦文
王　静
王　露
王　倩
王文锋
王　潇
王小凤
隗　虹
魏大龙
魏荣霞
文兴华
文　艺
吴才智
吴　量
吴雪霜
吴　忧
鲜于宁
谢利红
谢　婷
辛　璐
辛永娜
熊　婕
徐　浪
徐　玲
徐庆龄
徐琬婷
徐　瑛
许明超
荀庆波
闫心语
严　玲
严　婷
杨　梅
杨雨婷
易红燕
余　洪
余金聪
余　莉
余小民
张成勉
张晶云
张　静
张　培
张小娟
张元灏
赵玲玲
赵晓敏
郑　媛
朱冠春
朱宁宁
朱晓静
朱晓宇
祝忠玲
宗舒晓

湖南

蔡亦珂
曾晓东
陈　琳
陈　娜
陈　铁
陈一夫
代淑芬
邓宇琪
邓　玉
丁　玲
段　佳
段思岚
甘海平
葛　伶
韩桂芬
韩　洁
韩淑娟
何　静
胡　健
胡　婕
胡　娟
胡仕雄
胡雨蓉
黄柏兰
黄慧敏

黄文才
蒋　凌
蒋淑亚
蒋　燕
蒋　韵
金怡瑶
李光程
李佳芹
李静茹
李满林
李　荣
李思婷
李　婷
李　伟
李一飞
李志敏
李祝萍
林　雨
刘晨怡
刘红亚
刘洪燕
刘梨梨
刘满玉
刘晴宇
刘人辅
刘水晶
刘　微
刘湘玲
刘云峰
柳　叶
卢　璐
卢　璇
罗　徽
罗　帏
骆　爽
吕　乐
马　翔
马　莹
聂　恒
欧缤忆
欧阳文锋
彭　熙
彭秀峰
彭　熠
彭　泽
任　莹
石啟志
宋一恒
谭　彩
谭　进
汤　芳
唐梦斯
唐明军
唐志红
万冬华
万秋红
王建武
王　汪
王　燕
王　赞
文冰洁
文喜婷
翁莉莉
夏丹凤
向　姣
向文彬
肖琳琳
肖　露
熊伟娥
徐婕妤
许　芳
颜玉平
晏　磊
阳晓艳
杨迪奥
杨梦颖
杨延刚
杨长华
姚　景
易　娟
易　敏
印宗祥
袁　燕
翟牡丹
张楚筠
张芳瑜
张　洁
张秋亮
张素娴
张文丽
张晓宇
张笑仪
张玉桃
赵　芳
郑　洁
钟琼瑶
钟思静
周国玲
周　威
周燕平
周芝萍
朱煜婷
诸思源

吉林

车明明
车兴隆
陈　丹
陈　薇
崔慧旭
鄂园圆
冯　帆
高宁悦
高书雅
龚海龙
谷　丹
管清华
郭好冰
郭　薇
郭彦铎
何志涛
姜言波
雷　玲
李　芳
李厚仪
李欣屿
李　妍
李艳欢
刘恕华
刘晓佳
陆　明
吕珈锐
吕建华
满园春
毛雨萌
孟　伟
潘柏权
齐晓颖
桑小洲
宋佳桐
宋　琦
唐嘉璘
田　野
王城城
王　冠
王　薇
王晓欢
王晓宁
王新宇
王雪娇
吴　玲
谢　林
杨东欣
杨　柳
杨　绿
于　鑫
张　婵
张福绪
张海婷
张凯蓬
赵　涵
赵金铭
赵　晶
赵　君
赵晓军
郑　艳
周小琳
朱　瑞
庄文婷
邹洪伟

江苏

卜梦瑾
卜　一
蔡亚敏
蔡　远
曹　静
曾子芩
查伟大
陈春圆
陈　菲
陈慧欣
陈　权
陈思琪
陈腾丽
陈　艳

陈 尹
陈 瑜
戴明月
杜 琼
段玲玲
段亚宁
樊 荣
方 菲
方 珏
方丽芳
冯 杰
冯 娜
甘良梅
高柳莺
高素华
高艳玲
葛洁洁
葛 萍
韩 雪
何冬怡
侯俊如
黄 静
黄 帅
黄 伟
黄一静
黄甄汝
江鑫鑫
姜 飞
蒋 涵
赖 媛
李保辉
李红梅
李慧君
李玲玲
李凌云
李品品
李同欢
李文洋
李晓晴
李昱霏
厉 童
郦子莹
凌笑笑
刘 畅
刘翠英
刘好贤
刘红菊
刘素珍
刘 秀
刘 雪
刘 亚
刘玉蓉
刘长虹
刘宗影
鲁淑红
路 艳
马彩云
马明慧
米 倩
缪 斯
潘 洁
潘 婷
潘永峰
钱春霞
邱 烨
沈 静
沈煜轩
施冰滢
石 静
舒 菲
孙建超
孙俊丽
孙栎淇
孙 伟
孙元元
邰苡嘉
汤 艺
陶 醉
童玉梅
涂冬侠
王彩英
王 健
王 琴
王瑞霞
王 珊
王世伟
王文娟
王莹彤
王 颖
王志琳
王 珠
魏霄羽
吴丽玫
吴 琼
吴亚楠
吴亚子
吴 垠
吴煜辉
夏玲玲
咸大伟
向莉莉
肖 琳
熊梓君
徐晓娟
徐逸斐
许飞菲
闫 琳
严 茹
杨美玲
叶红萍
弋秋蓉
易红春
易 琳
殷颢文
于巧芳
于志英
余新年
余 营
俞 燕
袁海燕
岳金明
臧爱明
翟 飞
张彩霞
张 东
张凯璇
张 莉
张 玲
张玲玲
张曼玉
张 茜
张 硕
张文静
张晓玲
张秀杰
张 艳
张艳芸
张永春
张 岳
赵 谦
赵晓川
周 虹
周若曦
周友焕
周 韵
朱建荣
朱 乾
朱倩晨
朱婉灵
朱 威
朱巍巍
朱晓庆
朱永芳

江西

曹 昊
曹依萍
曾小燕
常春英
陈丽雯
陈美霞
陈雯遐
陈延斌
陈志平
陈子璇
戴 幸
邓招梅
段月维
高 旭
龚诗情
龚珍奇
郭修凤
郭 燕
何源平
黄 萌
黄 鑫
戢焕启
季玲杯
贾睿琦
贾炜荣
井 凯
赖 泳
雷海情
雷普俊
雷 瑜

李　川
李　娟
李炎辉
李　阳
李玉龙
梁　君
梁思晨
林　麟
刘爱萍
刘弘毅
刘玲玲
刘寅华
刘云贵
刘运梅
罗　佳
罗洁琴
罗娅萍
毛丽丽
毛情红
彭金慧
彭亚飞
彭跃红
邱　奋
邱　娟
佘玙圭
汤青娥
童　莹
汪　瑶
王安琪
王　琤
王敬群
王美娟
王文华
王细燕
未小琴
魏　来
温旭晨
温燕丽
吴辉良
吴　珺
吴庆松
吴　燕
席梦婷
夏　岚
肖　玫
肖思佳
熊巧玲
熊小红
徐俊莎
徐　勤
许雅青
严蔷薇
姚智军
叶绿素
余　泓
余琳燕
占　琳
张传凰
张军华
张晓茜
赵　军
郑艾倍
钟根佐
钟华华
钟建有
钟　琪
钟志兵
周海琪
朱海燕
朱俊婉
朱凯庆
朱凯欣
朱文婷
朱永卓

辽宁

安　菲
陈艳萍
成咏琦
戴　悦
邓晨曦
杜　卉
段志慧
樊美慧
房素兰
冯晓红
盖守双
高　浩
高丽芳
关　欣
官　巍
郭凌旭
韩　宇
侯颖超
胡清钰
霍素凤
贾　楠
金　鑫
荆丽颖
礼　冰
李红霞
李　丽
李良敏
李　敏
李晓溪
李　媛
李媛媛
梁瑛楠
刘兰兰
刘明慧
刘铭川
刘　薇
刘　笑
刘　学
刘　洋
柳知春
栾劲松
罗杰飞
马春凤
马吉政
马琴芳
潘丽平
庞　辉
齐　怡
曲丹阳
任　晖
尚小铭
时　阳
宋朝艳
宋玉洁
孙　琰
王　丹
王丽丽
王丽娜
王　琳
王　楠
王　卅
王苏妍
王欣星
王　鑫
王　燕
武光路
武　琳
肖文学
欣　蕾
徐　畅
徐冬艳
许珊珊
闫　华
杨　丽
杨　露
应兆升
于　龙
苑　波
张　冰
张春晓
张国萍
张　涵
张家铭
张津凡
张　莉
张　倩
张　睿
张远航
赵曾渝
赵涵淑
赵　彤
赵　星
赵艳英
郑　伟
庄郁馨

内蒙古

安　琪
包　文
崔俊芳
房玲玲
冯　莉
高　慧
高　强
高友汉
高　远
郭文婷
郭秀琴
郝思建
郝　燕

何海春
降彩虹
李翠云
李丽霞
李向阳
李岩
刘桂春
刘佳伟
刘艳
马长红
苗栗鹿子
彭杰
乔红梅
任凤桃
戎懿
斯日古楞
宋君荣
宋冉冉
孙天婧
佟禺明
王莉媛
王水仙
王铁斌
韦海燕
魏欣
吴春华
吴海鹏
肖扎力嘎胡
谢春辉
许妍
闫英
于莉
苑香红
岳丽娟
张二妙
张慧超
张文君
赵婧喆
钟华
周福成

宁夏

陈璐
丁芳
范丽萍
和娟
雷兴富
李春艳
李军
李秋丽
马玉
秦莉
沙鹏
谭晶
王玉娇
吴福婷
吴晓庆
邢宇
杨继玲
杨婉晴
杨燕
郧翠翠

青海

景娟娟
刘欢
卢艳雪
马昊楠
叶长春
余婷婷
张蔚
张艳婷
张兆琪
赵明芳
朱雪莹

山东

车锦若
陈剑
陈文倩
程亚楠
楚丽蓉
崔福建
崔玉玲
党莉
丁杭
杜柯萱
段炜
费晓璐
冯晔
高娟
高小燕
高学锋
高雅琳
谷绵绵
管姣
郭晓芳
呼延涵
胡馨元
黄海红
黄玫
汲雪
纪念
纪莹
姜丹丹
解雪
康纯佳
孔祥武
蓝慧燕
李翠华
李桂青
李洁
李灵艳
李璐
李冉
李淑娜
李晓含
李雪丽
李元薇
李媛
刘安庆
刘海霞
刘辉
刘倩
刘晓杰
刘宇鹏
刘姿妤
鲁洪俊
吕桂莉
米振宏
苗洪霞
慕丽伟
庞亚男
逄伟
钱路平
曲冬
曲媛媛
任筱
尚晓丽
史菲菲
宋福慧
宋均婷
宋理玲
宋学珍
隋筱晗
孙亚梅
孙雨
唐琦
田健
汪飞
汪巧玲
王福臣
王海荣
王卉卉
王静
王君
王坤
王琳
王素素
王素霞
王旋
王学红
王亚男
王义利
王永丽
王云
王兆红
魏华
魏亚慧
肖虹
谢慧
谢荣慧
辛晓雯
徐淏苒
徐天翔
闫琳
闫秀云
杨会敏
姚亮
岳明蕾
张杰
张洁
张婧瑶
张静
张明珠
张双双
张晓丽

张艳
张扬
张艺钟
张英莉
张影侠
张玉娇
张政
赵艳霞
甄程
甄珍
郑立群
郑晓燕
种道汉
周华
周末
周秋梅
周颖萍
朱茫茫
朱耀秀

山西

白雪锋
边文颖
常妙
陈超
陈彦芳
次柏龄
丛玉燕
崔小琴
董晓玲
杜景文
段博
段媛媛
费彦宏
冯翠仙
冯艳琴
郭晓慧
郭秀丽
郭旭霞
韩美玲
郝宏恩
贺彦芳
赫亮清
侯雪薇
黄鹿敏
靳丽华
景彩峰
李方良
李宏
李慧
李静
李微光
李昕
李颖
栗艳
梁涛
刘建勇
罗丽霞
吕俊芳
潘拥军
祁春春
申杰
史华红
宋潇雅
田甜
屠鸣
王晋江
王力
王瑞红
王绍芬
王晓霞
王月花
王跃萍
魏佳
魏晓
吴焱
武变芳
咸世昭
肖海雁
徐晓格
闫丹凤
闫红霞
闫强
阎贞花
杨红云
杨琳
杨威
姚莉
原凤霞
张海凝
张蕾
张敏
张绣蕊
张艳霞
赵欢
赵静
郑伟东

陕西

安伯欣
白雷蕾
陈曦
陈雪
陈志敏
董阳
杜佳玉
段好宁
段英楠
冯娟
冯田
郭晨
韩海燕
韩晓琴
韩臻
黄洁
惠晓薇
贾婷婷
金花
康楠
柯小敏
李艾芳
李佳
李苗
李敏
李娜
李平
李烨彤
李宇晨
林晓萍
刘飞
刘佳
刘姣姣
刘洋
刘园
雒森森
雒婷
吕泊怡
吕改莲
马莹莹
毛志宏
穆妮娜
倪娜
潘米
彭虎军
齐新悦
宋宝萍
宋育亮
苏丹宁
苏晓奇
孙琳琳
孙媛媛
滕晓
田毅
田珍珍
万红
王泓皓
王蕾玲
吴新颖
夏涛涛
徐弘
徐流懿
徐露雯
薛飘
严梦音
杨丹
杨欢欢
杨琰华
姚艳婷
余乐
原静
詹兴飞
张国华
张海莉
张娟
张利军
张萌
张睿芮
张亚男
张燕花
赵蓓
赵晶
赵玲
赵贞
赵智勇
周晨琛

上海

蔡日月
曹宁宁
陈　洁
陈亭羽
董海涛
方丽伟
葛一丹
何诗雯
贺俊杰
洪逸灵
黄馨卉
黄洋子
姜　鹰
李　静
李欣蔚
刘纯姣
马前广
马　青
马子凤
毛　媚
莫滨瑜
潘　红
彭洁予
彭　瑾
齐孟翰
齐　宁
钱　钧
冉雨琴
任丽杰
史红娇
孙洪礼
汤玉琴
汪清华
王炜然
王　瑶
王业平
王　怡
武莹莹
向碧华
肖君政
谢　焜
谢湘萍
徐奥燃
徐璐璐
宣红萍
杨　鉴
杨　瑾
余建诚
岳　倩
张凤姣
张洪英
张可可
张乐雅
张蔚卿
张笑笑
张　欣
张　漪
郑　悦
郑子怡
周清华
周子涵

四川

陈蒂丝
陈　华
陈嘉欣
陈梦雪
陈小荟
陈　旭
陈炫颖
程虹娟
淳敬松
代欣凌
邓　怀
邓翔宇
杜冰南
范平平
方从慧
方寒俐
高　玮
高雪梅
龚　勋
郭玲静
海世平
韩兹莹
何蔚成
何　湘
贺　娟
洪　超
黄霁虹
黄　郁
蒋建华
蒋玉梅
李德琴
李　芳
李佳锐
李嘉雯
李　静
李小佩
李星霖
李钰珂
李媛媛
李云涛
利　爽
林　文
刘　晨
刘　莉
刘　霞
刘　晓
刘　杨
罗方芫
罗　乐
罗文萍
马亚妮
孟春燕
闵　星
牟　洁
倪海珍
牛丽丽
欧阳逸
蒲江江
邱　菊
邱雪梅
曲木阿伟
石　倩
孙晓英
孙　喆
台凤霞
覃小琼
唐　莉
汪廷玉
王可晖
王秋芳
王　婷
王英梅
王雨晴
魏鑫旻
吴冰蓉
吴　兰
吴　霞
肖倩怡
肖　云
肖志华
徐晓霞
杨　婕
杨天啸
杨婷婷
姚歆怡
姚又丹
叶晓榕
易晓明
尹　明
尹子臣
余　洋
袁晓艳
张　晨
张　丹
张炯理
张　娜
张　琴
张耀峰
张由月
赵佳妮
赵若兰
赵小河
赵　燕
赵　泽
周金辉
周　科
周明祺
周文静
周遥遥
邹　琴

天津

柴　爽
陈　予
董　菁
段雅姝
范丽媛
高　燕
高　阳
郭　葳
郝爱云
黄文玉
姜　琨

靳云华
李博祥
李积鹏
李　娟
李怡宁
李雨飞
刘　萍
刘小茜
刘亚菲
刘　洋
鲁　帆
路晨菲
牛宏伟
潘元青
沙翠霞
史鸿桦
史晓晨
宋志华
苏世将
孙　萱
王嘉嘉
王　静
王　敏
王心怡
王　岩
文　迪
肖建伟
徐　滨
徐小清
许相媛
余筱竹
袁　芳
詹启生
张福乐
张建华
张建丽
张学勇
张　一
郑　洁
周爱静
周显晶
周　瑜
朱晓坤

西藏

白　曼
姚温青

云南

曹　霞
曾　谋
陈　红
陈建平
陈旭燕
陈瑜婕
陈　耘
崔建爱
崔　薇
道巴拉木
郭愿志
何芝暨
胡光友
黄燕玲
蒋顺一
金亚萍
晋娇燕
李爱冰
李春萍
李丽红
李梦霄
李　倩
李茹婷
李　西
李　霞
李艳清
李　渊
李远菊
李韵韵
刘　嘉
刘　茜
刘倩倩
刘　琼
刘　燕
刘云美
罗宝艳
罗晓云
罗艳娟
马语晗
马泽培
牟　洁
倪安琪
聂世颖
皮　茜
乔　扬
邱欣红
山　琳
宋　熹
谭　剑
唐　怡
陶丽春
滕　燕
王　丽
王琦平
王亚欢
王一帆
王育丹
吴　予
吴雨蓓
徐海燕
徐晓路
许世媛
杨　芳
杨　静
杨　黎
杨秀芬
杨雅婷
杨亚琴
游安迪
袁　铌
袁宁晞
张　鸿
张建慧
张美娟
张梦洁
张巧玲
张荣娜
张润姝
张雪莲
郑　莹
钟　忠
周　丽
周睿媛
周应龙
周子人
朱璟尧

浙江

蔡宏辉
柴晓莉
陈静敏
陈秀娟
陈　瑶
陈　伊
陈莹莹
陈雨嘉
谌劲波
程佳宁
程　敏
丁汝楠
董芳芳
董海云
方　苏
盖艳伟
甘　泉
高建伟
龚子君
顾玲玲
顾雅楠
何慧芬
胡彬媛
胡　晨
胡瑞恒
华芳英
华　盛
黄淑颖
黄文军
姜灵燕
蒋海燕
金　璐
李　雪
李　勇
李志明
梁晶晶
刘瑞华
卢传赟
罗　琴
骆飞霞
吕　雯
米　多
钱玉玲

邱丹丹
邱小燕
邱晓雯
曲　倩
任嘉威
赛燕燕
商冬梅
邵雪晴
盛　奥
史秀玉
帅佳佳
帅师师
宋明华
苏梦霞
孙亚菲
谭娟晖
陶云瑛
童林泉
万　婕
汪　静
王　蓓
王　富
王　晶
王　娟
王　丽
王晓磊
王　影
魏　伟
吴佳宸
吴奇遥
吴玉伟
武俊儒
徐　飞
徐　洁
徐　亮
徐晓敏
许诗颖
杨冰亚
杨京霖
尹志慧
尤海燕
张宝强
张　静
张明波
张晓霞
张　渊
章剑飞
章　敏
赵明明
赵姝慧
赵晓翀
郑甜甜
周　超
周露依
周　钱
周晓优
朱炳达
朱丽华
朱　易
庄燕菲

重庆

艾　雲
敖艳琼
陈　娟
陈艳丽
代安华
方梦霞
龚　杰
管心田
郭　晶
郭　婧
贺欢欢
贺伟婕
贺　燕
胡佳怡
黄　雪
金春寒
郎　瑞
李　江
李静华
李　梅
李羽洁
梁　静
刘　畅
龙　曦
罗金凤
罗书晗
罗　婷
马兹林
冉红琼
宋　杰
苏　丹
覃江霞
谭锦绣
谭　颖
汤洪棉
陶钧杰
田　雨
汪　静
汪嫔嫔
王　春
王老师
王丽萍
王梦梅
王　群
王小茜
向晓蜜
谢沁怡
谢晓明
谢　颖
杨春丽
杨　娇
杨　军
杨雷雷
杨钦君
杨　雨
姚丁琪
于凡琪
袁碧钰
张纯霞
张　丹
张平平

张艳艳
郑红兰
郑　巧
郑雪茹
周锦辉
周　堃

新疆

阿迪莱·阿卜力米提
阿勒特乃·吉恩斯
阿丽米热·阿布都卡地尔
阿曼古丽
阿斯耶姆·图拉克
阿衣努尔·米克来
艾丽菲热·吾甫尔
安　静
杜金玉
额尔德妮
关良子
郭指挥
哈丽巴·达尼亚
郝倍雷
胡新桃
刘俊瑞
刘　旭
刘　彦
马薇娜
马　勇
米热班·艾尼瓦尔
米依尔
裴　璐
彭向君
蒲　炜
热依拉·热夏提
邵　斐
苏　蕾
苏美娜·苏来买
谭　杰
王　菲
王姗姗
王艳霞
王　珍
王紫睿
夏慧铃
夏丽达
谢　华
熊　慧
闫雪莹
杨琳静
杨　梅
张鲁宁
张璐璐
张　旭
张艳梅
赵晨晨
郑宽宽

序

我非常荣幸地提前看到了由詹启生和刘卉老师主编，很多老师作为副主编，更多的老师参加编写的《心理委员工作蓝皮书——全国高校心理委员工作调查》，深深地为这项总结所感动。

毫无疑问，学生心理健康工作是一项宏大的工作，只有在中国，只有在中国心理学者的团结努力下才可能完成这项工作。这本蓝皮书有200多页，我用了几天的时间才大致浏览一遍，看到如今全国2 000多所高校、100多万名心理委员、2 000多位专职心理教师和200多位其他教师组成的集体所做的工作，让我想起很多。

班级心理委员这项工作，从一开始就得到中国心理学会的关注、肯定和支持，以詹启生老师为代表的我国很多高校的心理学教师，二十年如一日倾心投入这项重要的工作，确实很了不起。一个人做一件好事不难，难的是一辈子做好事，一贯地有利于人民。二十年虽然不是一辈子，却是每位心理工作者一生最宝贵的年华，他们用自己的宝贵年华和聪明才智，构筑了我国高校保障学生心理健康和预防处置心理危机的防火墙，避免的损失难以计数，为我国高校心理健康教育做出了巨大贡献。

班级心理委员工作是心理学满足国家战略需求的重要组成部分。常常有人困惑于什么是心理学的国家战略需求？班级心理委员就是。战略需求并不一定要制造出先进的设备。袁隆平先生的工作就是最好的例证。他做的就是让一颗颗稻粒更大，一条条稻穗更长，聚集起来就是我国粮食生产和粮食安全，这无疑是战略性的贡献。心理学也一样，让每一位年轻人心理更加健康，学习和生活更加充实和美好，聚集起来就能大幅度提升整个中华民族的实力和能力，就是对社会和谐发展的根本性贡献。

这一版蓝皮书展示了200多所高校的心理委员工作，虽然每所学校的工作展示只有短短几百字，但背后却是心理工作者多年来巨大的付出和努力。同时我也看到了很多熟悉的名字，备感亲切。作为一个已经不在一线工作的中国心理学人，我要感谢每一位同人做出的无私奉献。显然学生心理健康教育工作，还需要得到学界更多的重视。

完成这样举世无双的全国性的心理委员工作调查，在全世界任何其他国家都是不可想象的。这项工作本身也体现了我国社会主义制度的优越性。党和政府越来越注重心理健康工作，让我们一起努力，使我国的心理健康工作有更大的发展。

张侃

中国心理学会原理事长

中国科学院心理研究所原所长

国际心理科学联合会原副主席

2024年7月19日

北京时雨园

前　言

2004年，天津大学在全校范围内针对本硕博各年级、各班级全面建立心理委员制度。至2024年，全国高校心理委员工作已匆匆走过20个年头。在中国心理学会的大力支持下，我主持了一个"全国高校心理委员工作网络建设"的科研项目，其中对教育部公布的2 820所高校的心理委员工作进行了全面调研。除了118所高校没有取得联系外，在实际调研了的2 702所高校中，获取有效调研数据的高校有2 617所（未获取有效调研数据的85所高校是因为新建或暂停招生等）。其中所调研高校累计报告在读心理委员总人数1 131 597名，而对应的高校在读学生总人数为37 932 576名，心理委员占学生总数的百分比为2.98%。也就是说每100名在读高校学生中，有近3名在读心理委员。这个数据不仅让我们看到了20年来中国特色心理委员制度的发展成果，还让我们看到了以"心理委员"为基础的心理危机预防与干预的重要力量。

在此首先感谢为此调研做出了重大贡献的各位老师。特别是协助完成100%调研的22个省区市的相关负责人。这22个省区市是天津、河北、山西、内蒙古、吉林、黑龙江、上海、江苏、浙江、安徽、福建、江西、河南、湖北、广东、海南、重庆、贵州、云南、甘肃、青海、宁夏。调研期间，这些协助完成100%调研的老师们留下了很多精彩故事，他们获取的不仅仅是一个个有效数据，更重要的是在展示中国特色心理委员制度的细微而重大的成果。

其次感谢我的研究生团队，他们参与各部分的数据整理与内容撰写工作。本书具体撰写分工如下：第一部分"全国高校心理委员工作调查实施情况说明”由詹启生撰写；第二部分“理事单位心理委员工作展示”由张含悦、王念菲、刘心怡与张宇坤整理撰写；第三部分“全国高校心理委员工作调查”由王念菲、刘心怡与张宇坤整理撰写；第四部分“第六届全国百佳心理委员名单（2023 年）”由心理委员工作平台提供，彭维整理撰写；第五部分“第七届全国高校心理情景剧获奖名单（2024 年）”由李梦日整理撰写；第六部分“第十八届全国高校心理委员工作研讨会简况（2023 年）”由刘丹与史同笑整理撰写；第七部分“第三届全国高校心理微电影（心理短视频）优秀作品展创新剧目名单（2023 年）”由宋方林整理撰写；第八部分“第二届中小学心理危机干预工作研讨会交流材料”由陈潇整理撰写；第九部分“‘心理委员基础知识与实用技能’主讲专家简介及视频观看流程”由詹启生整理；第十部分“英国牛津大学朋辈训练项目介绍”由牛津大学朋辈负责人 Anne Ford 撰写，詹一明翻译，李梦日审校。

感谢张侃教授为本书写序。张侃教授组建了中国心理学会心理危机干预工作委员会，其对以心理委员为基础的心理危机干预快速反应机制给予了充分肯定。

感谢天津大学出版社为此书的出版做出的贡献。

詹启生

2024 年 7 月 7 日

目　　录

第一部分　全国高校心理委员工作调查实施情况说明

自 2004 年天津大学面向 2000—2004 级全体本硕博各年级、各班级建立心理委员制度以来，全国高校心理委员工作至今发展已 20 年。20 年来，其现状如何？充分了解全国高校心理委员工作有助于我们发挥好这支队伍的作用，为全体学生心理健康工作提供更好的服务。针对此问题，特对全国高校开展一次比较全面的心理委员工作的专题调研。2023 年 6 月 15 日，教育部正式公布的全国普通高校共 2 820 所。为此，我们在中国心理学会的大力支持下，充分发挥全国高校心理委员研究协作组所有成员的作用，经过一年时间的努力，除了 118 所（约占全国普通高校总数的 4.2%）高校暂时没有取得联系而未实施调研外，已完成调研的高校数量达到 2 702 所（约占全国普通高校总数的 95.8%）。

最终提供有效调研数据的高校有 2 617 所，约占 96.9%；而未能提供有效数据的高校有 85 所（约占 3.1%）。虽然，未能提供有效数据的 85 所高校各有原因，包括学校暂停招生、正在筹建而未招生、国际办学暂无相关数据、尽管接通电话但暂时不便接受调研等。但这 85 所高校的调研交流经验依然可贵，为今后开展全覆盖式的科学调研奠定了坚实基础。

全国高校心理委员工作的调研已取得阶段性成果。为了有效且不断推进全国高校心理委员制度的完善与优化工作，充分利用好此次调研的结果（详见第三部分）是十分必要的。这些数据为心理委员的遴选、培训、学习、激励、工作评估等提供相应依据。

总之，我们要持续做好全国高校心理委员工作调研的过程分析、结果分析、效果分析，为不断开拓创新心理委员工作新局面，提升全国高校学生的心理健康水平而继续努力，执着前行！

第二部分　理事单位心理委员工作展示

1. 天津大学心理委员工作展示

詹启生

2023 年 9 月 23—24 日，本科生心理委员按照教材《心理委员的基础知识与实用技能》进行课程培训（詹启生主讲）。第一学期在卫津路校区与北洋园校区分别培训了本科生心理委员 209 名与 287 名，第二学期在北洋园校区培训了本科生心理委员 155 名。整个学年共培训本科生心理委员 651 名。此课程教学得到了教务处林晓燕老师、于凌云老师以及学工部的赵婧君老师等的鼎力支持。另外，天津大学在本学年新遴选硕博心理委员 220 名，2023 年 9 月 23—24 日与 2023 年 10 月 14 日开展了对研究生心理委员的集中培训（由天津大学詹启生、许欣、赵宏祥、周玥，南京大学费俊峰，华东理工大学李永慧主讲）。

2023 年 12 月 10 日，第十七届天津大学"十佳心理委员"评选圆满结束。电气自动化与信息工程学院郑莉，材料科学与工程学院王紫宣，医学部李昀郎、林李枝，机械工程学院吴严玮，建筑工程学院林若涵，精密仪器与光电子工程学院马欣宇、唐韵、程馨仪，微电子学院田粤当选校"十佳心理委员"。精密仪器与光电子工程学院赵昱洋、环境科学与工程学院何倩、材料科学与工程学院张瑞涵、建筑学院郭谚松获评校优秀心理委员称号。

2023 年 11 月 1 日，商琬琪同学当选第六届全国百佳心理委员，廉一冰与胡婷婷同学获提名奖。

2023 年 6 月 1 日，在第六届全国高校心理情景剧大赛中，天津大学选送的《难道这是我的错吗？》荣获三等奖。

2. 重庆大学心理委员工作展示

王　群

2023 年，重庆大学持续完善、夯实心理委员队伍建设，提高朋辈心理健康服务工作质量，进一步夯实专业培训体系，扩大师资规模，完善培训体系和培训内容，加强源头管理，提高心理委员工作积极性和工作效率。

2023 年 3—12 月，对新任心理委员开展培训，共 11 期，内容涵盖校内外心理服务资源宣教、大学生常见心理困扰、朋辈心理危机干预、谈心谈话、心理剧、主题班会策划与开展等 14 个主题，累计 3 000 余人次接受培训。他们对培训的满意度较高，课程综合评分为 9.28 分（满分 10 分）。

2023 年 6—7 月，开展重庆大学第七届心理委员先进个人评选，深入总结和推广心理委员先进工作经验，树榜样、立典型，共选拔出“十佳心理委员”10 名、“优秀心理委员”57 名、“爱心心理委员”17 名。

2023 年 11 月，组织学生参加第十八届全国高校心理委员工作研讨会，完成理事单位负责的会议秘书、论坛主持等工作。会上，2 名学生获评第六届全国百佳心理委员，1 名学生获得提名奖。

全年，在校心理中心、学院二级心理辅导站指导下，心理委员协助辅导员开展班级心理建设、科普宣传、团队建设、谈心谈话、班级心理档案、危机发现与干预等工作，累计组织班级心理团体辅导 300 余场。

3. 华东师范大学心理委员工作展示

黄馨卉　叶子宁　吴　冉

2023 年 3 月，校心理中心向全校心理委员发送全国心理委员慕课培训邀请函，鼓励心理委员学习心理健康知识，提高心理助人能力。

2023 年 9 月，为进一步提升心理委员的工作素养与能力，学校选拔优秀心理委员参加 2023 年上海高校班级心理委员技能大赛市级决赛，学校荣获大赛优秀组织奖，1 名学生荣获大赛三等奖。

2023 年 10 月，由校心理中心指导的校心理协会入选共青团中央维护青少年权益部直接联系、跟踪培养的高校心理健康社团。

2023 年 11 月，组织心理委员骨干参与第十八届全国高校心理委员工作研讨会暨朋辈辅导论坛。1 名博士生荣获第六届全国百佳心理委员称号；2 名硕士生荣获提名奖。

2023 年 12 月，校心理中心面向各院系招募 220 名心理委员骨干，开启为期半年的第八届“阳光伙伴”朋辈心理辅导训练营。第一学期围绕心理委员角色与职责、大学生常见心理困扰等主题进行基础知识培训，并开展 OH 卡心理探索及正念减压体验等多场活动；第二学期针对朋辈心理会谈技术、心理危机的识别与应对等主题开展小组强化学习和实践。

2024 年 5 月，举行“阳光伙伴”朋辈心理辅导训练营结业典礼，对优秀营员和优秀谈话员进行表彰，同时通过“朋辈心理谈话室”继续为心理委员骨干和结业营员提供朋辈心理辅导实践机会。

4. 邵阳学院心理委员工作展示

徐 瑞 汪 瑶

2023 年学校进一步完善“TPS”（Teacher-Peers-Students）模式朋辈心理自助助人工作体系，从“朋辈心理互助队伍建设”（T-P）和“朋辈心理互助工作实践”（P-S）两大方面开展朋辈心理互助工作。学校朋辈心理互助队伍包含校心理健康互助部 25 人、二级学院心理健康互助部 317 人、各班级心理委员 545 人、各寝室心理信息员 4 738 人、《心海》编辑部 61 人、心理小助教 135 人、大学生心理健康协会 104 人。

截至 12 月 31 日，共举办心理健康教育培训讲座 6 场，开展团体辅导技能培训 28 期、团体箱庭训练 45 期、心理读书沙龙 5 期，受训学生达 1 862 人次。小助教指导学院开展团体辅导 197 场，参与人数达 3 709 人。2024 年学校组织 396 名朋辈心理互助员参加全国高校心理委员慕课培训，系统学习朋辈心理工作的专业知识，提升专业素养。

2023 年 11 月 1—3 日，学工部宋传颖副部长带队参加了第十八届全国高校心理委员工作研讨会暨朋辈辅导论坛，机械与能源工程学院 2021 级机械设计制造及其自动化一班刘佳妮喜获第六届全国百佳心理委员荣誉称号，电气工程学院 2021 级电气工程及其自动化三班欧阳森、音乐舞蹈学院 2021 级音乐学三班闫圣陶荣获提名奖。

5. 天津职业技术师范大学心理委员工作展示

潘元青

2023 年 5 月和 10 月，学校学工部心理中心组织开展了系列主题为“助人自助·拥抱青春”“我选择·我自豪”的心理委员专题培训，培训教材采用清华大学出版社出版的，詹启生、刘正奎、吴捷老师主编的《心理委员标准化教程》。培训紧紧围绕心理委员的心理成长与自我意识发展，引导心理委员了解自身工作职责和角色定位，详细介绍了学校学工部心理中心心理咨询服务制度等重点内容，强调了心理委员队伍在构建健康和谐向上的校园心理健康氛围中的重要作用。

2023 年 3 月 3 日—5 月 20 日，学校学工部心理中心与天津天狮学院心理中心共同开展由校际心理委员牵头组织的“青春正能量 光影照未来——大学生眼中的健康数字生活”主题活动，引导两校心理委员主动参加青春期问题排解、电子图书阅读习惯养成、数字打卡健身等主题活动，展现了两校心理委员积极向上、多元健康的数字生活内容。

2023 年 5 月，学校心理委员培训工作在心理委员平台相关新媒体上发布。

6. 江西应用科技学院心理委员工作展示

卢　意

2023 年 3 月，开展首届心理电影赏析活动，心理电影选题包括“自我成长”“爱与被爱”“关怀与陪伴”等。累计 300 余名学生参与。

2023 年 4—5 月，开展心理活动月活动，举办面向全校学生的专题心理讲座；积极组织学生参加由江西省教育厅社政处主办的“心理云课堂”“心理云对话”等线上心理疏导活动；举办校园彩虹跑、心理游园会、校园情景剧、心理微电影、心理班会等线下活动。

2023 年 9—10 月，有针对性地开展自信心训练、人际交往技能提升、班级凝聚力建设等主题的素质拓展活动，引导学生发掘积极心理品质。

2023 年 10—11 月，针对 395 名 2023 级新生心理委员开展主题培训。具体包括：慕课学习，共 370 余人获得合格证书；1 场线下心理委员素质拓展活动，增强了学院心理委员的凝聚力；4 场线下讲座培训，主题有心理委员的职责、帮助关系、危机干预及如何开展班级心理活动，夯实了心理委员心理健康的基本知识。

2023 年 12 月，举办校第四届心理情景剧大赛，共呈报了 9 个原创作品，3 个改编作品。邀请江西农业大学张军华老师、李雪艳老师及南昌医学院唐春燕老师担任评委，从主题、剧本内容、演员展示、舞台技术等方面进行评分。

7. 河南工业大学心理委员工作展示

尚宇红

2023 年 5 月，成立朋辈讲师团，选拔 55 名优秀心理委员进行心理专业技能培训，经过培训和考核，17 名心理委员脱颖而出，深入各个学院开展工作，组织朋辈心理素质拓展活动。

2023 年 6 月，在中国心理学会心理危机干预工作委员会主办的第二届全国高校心理微电影（心理短视频）优秀作品展中，学校原创心理微电影《和解》获评全国高校百佳心理微电影优秀作品。

2023 年 9 月，开设大学生朋辈互助理论与实践选修课，要求全校心理委员必修，课程共 2 个学分，32 课时。

2023 年 11 月，在第十八届全国高校心理委员工作研讨会暨朋辈辅导论坛上，学校来睿、田爽同学获评第六届全国百佳心理委员，蒋玘睿同学获提名奖。来睿同学当选第六届全国百佳心理委员论坛副主席，成为学校第二名获此殊荣的学生。

2023 年 11 月，开展校第五届心理委员技能大赛，165 名心理委员经过初赛、复赛的激烈角逐，最终有 16 名进入决赛并取得优异成绩。

另外，学校全年开展心理委员交流会、心理委员素质拓展、心理委员心灵读书会等多种丰富多彩的活动，为今后更好地开展心理委员朋辈互助工作奠定基础。

8. 电子科技大学心理委员工作展示

刘 晨

2023 年 3—5 月，学校组织心理委员集体参加“5 · 25”心理健康文化月班级文化系列活动，通过丰富多彩的心理班会、体育活动、团体辅导等全面普及心理自助求助知识，在“5 · 25”心理健康文化月闭幕式上对表现突出的心理委员进行表彰奖励。

2023 年 9 月，校心理中心联合各学院开展 2023 级心理委员的面试选拔工作，共遴选本科新生心理委员 180 人；以班级、党支部、课题组等为单位，选拔硕士和博士心理委员 270 人；以导入名单式进行心理委员工作培训，并特邀全国高校心理委员研究协作组组长詹启生教授做客“心关怀·大咖在线心理主题讲座”，为 280 余名本科生及研究生心理委员带来题为“心理委员进阶之路：从助人到自助”的工作培训；开展了首届成电心委心理主题班会大赛，举办了 171 场心理主题班会，经过在组织策划、活动效果、宣传推广方面的评比，共有 38 场心理主题班会获得优秀组织奖，40 名心理委员获评优秀个人。心理委员于成电掌上心理社区“话心”APP 进行朋辈心理辅导共计 1 834 次，表现突出的心理委员获得森林守护者勋章。

2023 年 10 月，在第十八届全国高校心理委员工作研讨会上，学校两名学子脱颖而出，分别荣获第六届全国百佳心理委员称号以及当选第六届全国百佳心理委员论坛副主席。

9. 山西工程科技职业大学心理委员工作展示

李荣凤

2023 年，学校心理健康教育中心组建心理咨询教师团队（共 25 人），每周可为学生提供 35 个时间段的线下心理咨询服务，全年累计为 200 人次提供心理咨询服务。

2023 年 2 月 10—24 日，开展春季心理健康排查工作。

2023 年 3 月，组织近 400 名心理委员进行线上培训。

2023 年 4—7 月，结合“心沐阳光 共创未来”心理健康教育月，组织开展系列特色活动，其中有 4 项大赛（首届手语操大赛、首届心理委员技能大赛、第二届心理健康知识大赛、“我的心路历程”故事征集大赛）、8 项心理类团体辅导、6 项艺术表达类活动、1 项现场心理咨询活动、1 项家校共育活动。

2023 年 9 月 14 日—10 月 8 日，开展秋季心理健康排查工作。

2023 年 11 月，组织 2020 级、2021 级、2022 级心理委员参加高校心理委员慕课培训、心理疗法慕课培训，基本实现心理委员持证上岗。

2023 年 11—12 月，依托“心理健康教育与实践”课程和“剧绝 emo 心行动”铸魂育人品牌项目组，学校心理健康教育中心开展了第二届心理微电影大赛、第三届心理剧剧本大赛和优秀心理委员评选活动，共收到心理微电影作品 60 部、心理剧剧本 152 份，评选出 128 名优秀心理委员。

2023 年“工科大心理健康教育中心”公众号共发布 21 篇心理推文，总阅读量 12 186 次。

10. 长安大学心理委员工作展示

程铃琳

专业培训。心理委员专业技能提高是建设优秀朋辈互助队伍的关键举措。2023 年学校针对全体本科生、研究生开展了分层次、有针对性的心理健康教育培训工作。首先，心理健康教育与咨询中心面向全校师生开展校级心理健康培训 23 场，其中针对心理委员群体邀请李雪飞副教授主讲“心理委员的责任与使命”，姚斌教授主讲“大学生常见心理问题与帮助对策”，进一步提升心理委员工作能力。其次，各学院联合心理健康教育与咨询中心开展具有本院系特色的培训活动，围绕危机识别、自我调节、宿舍矛盾等大学生关注的心理健康问题开展院级培训 25 场。此外，心理健康教育与咨询中心组织全校 1 173 名心理委员参加全国高校心理委员慕课培训，统一学习助人技术、自我成长等网络课程。心理委员通过考核后获得相应的证书。

心理活动。学校以心理委员为牵头人，开展了“第二十届彩虹文化节”心理健康教育季实践活动。选送的心理剧《治愈》获陕西省心理剧大赛一等奖，长安大学学生代表队获得陕西省心理知识竞赛一等奖。此外，心理知识展、宿舍默契大赛、当众演讲训练营等活动获得广大师生的一致好评。校院两级全年开展心理活动 120 余项，覆盖师生 25 000 余人次，在全校激起了师生学习心理健康知识、参与心理活动的热情。

创先评优。2023 年 6 月，学校积极组织二级学院总结心理健康教育宣传季活动经验，评选出 5 个优秀二级学院心理辅导站和 100 名优秀心理委员。11 月，李思哲同学获得第六届全国百佳心理委员称号，廖能、王静宜同学获提名奖。

11. 西安培华学院心理委员工作展示

吕改莲

2023 年 10—11 月，学校组织开展了第六届心理委员培训，课程由校学生潜能发展中心和二级学院潜能发展辅导站具备心理咨询资质的人员主讲，共开展 25 场，参与人数 1 200 余人。内容包括“心理委员的职责和工作内容”“心理危机的评估”“心理知识的普及途径和体验”等。2023 年 5 月、11 月，分别邀请校外专家以“心理委员的工作方法”为主题开展心理委员培训专题讲座 2 场。

2023 年 11 月，开展朋辈特训营 8 期，主要内容有“朋辈心理咨询的概念和内涵”“朋辈心理咨询的原则”“共情技术”“倾听技术”“谈话技术”“个人成长”“网上咨询接待”等。

2023 年 11—12 月，组织由“遇心涯”学生互助工作委员会和二级学院心理委员共同参与的“情绪麻辣烫”“时间馅饼”“甜点拼盘”等团体活动，促进了心理委员的成长。2023 年 11 月，学校体育学院体育教育专业高浩然获评第六届全国百佳心理委员称号，并成为第六届全国百佳心理委员论坛成员；智能科学与工程学院软件工程专业肖雨获提名奖。

2023 年 9 月，组织开展年度校级先进心理委员的评选活动，通过个人申报、网络投票、现场答辩、专家领导评审、共评出“十佳心理委员”10 名。

12. 中国石油大学(北京)克拉玛依校区心理委员工作展示

张璐璐

2023 年 3 月,学校举办了面向克拉玛依校区 2022 级心理委员的专题培训,共 45 人参与。

2023 年 5 月 4—13 日,开展 2022 年度优秀心理委员评选活动,共选出优秀心理委员 16 人并予以表彰奖励。

2023 年 9 月 5 日—10 月 15 日,组织全体心理委员开展心理健康主题班会,大一班级以“培养积极心理,激发内在动力”为主题,大二班级以“完善目标规划,助力大学生涯”为主题,大三班级以“与压力同行,为大学赋能”为主题,大四班级以“应对新变化,迈向新生活”为主题。

2023 年 11 月 1—3 日,在第十八届全国高校心理委员工作研讨会暨朋辈辅导论坛中,本校区推荐的 1 名同学获得第六届全国百佳心理委员称号,由本校区心理委员撰写的 3 篇论文收录在大会论文集中。

2023 年 11 月 17 日,举办了针对 2023 级心理委员的培训,主要内容是如何做好一名心理委员及大学生心理危机的识别,共 67 人参与。

2023 年 11 月 24 日,举办针对全校心理委员的培训,培训内容为心理助人技术,并组织优秀心理委员进行经验分享。

2023 年 11 月起,在“石大心屿”公众号上开设“石大心委”专栏,对心理委员的优秀工作经验和成果进行展示。

13. 牡丹江师范学院心理委员工作展示

高淑艳　刘雪婷　宋欣欣

2023 年,学校继续如期开展各项心理委员工作,并进行了突破和创新,现将工作成果总结如下。

(1)注重心理委员培训,提升其业务能力。针对心理委员开设朋辈心理互助与训练选修课程,同时结合智慧树线上课程、心理委员平台为心理委员提供多元、多视角的专业学习机会,共有近 300 名心理委员参加课程学习。

此外,学校还通过专题讲座、团体心理辅导等方式开展心理委员业务培训,其中专题讲座培训 57 次,近 4 000 名心理委员参加培训;团体心理辅导 12 次,近 1 000 名心理委员参加培训。

(2)开展朋辈教育活动,促进校园和谐建设。针对心理委员开展“奔跑吧,师院人”心理团建活动、“5・25”心理健康月活动、心理情景剧表演、“一院一品”朋辈心理特色活动展示等工作,展示了心理委员的工作能力,为学校心理健康教育工作增添了亮点。

(3)举办心理委员技能大赛,助推学生健康成长。通过举办“敞开心扉,以赛展彩”心理委员技能大赛,以赛促建,为学生营造和谐健康的心理环境,助推学生健康成长。2023 年 11 月,学校学生刘佳瑶荣获第六届全国百佳心理委员,杨洋荣获提名奖。

14. 江苏大学心理委员工作展示

陆　菁　吴　婷　曹韵秋　冯靖彦

2023 年 1—12 月,每月 15 日前组织心理委员座谈会,完成三色预警动态摸排。

2023 年 3 月,心理委员组队参与第十二届“3・20”心理健康教育节开幕式暨江心“悦”伴心理趣味挑战赛。

2023 年 4—5 月,心理委员组织班级学生参与第二十二届“5・25”心理健康教育节系列活动。

2023 年 9—11 月,选拔 2023 级本科和研究生心理委员共 368 人,开展专题理论培训和团体心理辅导实践培训,累计 30 学时。

2023 年 9 月,心理委员协助开展“‘悦’动青春,心向‘江’来”江苏大学“9・20”心理游园会,并负责“定向飞盘”“空中飞行”“松鼠大树”等项目。

心理委员金楠、张若诗、高一睿等 8 人至镇江外国语学校开展“缘聚你我——大中小一体化”团体心理辅导活动,获《镇江日报》报道。

2023 年 10 月,开展 2022—2023 学年“十佳心理委员”评选,文学院梁晔等 10 名同学获本科生“十佳心理委员”荣誉称号;环境与安全工程学院吴宇涵等 10 名同学获研究生“十佳心理委员”荣誉称号。

2023 年 11 月，梁晔当选第六届全国百佳心理委员，保馨蕊、吴宇涵获提名奖；吴宇涵当选第六届全国百佳心理委员论坛副主席。

2023 年 11—12 月，组织心理委员骨干参与“12·5”心理健康教育节之“创美健心”菁英启航训练营培训，累计 7 场次。

15. 浙江交通职业技术学院心理委员工作展示

林国业　史秀玉　曾小英

浙江交通职业技术学院作为浙江省高校“三全育人”综合改革“心理育人”项目重点建设单位，坚持育心与育德相结合，构建了全方位、立体化、多层次的“四横八纵”心理健康教育工作机制，建立了一支以心理委员为主，以校级心理协会、院级心理部及寝室长为辅的朋辈心理互助队伍。该队伍在“学校－学院－班级－宿舍”四级心理健康教育和危机干预网络系统中发挥着关键作用。

2023 年 3—6 月，组织开展“5 · 25”心理健康文化宣传周系列活动 40 项；心理协会荣获校级“优秀学生社团”“五星社团”荣誉称号；举办第四届校园心理情景剧剧本创作大赛；参加第六届全国高校心理情景剧大赛获百佳剧目奖；发布心理健康教育宣传系列微视频超 30 个，点击量约 5 000 次。

2023 年 9—12 月，组织开展第十八届心理健康文化宣传月系列活动 54 项；开展校级首届“十佳朋辈心理互助员”评选活动；推选的丁欣莹同学获第六届全国百佳心理委员荣誉称号；开展寝室长心理助人能力提升系列培训 3 场，以及新生心理委员心理知识和技能培训 5 场；校心理中心撰写的《“思·悟·创·生”——校园心理情景剧在人际关系团体心理辅导中的应用案例》获评教育部高校思想政治工作质量提升综合改革与精品建设项目——高校学生心理健康教育指导典型案例。

16. 山西工商学院心理委员工作展示

郑伟东

2023 年 3 月，学校完成《山西工商学院朋辈团体辅导指导手册》的编印工作，心理委员可以通过该手册掌握必要的朋辈团体辅导知识和技能。

2023 年 4 月 7 日—5 月 7 日，学校开展以“班级凝聚力”为主题的朋辈团体辅导活动，活动由朋辈带领，共有 877 人次参加。

2023 年 4 月 23 日—5 月 17 日，学校组织 2022 级心理委员和宿舍心理信息员参加了全国高校心理委员慕课培训，全校共有 848 人通过了此次培训认证。

2023 年 5 月 6 日，学校举办第三届“心之光”朋辈心理辅导技能大赛决赛，全校共有 575 名心理委员和宿舍心理信息员参加。

2023 年 5 月 7 日—6 月 7 日，学校开展以“自我探索”为主题的朋辈团体辅导活动，活动由朋辈互助中心成员带领，共有 156 人次参加。

2023 年 10 月 18 日，学校开展 2023 级心理委员线下培训，共 176 名心理委员参加。

2023 年 10 月 23 日—11 月 30 日，学校开展“人际交往”主题朋辈团体辅导活动，活动由朋辈带领，共有 167 人次参加。

2023 年 11 月，学校 2023 级班级心理委员开展班级心理健康教育活动，113 个班级组织开展了朋辈特色鲜明、主题丰富多样的活动，全校共计 3 800 余人参加。

2023 年 11 月，学校 2021 级、2022 级和 2023 级心理委员参加了全国高校心理委员慕课培训，全校 525 名心理委员通过培训认证。

17. 井冈山大学心理委员工作展示

戴益信

2023 年 3 月底—4 月中旬，井冈山大学进行了 2022—2023 学年“优秀心理委员”和“十佳心理委员”评比活动，20 人获“优秀心理委员”称号，10 人获评“十佳心理委员”。

2023 年 4 月中旬，学校结合心理委员和宿舍心理联络员线上和线下学习培训情况，对全校心理委员和宿舍心理联络员进行了第二课堂学分认证，共有 496 名心理委员和宿舍心理联络员经考核通过，并获得第二课堂学分。

2023 年 5 月 8 日，为进一步规范心理委员管理，学校制定并发布《井冈山大学心理委员管理规定》。

2023年9月8—18日，学校开展全校2023级新生心理委员和宿舍心理联络员的选拔工作。心理委员通过学生本人自愿申请，班级选举推荐，学院审定产生；宿舍心理联络员根据“个人自愿申请、宿舍推荐、班主任审核、学院审定”的原则产生。2023年下半年，全校共选拔117名新生心理委员、1 232名宿舍心理联络员。

2023年9月25—28日，学校针对新生心理委员开展了系统的业务知识培训，包括由学校心理健康教育专职教师开展的四场专题讲座——大学生常见心理问题的识别、心理委员工作职责和技能、心理危机干预与自杀预警、认识心理健康。新生心理委员通过培训获得了心理委员工作基本知识和技能。

18. 衢州职业技术学院心理委员工作展示

华 盛 董佳妮

2023年2月22日，举办全体心理委员学期动员大会，布置学期工作。

2023年3月6—17日，开展春季心理委员专题培训，面向不同年级心理委员设置不同培训主题和内容。

2023年3—5月，以定向公选课形式组织朋辈辅导进阶培训，20人通过考核被聘为学校朋辈辅导员。

2023年4—6月，开展校第十二届“5·25”心理健康月活动，组织心理委员参加心理主题班会、心理情景剧、心理微电影等比赛。

2023年5月20日—6月10日，开展心理委员技能大赛，包括理论知识测试、谈心谈话模拟、心理班会策划等环节。

2023年6月16日，举办心理委员表彰会，评选校“十佳心理委员”和优秀心理委员。

2023年10—12月，在心理教师指导、朋辈辅导员带领、班级心理委员配合下，开展2023级新生适应和人际关系成长团体辅导活动。

2023年10—12月，开展2023级班级心理委员专题培训工作，包括工作伦理、谈心谈话技巧、心理班会策划、心理活动组织等线上和线下课程模块，共32学时。

2023年11月，派遣2名教师参加第十八届全国高校心理委员工作研讨会，推荐的林远鑫同学获评第六届全国百佳心理委员。

19. 云南大学滇池学院心理委员工作展示

马　晴

云南大学滇池学院心理委员工作由学生处心理健康教育咨询中心负责指导、组织和开展。

2023 年 3—6 月，心理健康教育咨询中心专职心理教师对 2020 级、2021 级共 214 名心理委员开展春季学期心理委员专业培训。

2023 年 9—12 月，对 2022 级、2023 级共 225 名心理委员开展秋季学期心理委员专业培训。培训内容为心理委员的角色定位、异常心理的识别与判断、心理情景剧常用技巧、团体心理辅导等。

2023 年 4—6 月，班级心理委员积极组织各班同学参与学院第十七届“与阳光同行”心理健康月的各项活动，如第八届心理情景剧大赛和心理健康短视频大赛、第七届心理健康手抄报大赛、心理健康知识系列讲座及心理游园会等活动。

2023 年 10 月，班级心理委员积极在各班召开“10・10 世界精神卫生日”主题班会，向同学们介绍心理健康知识。

2023 年 11—12 月，在心理健康教育咨询中心的组织下，心理委员号召全校同学参与“青春心语”心理情景剧剧本大赛，共收到剧本百余份。

20. 吉林铁道职业技术学院心理委员工作展示

刘晓佳　王　爽

学校自 2011 年设立心理委员以来，心理委员工作扎实推进，建立“学校 - 学院 - 班级 - 宿舍”四级心理健康教育工作网络，并将心理委员纳入学校创先争优评选表彰当中。

学校心理委员专题培训班采用线上与线下相结合、团体辅导与面授课程相结合的方式进行。线上培训依托心理委员平台进行专题的慕课培训，并结合学校心理中心微信公众号“铁职心语”进行心理委员活动宣传；线下培训由学校心理中心教师主讲心理健康知识。

2023 年 3—10 月，学校开展多场心理委员技能提升培训和心理团体沙龙。

2023 年 11 月 15—26 日，学校心理中心举办了 2023 级全体心理委员专题培训班，全体心理委员通过综合测试获得结业证书。

2023 年 12 月初，学校心理中心组织心理委员学习全国高校心理委员研究协作组编著的《心理委员标准化教程》和学校编著的《心理委员工作手册》。

2023 年 11 月 1—3 日，在第十八届全国高校心理委员工作研讨会暨朋辈辅导论坛上，铁道电气学院 2021 级心理委员王凯获得第六届全国百佳心理委员荣誉称号，东北亚高铁学院 2021 级心理委员董子涵获提名奖。

21. 山东青年政治学院心理委员工作展示

李　洁

学校高度重视大学生心理健康教育工作，积极构建“3-5-3-5”心理健康教育工作模式，即树立全员、全方位、全过程“育心育德”工作理念，组建学校、学院、班级、宿舍、个人五级工作网络，实施校、院、班三级预警机制，以及“五位一体”工作格局。学校于 2022 年成功入选全国高校心理委员研究协作组理事单位。

班级心理委员是五级工作网络中的重要组成部分。2023 年学校组织全校班级心理委员开展心理健康与心理问题识别、心理危机排查与干预、谈心谈话技术、压力与挫折应对及人际交往等主题的慕课培训，提升班级心理委员心理健康教育工作水平，更好地发挥其朋辈互助作用。班级心理委员是心理健康基本知识的宣传者。通过线上与线下相结合的形式，一方面班级心理委员召开主题班会，组织班级学生学习心理健康知识，并发挥自身专业优势和特长，开展知识竞赛、趣味心理运动会、海报设计比赛等心理健康教育特色活动；另一方面班级心理委员通过微信公众号、视频号等平台宣传普及心理健康的知识、理念和方法，提高大学生心理自我调适能力。班级心理委员作为心理危机问题学生的发现者，完成日常危机日报告、重点学生关注等工作，协助辅导员正确处理心理危机事件。

22. 中南大学心理委员工作展示

李静茹

自 2004 年始，学校开始在班级设置心理委员，并对所有心理委员进行上岗培训。培训内容为校心理健康教育中心根据心理委员岗位职责自编讲义。2005 年，学校成立了心理健康协会，由校心理健康教育中心指导，负责牵头组织开展各种校园心理文化活动。2016 年针对全校心理委员开设了“朋辈心理辅导基础”选修课，至今已开设了 14 期。

2017 年，学校正式建立校朋辈心理互助联合会、院朋辈心理互助会、班级朋辈心理互助队、朋辈心理互助员四级朋辈心理互助骨干队伍。校朋辈心理互助联合会设主席 1 名，副主席、部长及干事若干，负责开展全校的朋辈心理健康教育活动和心理互助工作，并指导院朋辈心理互助会开展工作。目前全校共有朋辈心理互助队员 2 896 人。

学校每年面向全校师生评选校园十大心灵守护天使，有多名心理委员入选。2021 年，黄微当选第四届全国百佳心理委员，黄文丽获提名奖；2022 年，吴晓雨当选第五届全国百佳心理委员，范茜珺、冯楚然获提名奖；2023 年，张可爽当选第六届全国百佳心理委员，刘子阳获提名奖。中南大学被评为全国高校心理委员工作示范单位（仅 10 所）。

23. 云南大学心理委员工作展示

赵玉洁　滕　燕

云南大学心理委员发展理念为服务周期长、服务范围广、着重年级间的代际传承，强调班级间、学院间、学校间的相互朋辈支持。心理委员按大班进行设置，东陆、呈贡校区共计 536 人。一般情况下，心理委员不做经常性调整，确定为心理委员的同学必须接受心理健康咨询服务中心的初任培训和继续教育培训。

初任培训内容分为讲座和团体辅导两种形式。讲座重在确定心理委员的角色定位、工作内容、开展工作的方法，如何初步识别心理异常、精神障碍以及对自杀风险的预防;团体辅导重在开展专业技能的培训。

完成初任培训的心理委员将接受继续教育培训,按照前期需求调查的统计结果,不同年级进行不同主题的培训,并在工作中按要求上交有关工作记录("心理晴雨表")。

2018 年 5 月,选送的心理情景剧获首届全国高校心理情景剧大赛三等奖。

2018 年 11 月,培养、推荐的 1 名班级心理委员获首届全国百佳心理委员称号。

2019 年 5 月,获第二届全国高校心理情景剧大赛二等奖。

24. 贵州大学心理委员工作展示

赵 明

2023 年 3—5 月,贵州大学面向所有班级心理委员开展"与心灵相约 与健康同行"心理健康知识讲座暨学生骨干心理素质能力培训,培训内容包括角色认同感的提升、大学生心理危机识别与应对等。

同时"心灵暖阳 春满校园"心理健康系列活动启动。各班级心理委员组织本班学生开展心理健康教育活动,各学院开展院级心理健康教育活动,并提交相关活动总结,评选出优秀组织奖。

2023 年 9—11 月,对全校班级心理委员骨干进行"感悟生命、润心赋能"辅导技能专题培训,并举办"做舍友健康成长的贴心人"心理沙龙等。

25. 四川建筑职业技术学院心理委员工作展示

罗 乐

2023 年 3 月,学生心理健康中心开展朋辈沙龙之"百佳心理委员交流会",邀请第五届全国百佳心理委员获得者马雪怡同学,与全院心理委员进行工作经验交流。对全院心理委员开展主题为"心理委员的人际关系"的团体辅导培训,共计 20 场。

2023 年 4 月,学生心理健康中心邀请德阳市精神卫生中心刘期文主任医师，对全院心理委员开展了 2 场“春季大学生心理疾病的预防、发现和治疗”专业知识讲座。

2023 年 5 月，新晴心理协会开展朋辈沙龙之“摄影与视频剪辑交流会”，邀请融媒体技术骨干进行摄影与视频剪辑经验分享，助力同学们顺利完成心理健康课程实训任务。学校开展第三届大学生心理情景剧大赛决赛，其中《逐梦》《听见你的声音》《救赎》获得一等奖。

2023 年 6 月，评选出 5 名爱心天使、32 名优秀心理委员、16 名优秀心理干事。

2023 年 10 月，采用心理量表对新生心理委员进行测评，开展“4+1”理论与实践相结合的新生心理委员上岗培训（理论培训共计 8 场，实践培训共计 10 场），并组织新生心理委员参加结业考试，共计 150 人通过考试，持证上岗。

2023 年 11 月，铁道实验 2101 班王学斌荣获第六届全国百佳心理委员称号。学校召开 2022—2023 年度优秀心理委员表彰大会暨 2023 级新生心理委员聘书颁发仪式，实现新老心理委员的传承和激励。

26. 山西晋中理工学院心理委员工作展示

原 媛 冯 钰

2023 年 1 月 1—5 日，山西晋中理工学院心理委员 2022—2023 学年第一学期工作总结会如期举行。全校心理委员就心理健康教育、心理活动、心理咨询等工作做了报告与总结。每年 1 月 1—5 日与 6 月 15—20 日为全校心理委员工作总结日。

心理委员的工作内容涉及心理健康教育、心理咨询、活动策划等多个方面。在过去的一年中，心理委员工作取得了一些显著的成果。首先，举办了一系列深受同学们欢迎的心理活动，包括主题沙龙、心理知识竞赛、疗愈沙盘、心理微电影大赛等，参与人数明显增加。这不仅反映了同学们对心理健康的关注，也证明了心理委员工作的有效性。

其次，建立了一支经验丰富、专业素养高的心理咨询队伍，他们能够及时、有效地解决同学们在心理方面的困扰，并定期组织培训，提升业务水平，以更好地服务同学。

最后，建立了信息平台，定期发布有关心理健康的文章、资讯，为同学们提供在线咨询服务,使心理支持更为便捷。

27. 江西财经大学心理委员工作展示

唐海燕　唐　盛

江西财经大学心理健康教育与咨询中心是江西省高校心理健康教育与咨询示范中心。

2023 年,在心理委员工作方面,积极完善心理委员培训制度,强化心理委员队伍建设,帮助心理委员提升专业技能,实现助人自助。

2023 年 3—4 月,组织心理委员和部分宿舍心理联络员参加全国高校心理委员慕课培训,近 300 人通过考核取得合格证书。

2023 年 5 月,开展“5·25”大学生心理健康节活动。

2023 年 5—6 月,开展四期“朋辈心理倾听员”读书会。

2023 年 6 月,心理情景喜剧《向你靠近的那一步》获评第六届全国高校心理情景剧大赛百佳剧目。

2023 年 9 月,开通映山红“青听”朋辈心理支持热线;开展朋辈心理援助讲座。

2023 年 9—10 月,招募新生班级心理委员,每个班级 2 名,并分场次开展初次培训和岗前培训。培训形式包括心理健康知识讲座、团体心理辅导和心理情景模拟等。

2023 年 11 月,学校参加第十八届全国高校心理委员工作研讨会,李庆震、赵辰颖同学荣获第六届全国百佳心理委员提名奖。学校组织开展“十佳心理委员”评选活动。

2023 年 12 月,学校在校外开展 2 期心理委员心理素质拓展训练活动。

28. 河北农业大学心理委员工作展示

刘　娜　张月琦

学校高度重视学生心理健康工作,以班级心理委员和朋辈心理咨询小组为重要抓手，开展大量心理育人工作。组织班级心理委员培训，对420余名班级心理委员开设必修课，内容涉及心理委员角色认知、心理委员如何开展班级活动、心理委员的自我成长、心理委员素质拓展活动、朋辈心理咨询展示培训体验。开展聚“焦”心委素质能力提升系列培训8期。开展学生朋辈心理咨询，由大学生心理协会、班级心理委员选拔形成的朋辈心理咨询小组在校园户外开展湖边、花园朋辈心理咨询，缓解心理咨询老师压力、识别心理危机群体。2023年共接待师生74人。大学生心理协会入选共青团中央维护青少年权益部直接联系、跟踪培养的高校学生心理健康社团。号召心理委员参与各项讲座，组织1 000余名心理委员参与“凝聚新能量 筑梦新时代”“成长那点儿事”“女生生理健康”等公益讲座、系列讲座共7场，覆盖学生2万余人，广泛宣传了心理健康教育知识。组织全体2022级班级心理委员参加新生心理普查系统使用培训，指导各班集中施测、现场答疑，大大提升心理普查准确度。推送的心理剧《摆脱讨好》获得第六届全国高校心理情景剧大赛百佳剧目奖，推送的作品《心连心 手拉手》获得“5·25”最美笑脸活动展示百强奖。

29. 浙江海洋大学心理委员工作展示

郑懿恺

2023年，学校心理委员工作扎实有效开展，涉及培训、评估、活动、表彰等。

培训方面。2023年3月23日，学校开展2023年春季“心理护航”动员大会暨心理危机干预培训，会后邀请专家为全校心理委员开展“高校常见心理危机及处理”专题讲座。4月，心理中心面向各学院心理委员开展更为细致的危机干预培训。10月以秋季“新航线”活动为抓手，面向全校210名新任心理委员开展上岗培训，提升了新任心理委员的敬业精神与工作能力。

评估方面。2023年5月，心理中心面向部分大一新生和新任心理委员开展心理委员危机干预能力测试。测试设置了心理危机情景模拟和现场问答两个环节，用于考察心理委员的危机情景应对能力。2023年11月，面向新任心理委员开展心理委员基础知识能力测验。

活动方面。心理委员在全校和所在各班级组织开展了各类丰富多彩的活动，如3月“春暖花开，重逢于春”心理团体辅导活动、5月“心境漫步，追逐梦想”心理剧短视频大赛、9 月“种花筑梦”园艺种植活动等。

表彰方面。评选并表彰了 2022—2023 学年“十佳心理委员”“优秀心理志愿者”“春季心理护航先进个人”等。

30. 秦皇岛职业技术学院心理委员工作展示

胡 铂

2023 年 5 月，组织开展第十届“守护心灵、让爱交织”心理委员（宿舍心理信息员）大赛，经过各系初评，32 名选手参加学院决赛，通过知识竞赛、工作述职全面考核心理委员。

2023 年 5 月 19 日，举行第十八届“5・25”大学生心理健康活动月暨心理委员学校培训启动仪式。600 余名班级心理委员、宿舍心理信息员参加，校外专家于淑梅老师讲授“大学生时尚礼仪与人际关系”，帮助心理委员和宿舍心理信息员提升人际沟通技巧。

2023 年 5 月 21 日，组织院、系大学生心理健康协会开展第十届“奔跑吧！心协”户外健走活动，活动设置 4 个签到点和 4 项游戏任务，全校 100 余名心理委员代表参赛。

2023 年 10 月，面向系心理协会成员、班级心理委员开展新生心理普查培训，100 余名代表参加。

2023 年 10—11 月，心理中心开展“10・25”心理健康教育月活动，全体班级心理委员组织召开心理主题班会，积极发动同学参加“邀你爱我”主题活动，累计 3 000 余人次参与。

2023 年 11 月，胡铂等三位老师带领心理委员张栖桐、刘玉参加第十八届全国高校心理委员工作研讨会暨朋辈辅导论坛，张栖桐荣获第六届全国百佳心理委员称号。

2023 年 11 月，召开 2023 年心理委员培训开班仪式，260 余名班级心理委员、宿舍心理信息员和院系心理协会代表参加，会上进行高校心理委员慕课认证培训。

31. 湖北城市建设职业技术学院心理委员工作展示

辛永娜

2023 年 4—5 月，举办学校第三届“心灵相约 聚力同行”心理健康主题班会设计大赛、第四届心理剧大赛。5 月 4 日开展“主题心理班会的策划与组织”专题讲座，近 130 人参加。

2023 年 4 月 4 日和 21 日，分别组织心理委员参加湖北省阳光心理大讲堂“人际交往与网络成瘾”和“情绪管理与心理健康——我的情绪我做主”，440 人参加。

2023 年 5 月 18—19 日，组织 2022 级近 180 名心理委员开展心理素质拓展活动。

2023 年 9—10 月，组织 2023 级新生心理委员参加全国高校心理委员慕课培训，约 160 人获得合格证书。

2023 年 10 月，开展校优秀心理委员暨全国百佳心理委员推选工作，评选优秀心理委员 13 名。同月，学校推选的心理剧作品荣获首届武汉青年心理情景剧展演组织奖。

2023 年 11 月，建筑管理学院 2022 级陈梓祺在第十八届全国高校心理委员工作研讨会暨朋辈辅导论坛上荣获第六届全国百佳心理委员称号，信息与设备工程学院 2021 级毛成伟获提名奖。心理健康教育中心主任张文婷和教师杨柳在心理委员工作经验交流分论坛上分别以“高职院校心理委员工作探析与思考”和“朋辈心理互助实践路径探析——以湖北城市建设职业技术学院为例”为题进行交流分享。

32. 中国科学技术大学心理委员工作展示

崔静琳

2023 年 4 月，开展春季心理健康调查及学生抑郁倾向排查，班级心理委员协助完成此项目工作。

2023 年 5 月，“5·25”心理健康教育主题活动月启动。心理委员牵头开展班级心理健康教育主题活动，137个班级提交活动总结，25个班级获评班级精品活动。

2023年6月，“朋辈相伴，护心远航”2022级班级心理委员岗前培训圆满结束，全校240余名心理委员全程参与，包含心理专题报告、慕课自主学习和户外素质拓展三大模块，持续两个学期，49人获评优秀学员。心理委员持证上岗，在朋辈工作中实现专业化自助助人。

2023年9月，完成2023级新生心理委员的遴选和其他年级心理委员换届工作，为心理委员队伍注入新的血液。

2023年11月，“11·25”心理健康教育主题活动月启动。心理委员参与和组织“青春‘心’征程，携手向未来”主题活动，185个班级提交活动总结。开展2022—2023学年优秀心理委员评选工作，73名同学获评优秀心理委员。开展2023级心理委员岗前培训，心理委员依托心理委员平台学习心理委员专题慕课。学校1人获评第六届全国百佳心理委员，1人获提名奖。

33. 绵阳职业技术学院心理委员工作展示

佘洋燕　龚　勋　夏　垒

绵阳职业技术学院心理中心在学校党委的正确带领下，积极推进朋辈心理工作队伍建设，充分发挥朋辈辅导力量，为学生提供便捷、温暖的心理支持服务。2023—2024学年，心理中心不断丰富活动体系。

2023年3—5月，以“3·25善爱我”“5·25我爱我”心理健康教育活动月为契机，结合“五育”并举开展系列活动，其中“陶艺健心”“瑜伽舒心”“绘画润心”等团体活动反响热烈。活动期间，组织全校心理委员开展心理主题教育、团体沙盘技能、团体心理辅导等培训。学期末，召开朋辈心理辅导经验交流会、朋辈咨询工作总结会，总结经验，突出特色。

2023年9—11月，组织开展第六届全国百佳心理委员推荐选拔工作；举办线上、线下双通道的心理委员培训，其中线上约200名新任心理委员完成全国高校心理委员慕课培训，线下开展培训讲座并发放培训资料（《心理委员标准化教程》等）；参加第十八届全国高校心理委员工作研讨会，王证同学荣获第六届全国百佳心理委员称号，谢燕芳获提名奖。

学校不断加强心理委员教育培养工作，充分发挥其助人、育人功能，筑起心理安全的有力防线。

34. 南京工业大学心理委员工作展示

朱巍巍　张　璇

心理委员是学校心理危机干预五级防护网络的重要组成部分，校心理中心积极推进心理委员队伍建设，重点做好以下工作。

（1）强化理论与技能培训，人人持证上岗。在培训内容上，以线上、线下形式开展理论学习，以团体实务和"校园守门人"模式进行实操训练，结合理论考核和实践作业等环节的多元化、全方位系统性培训，提升学校心理委员的工作能力。在培训层级上，分批分层开展初阶和高阶培训，初阶培训注重传授心理委员基本知识与技能，高阶培训强化心理委员的实际技能运用。

（2）全面落实心理委员各项工作，以实效展现心理委员力量。以心理委员为主要宣传力量，成功举办"3·20"和"5·25"心理健康活动、心理情景剧大赛、心理微电影大赛；鼓励心理委员参与朋辈项目，增强朋辈互助工作；推选 3 名心理委员代表学校参加第六届全国百佳心理委员评比，最终 2 人成功入选，1 人获得提名奖。

（3）注重改进优化，不断完善心理委员培训和管理工作。为了解心理委员工作实效，校心理中心走访各学院，针对心理委员在开展心理班会、进行心理健康知识与心理活动的宣传推广、汇总上报心理问题重点关注学生等方面的工作与学院辅导员开展座谈，交流意见，从而为改进和完善心理委员的培训与管理工作寻求借鉴的思路。

35. 广东工业大学心理委员工作展示

黄艳苹　吴　洁

广东工业大学心理委员工作机制始建于 2004 年。经过 19 年的潜心发展，心理委员机制已成为学校五级心理防御体系中的重要一环。截至目前，学校共有本科和研究生心理委员 3 000 余人。

在2023年春、秋两季的学期初、学期末节点，校心理中心围绕新学期心理委员工作部署心理委员学期工作总结及表彰工作，指导全校各学院分别召开心理委员返校工作会议及假前会议共计40余场。全年共举办心理委员及宿舍信息员主题培训8场。

秋季学期，举办2022—2023学年度“逐光心竞，健心偕行”心理委员风采大赛，面向全校22所学院举行心理委员工作评比，为全校心理委员树立“心榜样”。11月，凌子珊同学当选第六届全国百佳心理委员，郑泽敏同学获提名奖。

春季学期，举办“5·25”心理健康月开幕式。开幕式当晚，中山大学程乐华博士对参会全体心理委员做“感性理性系统分化说”培训。

36. 南昌航空大学心理委员工作展示

赵 军 许 悦

心理委员在学校心理健康教育四级网络体系中发挥着重要作用。学校为提高心理委员的理论素养与工作能力，开展了以下相关工作。

（1）参与心理普查。校心理中心教师对全校心理委员进行了春季、秋季心理普查干预工作培训。通过培训，各心理委员更加熟悉心理测试的流程和管理方法，为后续的心理测试工作打下了坚实的基础。

（2）组织参与活动。全校心理委员协助校心理中心组织、宣传“5·25”大学生心理健康文化节系列活动，包括心理健康系列讲座、心理沙盘、心理情景剧等8个主题。

（3）加强业务培训。校心理中心教师对2023级心理委员进行专业系统的培训，并组织各心理委员参加了全国高校心理委员慕课培训。通过培训心理委员的理论素养和工作能力得到了提高。

（4）开展体系建设。全体心理委员参加了“酣欢良缘，同舟共勉”心理健康教育活动，现场气氛热烈。此次活动增加了心理委员的凝聚力与团队协作能力。

（5）取得相关荣誉。由学生工作部（处）赵军老师指导的土木建筑学院林颖炎同学获得第六届全国百佳心理委员称号。

沉淀总结提升。2023年全校心理委员工作总结会如期举行，心理委员就本学期班级心理状况、工作问题、体验与收获等情况作了报告与总结。

37. 南昌工程学院心理委员工作展示

徐　勤

2023 年 4—6 月，举办 2023 年上半年心理健康教育骨干培训班，采取线下讲座、线上讲座、实践活动和撰写心得体会等形式，面向教师和学生两支心理健康工作队伍开展专题培训，提升心理委员工作技能。

2023 年 4 月，开展优秀心理委员评比活动，展示优秀心理委员风采，树立榜样标杆。

2023 年 5 月，开展朋辈心理论坛，全校朋辈心理辅导员进行工作交流和经验分享，相互学习，共同进步。

2023 年 10—12 月，面向全校 400 余名心理委员以及 4 000 余名寝室心理联络员，开展 2023 年“朋辈互助”计划暨第十四期大学生心理素质训练营；同时采取理论、实践、交流相结合的方式，针对朋辈心理辅导工作要求和大学生心理健康特点，开展不同形式的朋辈心理互助活动，以朋辈互助促心理育人。内容包括朋辈心理辅导讲座、朋辈心理辅导线上学习、朋辈心理辅导论坛、心理素质拓展教练培训以及朋辈心理辅导实践。

2023 年 11 月，赵小芳同学获第六届全国百佳优秀心理委员荣誉称号。

38. 武汉东湖学院心理委员工作展示

黎四美

2023 年，武汉东湖学院在《武汉东湖学院大学生心理危机干预实施办法（试行）》《武汉东湖学院心理委员队伍建设与管理办法（试行）》《武汉东湖学院关于评选优秀心理健康教育工作者的通知》三项制度的引领下，严格落实心理委员每月向辅导员汇报制度、心理委员培训和学习制度，不断健全心理委员队伍建设和组织建设，加强相关的理论研究。

进一步健全和完善工作网络。2023 年校心理中心牵头成立了心理委员总会，各学院心理委员分会相互支持与配合，明确了工作标准与要求，形成了良好的心理委员工作氛围。

进一步加强队伍建设，发挥典型引领作用。以自学和培训相结合的方式，每月开展 1 次心理委员培训（共 6 期）；10—11 月，组织新生心理委员参加慕课培训；每年 6 月开展心理委员总结表彰会；每年 9—10 月，指导心理委员撰写论文；11 月开展“智慧抚心灵，朋辈助成长”心理知识竞赛，通过理论知识测试和团体辅导形式进一步强化心理委员的学习效果。

进一步加强理论研究。2023 年 5 月主持的湖北省教育厅哲学社会科学研究专项任务项目“加强心理委员学生队伍建设”获批立项。

39. 莆田学院心理委员工作展示

徐维玮

2023 年 3 月 14 日和 3 月 21 日，分别对紫霄校区和学园校区 2022 级共近 1 500 名宿舍心理信息员进行心理培训，使其明确工作职责，提高工作技能，以便更好地开展心理健康教育工作。针对 2023 级新生心理骨干力量，采用线上与线下相结合的方式进行培训。387 人参加慕课培训，其中 196 人通过考核；1 066 名 2023 级班级心理保健员和宿舍心理信息员参加了团体心理辅导，通过团体心理辅导团队协作能力和沟通能力得到了增强，为以后的心理工作奠定基础。

40. 大连艺术学院心理委员工作展示

马春凤

2023 年 3 月 6 日—4 月 10 日、9 月 7 日—11 月 9 日，组织全校 1 840 名心理委员参加全国高校心理委员慕课培训，其中 1 210 人获心理委员合格证书，901 人获心理咨询疗法合格证书。

2023 年 3—12 月，组建 6 个学生公寓心灵花园，在学生公寓心灵花园开展心理委员活动 80 场次，受益学生 5 000 余人次。“喜诙谐”微信公众号发布 104 篇有关心理委员活动的推文，累计阅读量超 5 万次。

2023 年 4 月 3 日，组织心理委员代表参加“生命、死亡与永恒之爱”心理健康讲座。

2023 年 5 月 25 日—6 月 25 日，举办全校性心理委员主题活动月。

2023 年 6 月 1—4 日，参加第六届全国高校心理情景剧大赛及其论坛，作品《光·茫》荣获百佳剧目奖，马春风就其所写的文章《中国优秀文化在高校校园心理情景剧中的体现》在论坛上与大家交流。

2023 年 11 月 1—5 日，参加第十八届全国高校心理委员工作研讨会，马春风在会上做了“高校心理委员组织在‘一站式’学生社区中的作用”的主题发言；2 名同学被评为第六届全国高校百佳心理委员，1 名同学获提名奖；马春风、王乐琼获优秀论文奖。

2023 年 12 月，王乐琼的“高校‘一站式’社区中的心理委员组织机构创新路径”，获 2023 年校级“三全育人”课题一等奖。

41. 南京农业大学心理委员工作展示

顾浩钰

2023 年 1—12 月，按照《南京农业大学心理委员工作手册》中既定的培训任务，面向全校心理委员开展多场不同主题的心理委员工作内容培训。

2023 年 3—5 月，通过心理委员的宣传和组织，开展“3 · 20”心理健康周和“5 · 25”心理健康月活动。活动覆盖全校各学院，由心理健康教育中心统一指导和部署。各学院有序开展特色心理健康系列主题活动，共计 28 场次。

2023 年 5 月，由心理健康教育中心牵头，以心理委员为主体，举办心理班会大赛、心理情景剧大赛等。比赛覆盖所有学院，在全校范围内形成较大的影响力，取得了良好的效果，帮助学生心灵成长。

2023 年 11—12 月，通过校心理委员工作站的宣传，组织学生参加仙林大学城手语操大赛并获得二等奖。开展校园心理情景剧剧本大赛，共收到作品 59 份，引导学生发现生活中的心理学。

42. 吉林电子信息职业技术学院心理委员工作展示

桑小洲　姜莹莹

2023 年,吉林电子信息职业技术学院在 2023 级新生中遴选心理委员 170 名。

2023 年 5 月,在“5 · 25”大学生心理健康节期间,心理中心在青春剧场开展心理委员大讲堂团体心理活动,并评选出优秀心理委员 25 名。

2023 年 6 月,心理微电影《被光照亮的人》被评为第二届全国高校百佳心理微电影(心理短视频)优秀作品。

2023 年 11 月,软件工程学院 2022 级动漫 4 班张博荣获第六届全国百佳心理委员荣誉称号,电气工程学院 2022 级机电 6 班丁梓航荣获提名奖。

2023 年 11 月,心理中心组织 2023 级班级心理委员参加全国高校心理委员慕课培训, 106 名心理委员获得合格证书。此次培训增强了心理委员的专业理论知识,使其了解心理健康教育工作的方法和技能。

43. 四川师范大学心理委员工作展示

高　玮

队伍建设方面。组织开展第十三届心理朋辈骨干能力班“美丽心晴再起航”;组织评选“十佳心理委员”“十佳心理干部”; 2 名同学被评为全国百佳心理委员并入选主席团成员。

骨干培训方面。组织朋辈成员参加 6 个不同主题的技能培训,每个主题共 4 场。采用线上与线下相结合的形式,全面提升心理委员的工作技能;以网格化方式,对寝室长进行全覆盖培训。

心理文化建设方面。结合“四像”朋辈教育模式中的“拟像”组织开展“以你之名,绘我之心”活动;组织朋辈力量拍摄心理朋辈主题宣传片“美丽心晴”,以文化凝聚朋辈队伍。

特色主题活动方面。发挥传统书信的优势,发扬书写文字之美,让碎片化的网络交流回归沉浸式的“长交流”,让配对的笔友相互学习,充分发挥朋辈支持的力量。利用睡眠日、母亲节、心理健康节、精神卫生日等契机开展“触及真心摄影展”“化妆派对”“3·25 善爱我”“5·25 我爱我”“9·25 心理新生嘉年华”等活动。校园心理情景剧，获评第六届全国高校心理情景剧大赛百佳剧目。尝试沉浸式心理主题“剧本游戏”设置，从第一课堂走到室外。

44. 吉林财经大学心理委员工作展示

高　燕　周小琳　赵雨薇　盛恒炜

2023 年 3 月，开展“遇见更好的自己”心理委员电影沙龙活动。

2023 年 4 月，开展主题班会“调节情绪，缓解压力”。班会由各班心理委员组织。

2023 年 5 月，组织 21 天打卡训练营活动。各班级心理委员选择由校心理中心提供的打卡项目，带领同学培养好习惯。

2023 年 5 月，开展班级心理委员工作技能培训讲座。

2023 年 6 月，开展心理委员座谈会。心理委员代表交流已完成工作、未完成工作及工作中的难点。

2023 年 9 月，开展 2023 级心理委员基础知识与技能培训。

2023 年 10 月，组织心理委员参加“大学生常见心理问题的识别”主题讲座。

2023 年 11 月，组织心理委员参加 2023 年全国高校心理委员慕课培训，49 名心理委员参加培训并取得合格证书。校心理中心面向 2023 级心理委员开展心理健康教育基地参观体验活动，召开 2022—2023 学年优秀心理委员表彰会，开展班级心理委员工作技能培训讲座。李桐同学荣获第六届全国百佳心理委员称号。

45. 重庆三峡学院心理委员工作展示

张小梅　李晨光

2023 年 5 月，学校开展第二届“十佳心理委员”评选活动。来校参加西南片区高等师范院校学生工作研究会第二十九次年会的领导与嘉宾参观校心理中心，心理委员参与接待工作。

2023 年 6 月，校心理中心被评为重庆市心理健康教育优秀咨询中心。作品《树林荫翳》获评第六届全国高校心理情景剧大赛百佳剧目。

2023 年 9 月，迎新期间开展心理知识宣传。

2023 年 10 月，选拔新生班级心理委员，健全“竞聘－培训－聘任－实践－评优－展示”工作机制。

2023 年 11 月，参加第十八届全国高校心理委员工作研讨会暨朋辈辅导论坛，2 名学生获评第六届全国百佳心理委员。

2023 年 11—12 月，组织班长、心理委员、心理协会成员、社区楼长、层长、室长等 4 000 余人开展心理培训。

2023 年 3—12 月，在学生社区心理室和二级学院心理辅导站组织讲座、放松操、观影等活动百余场。

2023 年 12 月，“重庆学校思政工作者”微信公众号对学校心理委员工作进行报道。

2024 年 1 月，学校被评为重庆市平安校园。

46. 岭南师范学院心理委员工作展示

李静娴

2023 年 4 月，学校举办新任心理委员岗前培训，全校共有 400 余名心理委员参加本次培训。

2023 年 6 月，学校组织心理委员评优活动，评出校级优秀心理委员 52 人，校级“十佳心理委员”10 人，校级优秀心理工作骨干 10 人。

2023 年 9 月，学校邀请天津大学詹启生教授为心理委员提供线上技能提升培训，有 200 余名心理委员参加本次培训。

2023 年 11 月，学校“十佳心理委员”李敏华、袁佳乐分别荣获第六届全国百佳心理委员称号和提名奖。

2023 年 3—4 月、10—11 月，心理中心对大一心理委员进行“大学生心理健康教育”课程教育。

2023 年 9—10 月，心理中心教师为朋辈队伍开展系列心理咨询技能培训。

2023 年 3—12 月，朋辈咨询员开展“以德润心”系列征文活动，文章被定期发表于心理中心微信公众号上。2023 年 1—12 月，心理中心在各年级心理委员工作微信群中，每周固定推送心理科普、心理体验类原创文章各 1 篇，由班级心理委员转发至本班微信群进行宣传。2023 年，学校 400 余名心理委员参加高校心理委员慕课培训。

47. 河海大学心理委员工作展示

刘取芝　靳　易

2023 年“3·20”“5·25”活动期间，指导班级心理委员策划开展心理班会、心理情景剧比赛、心理微电影比赛等系列心理主题活动。

2023 年 4 月 7 日，学校推选的心理情景剧《“凡”心事》获江苏省高校心理情景剧大赛一等奖。

2023 年 3—4 月，配合江宁大学城心理健康教育研究中心，开展心灵朗读者、心理微电影、心理主题征文、心理漫画或心理海报设计、趣味运动会、脱口秀等心理主题活动，并获多个奖项。

2023 年 5 月 1—8 日，组织联合各班级开展校园“最美笑脸”评比活动，并择优报送至心理委员平台参与全国高校“最美笑脸”征集评比。5 月 12—16 日，开展 2023 年“优秀心理委员”和“十佳心理委员”评选活动，评选产生 71 名“优秀心理委员”和 12 名“十佳心理委员”。

2023 年 6 月 2—4 日，学校推选的心理情景剧《追逐星星的你》获全国第六届高校心理情景剧大赛二等奖。

2023 年 9 月 20 日，举办河海大学心理健康会谈能力竞赛校内初赛，并择优报送心理委员参与江苏省心理健康会谈能力竞赛。

2023 年 10 月 25—31 日，学校 1 名同学参加江宁大学城首届心理委员技能大赛并在初赛中获二等奖。

2023 年 11 月 1—3 日，学校 2 名同学在第六届全国百佳心理委员论坛上分别获得第六届全国百佳心理委员荣誉称号和提名奖。11 月 9 日，开展 2023 年度新任心理委员岗前培训，此次培训以线上、线下相结合的方式进行，并组织心理委员参加全国高校心理委员慕课培训。经考核，共 334 名新任心理委员获得慕课合格证书。11 月 23 日，学校承办第一届江苏省高校心理健康会谈能力竞赛南京赛区初赛，学校 2 名参赛同学获得二等奖。

2023 年 12 月 6 日，学校 1 名同学获江宁大学城首届心理委员技能大赛决赛三等奖。12 月 7 日，学校 2 名同学获第一届江苏省高校心理健康会谈能力竞赛决赛三等奖。12 月 25 日，学校邀请李永慧老师针对已上岗本科生及研究生心理委员开展主题为“塑造成长型思维，伴你终身成长”的进阶培训。

2023 年 3 月初—12 月底，心理委员联络部组织开展了 5 期“茶话心委”系列沙龙活动，共计 90 余名心理委员和 60 余名非心理委员同学参加。

48. 江苏城乡建设职业学院心理委员工作展示

祝　琳　姜建平　王俊坤

持续加强心理委员组织、宣传、预警、助人等能力建设，构建科学的朋辈考评机制，形成“培训 - 考核 - 实践”一体化朋辈队伍培训路径。依托“阳光使者心理委员专业技能提升系列培训”项目，设立“满天新星”（面向大一学生）、“阳光使者”（面向大二、大三学生）荣誉称号。培训后组织开展“校园优秀心理班会课”大赛，要求参加培训的心理委员全程组织、策划与执行，为秋季学期开展“校园十佳心委”“全国百佳心委”评选搭建学生展示平台，储备学生力量。2021 年至今，学校 2 名学生获评第四届、第五届全国百佳心理委员，并成功竞选全国百佳心理委员论坛副主席，1 名学生荣获第五届全国百佳心理委员提名奖。1 名学生荣获江苏省心理学会优秀心理委员，作品《和拖延说拜拜——行动力养成班会课》荣获第一届江苏省高校新时代学生心理健康素养大赛心理班会总决赛三等奖。2023 年 1—12 月，开展第三届心理委员专业技能提升培训，内容涵盖心理委员角色定位、心理委员人际沟通、心理委员如何开好班会等专题，累计参与学生 905 人次，根据考核结果评选出优秀学员 70 人。

49. 大连大学心理委员工作展示

姜立君　张　莉

2023 年 5 月—9 月，校心理中心组织开展了 2022—2023 学年“阳光使者”班级优秀心理委员评选工作。各班心理委员开展自评，学院结合心理委员工作开展情况和工作成效，择优推荐心理委员参加学校评选。校心理中心对学院推荐的心理委员进行评审，共有 21 名班级心理委员被评为优秀心理委员。此项评选工作，提升了心理委员的工作热情，增长了心理学生干部的才干，对心理委员队伍建设起到了很好的推动作用。

2023 年 10 月，开展了 2023 级班级心理委员选拔及培训工作；邀请大连市第七人民医院的心理专家为全校心理委员开展了“大学生常见心理疾病的识别”专题培训，共 500 余人参加培训；组织心理委员参加全国高校心理委员慕课培训，近 200 人获得了合格证书。

在心理委员队伍的基础上，学校建立了大学生朋辈心理互助队伍——心理委员联盟。心理委员联盟为全校各类学生组织定期进行心理行为训练，开展心理读书会，宣传心理健康知识，营造校园心理文化氛围。

学校积极举办校园心理情景剧大赛，并参加 2023 年第六届全国高校心理情景剧大赛，剧目《路漫漫亦灿灿》荣获三等奖。

50. 郑州财经学院心理委员工作展示

石英华

（1）开展系统培训。2023 年度，学校开展了心理委员系统培训，包括线上和线下两种途径。线上组织 2023 级全体心理委员参加全国高校心理委员慕课培训，线下开展“心理委员的职责和心理状况的分类”“大学生心理危机的预防与应对”等 8 场专题培训，全年累计培训 700 余人次。

（2）评选“十佳心理主题班会”。2023 年 4 月，学校组织开展心理主题班会活动，收集了 4 007 名同学的问卷反馈，评选出“十佳心理主题班会”。

（3）组织心理委员技能大赛。2023 年 5 月，学校面向 392 名心理委员开展第一届心理委员技能大赛，历经初赛推选、复赛笔试、决赛展示，评选出一等奖 1 名，二等奖 2 名，三等奖 5 名和优秀心理委员 10 名。

（4）开展心理知识竞赛。2023 年 10 月，学校面向全校心理委员开展心理知识竞赛，通过多轮竞争，3 个学院代表队分别获得团体一、二、三等奖。

（5）取得荣誉。2023 年 5 月，学校心理情景剧《听得见我吗》获评第六届全国高校心理情景剧大赛百佳剧目、优秀剧目；2023 年 6 月，学校心理微电影《内向生长，向星绽放》获评第二届百佳心理微电影；2023 年 11 月，2022 级蔺馏心同学荣获第六届全国百佳心理委员称号，学校入选全国高校心理委员研究协作理事单位。

51. 闽南师范大学心理委员工作展示

王品卿　陈　虹

2023 年 3—4 月，闽南师范大学组织第五届朋辈心理辅导技能大赛，共有 500 多名班级心理委员、心理自助中心学生干部参加比赛。初赛考查心理委员的心理学基础知识，复赛以案例分析形式考查心理委员的案例分析能力，决赛以现场心理辅导情景模拟形式考查心理委员的实践应用能力。学校通过以赛促学、以赛促练，增强朋辈的角色意识，提升朋辈的工作素养与能力，强化学生心理自助、互助和助人意识，充分发挥朋辈工作队伍在心理育人中的作用。

2023 年 4—5 月、11—12 月，针对学校近 600 名班级心理委员、心理自助中心学生干部进行专题培训。培训以心理专题讲座和团体心理辅导的形式开展。心理专题讲座主要围绕朋辈角色职责与定位、绘画心理分析、心理危机识别与介入、OH 卡牌、团体心理辅导在朋辈心理辅导中的应用等主题开展。团体心理辅导主要聚焦朋辈心理辅导技能，如倾听、共情等。培训既有贴近大学生实际的案例分析与探讨，又有情景模拟和角色扮演等形式，帮助班级心理委员掌握必要的心理辅导的理论和技能，充分发挥其“自我教育、自我管理、自我服务”的作用。

52. 滁州城市职业学院心理委员工作展示

谷莲莲

2023 年 9 月 21 日，校心理中心在学生公寓楼静雅苑和博雅苑开展“大学生活，从‘心’开始”主题宣传进社区活动。

2023 年 9 月 25 日，在校心灵驿站举办“心灵手巧，创意无限——制作中秋月饼”团体辅导活动。

2023 年 9 月 27 日，学校心理委员联合会在校心灵驿站举办“穿越古今拾趣传统”中秋主题游园会活动。

2023 年 10 月 10 日，校心理中心邀请滁州市第二人民医院心理科、精神科、睡眠科、康复科等科室的 10 余位专家在月朵 e 站前广场开展“关注心理健康共享生命阳光”校园心理健康义诊活动。

2023 年 11—12 月，王旭同学获第六届全国百佳心理委员荣誉称号。

2023 年 12 月 25 日，在月朵 e 站举行 2023 年心理委员年度工作总结、优秀心理委员（心理学干）表彰及校心理委员联合会换届仪式。

53. 毕节幼儿师范高等专科学校心理委员工作展示

李运　高阳　田芸

在 2023 年的心理健康教育工作中，学校心理委员始终坚守岗位，充分发挥学生主体作用，积极调动学生参与积极性，以推动活动育人取得实效。在此期间，心理委员精心策划并组织开展了多场以学生为中心的活动，其中班级团体辅导活动达到 260 余场，班级心理委员参与组织工作的次数与 2022 年度相比显著提升。

为加强心理委员队伍建设，提升心理委员的专业素养，学校在 2023 年度组织开展心理委员培训。经过培训，共有 80 余名班级心理委员成功提升了自身的人际沟通、风险识别等专业能力，为更好地履行职责打下了坚实基础。

此外，学校每月定期召开心理委员工作会议。心理委员总结分享朋辈工作经验，形成朋辈互助团队，有效增强了自我认同感和人际支持系统。这一举措不仅提升了心理委员的工作效能，也进一步巩固了学校心理健康教育工作的基础。

综上所述，学校心理委员的专业素养提升与学生主体的紧密结合，有效增强了教育活动的育人效果；同时，助力了心理委员个人的专业成长与综合素质的增强。这些卓越成果充分展示了学校在心理健康教育方面的严谨态度、规范操作和专业水平。

54. 吉林医药学院心理委员工作展示

冯桂梅　唐　宁

2023 年，吉林医药学院紧紧围绕立德树人根本任务，坚持育心与育德相结合，持续将朋辈育人理念融入心理健康教育工作。

（1）稳步提升朋辈互助力量。2023 年 3 月，针对心理委员开设“团体心理辅导”选修课，充分发挥课堂教学在大学生心理健康教育工作中的主渠道作用。全年先后开展心理骨干训练 12 场，并组织全校 500 余名心理委员参加全国高校心理委员慕课培训。5—11 月，建设二级心理工作站 8 个，切实加强学生心理健康教育工作队伍建设，拓展心理健康教育工作的覆盖面和受益面，打通心理育人工作最后一公里。

（2）充分发挥朋辈引领作用。2023 年 5 月，组织心理委员开展“心理微课”活动。此次活动围绕常见的心理问题，以单人主讲的形式进行录制，共遴选 13 部心理微课优秀作品在“心灵之约”抖音号及“吉医心语 JY”微信公众号展播。组织心理委员陆续向全校学生发放 5 000 余份暖心小贴士，宣传和普及心理健康知识，让学生掌握必要的心理调适方法。

（3）积极开展心理实践活动。2023 年 3 月，举办“3·25 善爱我”心理情景剧大赛，充分展示大学生精神面貌。5 月，举办第十八届“5 · 25”大学生心理健康节，围绕“绘心慧我，悦享生活”主题，组织开展系列活动，营造学校良好的心理健康教育氛围。

55. 哈尔滨医科大学心理委员工作展示

付东然

2023 年 1 月 1—10 日，哈尔滨医科大学心理委员 2022—2023 学年第一学期工作总结如期举行，全校心理委员就个人与班级同学沟通情况、班级同学向心理委员主动寻求帮助等情况作了报告与总结。每年 1 月 1—10 日与 11 月 1—10 日为学校心理委员工作总结日。

2023 年校心理中心面向全校学生开展特色心理活动，包括积极心理、职业规划、压力应对、人际交往、情绪调节、学习心理调适等六大主题，旨在提高学生应对困难的能力以及自我觉察能力。根据学生的发展特点分层设计团体活动，让学生通过交互式学习，提高心理素养。全年开展“3・25”“5・25”“9・25”“1・25”四次心理活动月活动，活动主题包括“生活剪影·心声相约”照片征集、“善爱自己，心灵寄语”校园心愿便利墙、“心向温阳·剧绎青春”心理剧大赛及优秀作品展播、“交换美好，共享生活”心理摄影、“心存美好，记录生活”Vlog 比赛、“以色彩填满心灵”心理绘画填色比赛、“声音气象站”、“合聚妙思，共绘画卷”合作绘画比赛等。

面向全校心理委员开展“关爱心理健康，共享生命阳光”心理健康专项讲座活动 7 场，包括大学生心理危机识别与干预、朋辈情绪管理技巧、朋辈咨询技能、倾听能力等主题。

56. 中国矿业大学心理委员工作展示

侯德伟　范韶维

（1）实施年度轮训全覆盖，提高心理委员专业知识技能。2023 年 9 月，启动新学年心理委员选拔与配备工作。10—11 月，面向新上岗心理委员开展心理委员工作职责与素养、大学生心理危机识别、主题班会设计、会谈技术等专题的初阶培训，共 8 场次；同时，面向高年级心理委员（含研究生）开展中阶培训 4 场次。通过年度轮训，不断增强心理委员专业素养，提高岗位胜任力。“朋辈心理互助工作素养”通识教育选修课获得学校教务部课程建设立项。

（2）打造专属活动平台，增强心理委员岗位认同感。每年春、秋两季，心理委员积极组织广大同学参加学校“和谐校园阳光心灵”主题教育。其中，2023年3—5月，举办第十五届“重塑心秩序 青春再启航”校园情景剧大赛；9—10月，举办第十六届“爱在身边温馨家园”主题班会；11—12月，举办第八届“心灵使者”风采大赛。

（3）健全工作机制，发挥心理委员工作效能。明确校院协同管理机制，充分发挥心理委员队伍的作用。落实危机信息周报制度，开展常态化朋辈互助帮扶工作。通过优秀心理委员评选、心灵使者风采大赛展示等，不断强化朋辈助人工作技能。2023年，2人荣获第六届全国百佳心理委员称号，1人获提名奖；2人被评为苏北地区高校“启航之星”。

57. 南通大学心理委员工作展示

赵　霞

2023年1—12月，南通大学充分发挥大学生心理协会“校－院－区－班－寝”五级网络作用，实施心理委员培养“六个一”工程。

（1）每学期组织一次心理委员、宿舍心理信息联络员培训，做到“六知晓五覆盖”，内容上要求知晓工作职责、工作内容以及朋辈互助、危机识别与应对、活动组织与实施、工作伦理等知识，对象上要求覆盖大学生心理协会各级组织骨干、心理委员、宿舍信息联络员、学生社团骨干、班级主要学生干部等五大对象，以点带面，促进心理健康教育工作的提质增效。

（2）每学期对心理委员进行一次团体辅导培训，内容涉及六个主题班级团体成长活动。

（3）每名心理委员在大一和大二分别参与或承担一个班级的团体成长活动，在组织学生、带领团队中促进自我成长。

（4）每学期指导心理委员在“四季”心育活动中组织班级开展一次心理健康班会或主题活动。

（5）每学期指导心理委员配合辅导老师进行一次需重点关注学生的排查工作。

（6）每学年对全体心理委员进行一次考核，通过“十佳心理委员”“十佳朋辈辅导者”“心协十佳干部”“心协工作先进班级”等评比与展示活动，以赛促建，不断提高心理委员队伍素质和能力。

58. 遵义医科大学心理委员工作展示

杨 丽 王梦兰

遵义医科大学心理健康教育工作始终坚持以立德树人为根本任务，以学生心理需求为工作出发点，以提升学生心理健康素养为工作目标，以实现学生心理自助成长为理念，不断完善四级心理预警体系，加强学院辅导员、班级心理委员、宿舍心理信息员心理技能培训。

2023 年，组织朋辈咨询值班 900 余次，接打电话 3 325 次；心理委员每月定期在心理系统中填报学生心理情况月报表，及时动态排查；各班心理委员积极组织开展并参加学校的心理剧剧本大赛、心理剧大赛、心理知识网络竞赛、院系心理主题活动等。

2023 年 4 月，组织心理委员围绕“如何开展心理主题班会”开展技能培训。

2023 年 5 月，各班心理委员组织班级同学参加“心上的中国”全国大学生心理健康知识竞赛，学校获评优秀组织单位。

2023 年 10 月，组织开展新生心理委员心理普查工作培训。

2023 年 11 月，学校 1 名学生获第六届全国百佳心理委员称号。开展“新环境·心适应”心理健康系列活动。

2023 年 12 月，组织全校心理委员、宿舍心理信息员围绕“大学生心理问题的初步识别与应对”开展心理技能培训。

2023 年 7 月 1—10 日、12 月 1—10 日为全校心理委员工作总结日。

59. 江苏卫生健康职业学院心理委员工作展示

葛 萍

心理委员作为学校心理健康教育四级网络中的第三层级，向上承接学校心理健康教育工作，向下组织心理活动、传播“心”能量，起着承上启下的作用。

（1）夯实理论素养，拒绝本领恐慌。校心理中心联合二级学院心理工作站，全年持续开展专题培训，旨在提高心理委员朋辈群体的自助助人技能和心理危机识别能力。2023 年 11 月，开展了多场 2023 级新生心理委员培训，通过“同心同行同成长”讲座介绍大学生常见心理问题的识别与处理技巧；借由“靠近我，温暖你”讲座，普及人际交往及宿舍关系问题应对方法。全年有 225 名心理委员参加全国高校心理委员慕课培训并取得合格证书；二级学院心理工作站开展了“当好生命守门员”“同心协力，筑梦未来”“携手同行，从心出发”等多场心理委员专题培训，学生反馈较好。

（2）丰富活动形式，提升实操技能。开展活动对于增强心理委员服务意识、提升助人能力，扩大心理健康影响力具有重要的作用。校心理中心举办了 2023 级心理骨干素质拓展活动；全年各班心理委员组织多场心理健康主题班会；二级学院心理工作站举办“筑梦心路，快乐成长”心理团体辅导活动。2023 年 11 月，学校举办“知识·意识·能力”心理骨干会谈能力大赛；同月，护理学院王婉卿同学荣获第六届全国百佳心理委员称号。

60. 浙江理工大学科技与艺术学院心理委员工作展示

汪　静　熊婉婷

2023 年 2 月 10 日，面向全校心理委员开展“开学第一课”——大学生开学心理调适讲座，同时面向全校学生双平台同步线上直播。

2023 年 3—5 月，开展“大学生恋爱与成长”主题团体辅导 6 期。

2023 年 4—5 月，举办第二十三届心理健康活动月系列活动，以“拥抱自己·拥抱爱”为主题，2 000 余人参加，同时心理委员组织开展心理科普知识宣传。4 月 12 日，举办“从心出发，不负韶华”第十五届心理情景剧大赛，选送原创心理情景剧《小鱼小鱼》参加全国高校心理情景剧大赛，获评优秀剧目。5 月 23 日，举办心理科普成果展和心理嘉年华。

2023 年 6 月，举办第二十三届心理健康活动月优秀组织、优秀活动、优秀个人评选活动，评出 2 个优秀组织单位、6 个优秀活动、9 名优秀心理骨干。

2023 年 10—12 月，开展朋辈团体辅导活动 68 场；开展减压赋能主题团体辅导 3 期；开展心理剧原创剧本大赛、心理微电影大赛；选送作品《苦难不能打倒我》获评全国高校百佳心理微电影;组织心理委员工作考核。

2023 年 11 月,作为理事单位参加第十八届全国高校心理委员研究协作组理事会议;11 月 14 日,启动 2023 级新任心理委员工作系列培训。

2023 年 12 月 25 日,举办“团体辅导之星”评选,百余名心理委员参与观摩、评分。

61. 西南财经大学心理委员工作展示

许晓卉　方从慧

西南财经大学坚决贯彻教育部等十七部委《全面加强和改进新时代学生心理健康工作专项行动计划(2023—2025 年)》精神,深入落实“时代新人铸魂工程”,坚持把朋辈心理自助互助体系建设作为心理育人工作的重要抓手,不断提升学生心理骨干素质能力。2023 年 10 月 8 日,全国高校思想政治工作网以“西南财经大学:覆盖全员 学校组织开展学生心理骨干专题培训”为题报道学校朋辈心理工作。

全覆盖开展学生心理骨干培训。2023 年 9 月 26 日,培训在两个校区分 5 个场次开展,覆盖全校本硕博层次的心理委员和寝室长,旨在帮助学生心理骨干理解自我角色定位、开展好班级活动、关心关注同学健康、预防危机事件发生,参与学生 2 500 余人次。

强化工作指导,丰富朋辈活动。加强校院、院际学生心理团队合作,增进校际学生心理团队交流。五育并举,在“5·25”和“心理文化月”期间指导学生心理骨干组织开展朋辈沙盘体验、心理图书漂流、心理知识“捕梦网”等校级活动 10 余项,各院级学生心理团队开展活动 300 余项。

开展学生心理工作评优工作。评选、表彰优秀学生心理团队 10 支,优秀学生心理骨干 77 人,“十佳先进个人”10 人。择优推荐骨干参加第六届全国百佳心理委员论坛,王小龙、汪韫珂分获第六届全国百佳心理委员称号和提名奖。

62. 重庆第二师范学院心理委员工作展示

杨钦君

2023 年 4 月 28 日，重庆第二师范学院心之旅“5 · 25”大学生心理健康文化节之心理委员技能大赛成功举行。初赛遴选出的 10 名心理委员，通过个人风采展示以及案例分析两个环节进行现场角逐。以赛促学，进一步加强心理委员队伍建设，提升心理委员的岗位胜任力。

2023 年 9 月，在全校范围内开展优秀心理委员遴选，选出 11 名校级优秀心理委员，并组建校级心理委员工作小分队。

2023 年 10 月，针对新上任心理委员，学校开展“蒲公英”系列心理委员技能培训，培训以素质拓展活动、专家讲座等形式开展，旨在帮助新一届心理委员明确工作职责，掌握工作方法，更好地服务班级学生，做学生成长的知心人。

2023 年 11 月，生物与化学工程学院任炜获得第六届全国百佳心理委员称号，学前教育学院古海柳获提名奖。

2023 年 12 月，学校组织 110 名班级心理委员和 65 名朋辈群体参加全国高校心理委员慕课培训，并获培训认证。

63. 中国农业大学心理委员工作展示

周　蜜　刘建一

中国农业大学心理委员队伍共分为四级，分别是心理协会成员（一级）、学院心理部成员（二级）、班级心理委员（三级）、宿舍长（四级）。每年开展初、中、高三阶专业培训，包含岗位职责、角色定位、危机排查、危机预防干预、团体辅导技能、个体咨询技能等内容。

2023 年 1—12 月，全体班级心理委员共计参加排查会 12 次，上报心因性隐患学生 3 294 人次。

2023 年 3—12 月，针对四级心理委员开展心理委员初、中、高三阶培训，分别有 607 名、166 名和 55 名同学通过考核，获得“朋辈心理咨询员”称号。

2023 年 4—5 月，开展校级心理委员评选，28 名同学荣获“校级优秀心理委员”称号，其中 10 名同学同时荣获“十佳心理委员”称号。

2023 年 5 月，举办心理健康节，各级心理委员组织开展大型心理活动 20 项，创作的优秀作品斩获 11 项北京市级奖项，学校也荣获首都大学生心理健康节“最佳组织奖”。

2023 年 10 月，举办心理文化节，各级心理委员组织开展大型心理活动 37 项，吸引了数千名学生参与。

2023 年 9—11 月，面向 2023 级新生开展班级团体心理辅导 111 场，53 名心理委员担任带领者。

64. 江西师范大学心理委员工作展示

刘玲玲

2023 年 10 月，校心理中心对新任职心理委员（含 2023 级全体新生心理委员和换届心理委员）开设心理委员必修课程——“朋辈心理辅导”，共 32 学时。全校 345 名心理委员接受了专业技能培训，并完成考核。

心理委员每月将班级情况汇总为“心理晴雨表”并上报。心理委员可通过访谈、观察等方式将班级同学的困难和需求展示在“心理晴雨表”上。校心理中心则每月对“心理晴雨表”进行梳理，对存在较为严重心理问题的学生采用一对一的形式进行访谈和提供帮助。

心理委员在心理危机预警方面发挥了重要作用。2023 年全年，心理委员主动识别、及时发现存在心理危机的学生 13 人次；朋辈辅导对心理问题较为严重的学生进行帮扶。

学校积极参加全国高校心理委员研究协作组的各项活动，并将其作为学校心理健康教育工作的组成部分。心理委员工作成效显著，2023 年评出 54 名优秀心理委员，10 名“十佳心理委员”。从“十佳心理委员”中选出 3 人参加第六届全国百佳心理委员论坛，其中王奕皓、周婷婷同学获评第六届全国百佳心理委员，胡晓城同学获提名奖。

65. 龙岩学院心理委员工作展示

陈 睿 罗灵娜 郑桂荣

为更好地发挥学校心理健康教育工作四级网络的作用，加强朋辈心理委员队伍建设，促进朋辈心理委员在提高大学生心理素质、创建和谐校园等方面发挥更大作用，龙岩学院根据本校特色编印了《朋辈心理辅导实用手册》，并指导各二级学院每月对班级心理委员和宿舍信息员开展业务培训和督导。各二级学院每月向校心理中心汇报各年级、班级、宿舍学生的代表性心理困惑和特殊学生心理状况。

2023 年 11 月 28 日—12 月 18 日，龙岩学院开展 2023—2024 学年朋辈心理辅导培训班，采用线上与线下相结合、理论与实践相结合的培养模式，共培训了 160 余名朋辈心理委员。培训内容包括“班级心理委员的工作职责与角色定位”“朋辈心理辅导的基本态度与工作技巧”“心理情景剧在班级的运用”等专题讲座，并让每位新任朋辈心理委员体验同伴教育和心理素质拓展训练活动，以提升朋辈的助人能力。2023 年学校改革了优秀朋辈心理委员的评选方法，采取专家评审和现场答辩的方式进行表彰，以评促进，评选出 10 名“十佳朋辈心理委员”和 30 名优秀心理委员，其中获得“十佳朋辈心理委员”称号的 2021 级卢昕洁同学获第六届全国百佳心理委员称号。

66. 浙江师范大学心理委员工作展示

薛俊强 刘 葵 厉佩淇

学校在心理委员工作基础上进行拓展，以“校、院、班、寝”为阵地，逐步构建“一元四维”朋辈心理互助工作平台。其中，“一元”是指秉持“构筑校园心灵港湾，助力学生快乐发展”的心理健康教育工作理念；“四维”指打造学校专业朋辈辅导、学院朋辈心理互助员、班级心理委员、寝室长四级学生朋辈工作队伍，搭建课堂学习、模拟演练、实操训练、社会实践四大朋辈培训平台，建立项目化运作、信息研判、案例分享、督导提升四项朋辈工作机制。班级心理委员是朋辈工作机制中重要的一环。每年从“德、能、勤、绩”四个维度评选校级优秀心理委员和优秀朋辈宣讲团成员，树立典型，发挥榜样示范作用。

每年春季学期我校面向心理委员开设24课时的“学校心理辅导与活动设计”通识课程。2023年开设6个教学班，共341名心理委员选修，近三年覆盖807名心理委员，内容涉及班级心理班会团体活动的组织与实施、心理异常与危机的识别干预等，以更好地发挥心理委员作用。原则上每班配1~2名心理委员，四年不更换，以保证工作延续性。

2023年10—11月，2名心理委员获评第六届全国百佳心理委员，1名心理委员获提名奖。2023年开展心理委员朋辈宣讲团“小米兰沐光讲堂”、寝室长培训等朋辈队伍培训82场，3 351人参与。2023年朋辈队伍共组织开展各类主题团体辅导活动200余场，共收集165个优秀朋辈助人故事，选树校优秀心理委员90人、校优秀学生朋辈心理互助员30人；共开展新生团体辅导137场，有近4 800名新生参与，平均满意度高达96.86%。

积极组织全体心理委员参加全国高校心理委员慕课培训并取得证书。在第十三届全国心理委员工作研讨会上，向全国高校介绍和推广学校的朋辈互助工作体系。“米兰花开幸福成长——以‘六力’为核心的积极心理品质培育模式探索与实践”入选教育部思想政治工作精品项目。学校获评浙江省高校“三全育人”心理育人重点支持高校和牵头单位，以及第三届“全国高校心理委员工作示范单位”。

67. 湖南大学心理委员工作展示

向雪晴

湖南大学心理委员2023—2024学年第一学期工作总结如期举行。全校心理委员就个人与班级同学沟通情况、班级同学向心理委员主动寻求帮助等情况作了报告与总结。

2023年9月，学校实施心理委员线上线下培训及管理模式。校心理中心面向全体心理委员开展初阶慕课培训；中阶培训由各学院心理兼职老师对心理委员队伍进行网格化培训；高阶培训聚焦心理沙龙活动和相关讲座培训等。

2023年9—10月，学校心理委员组织开展“先行者——心理健康校园行”活动，以慢跑为载体、知识问答为方法传播心理健康知识；利用“10・10”世界精神卫生日“暖阳行动”,校心理中心老师带领心理委员开展“快乐启航”团体辅导专题培训。

2023 年 10 月,学校邀请心理专家开展 2 场专题心理健康教育讲座,为在校心理委员普及心理健康知识;经遴选和答辩,学校评选出校“十佳心理委员”,并对其优秀事迹进行宣传;学校 2 名同学获得第六届全国百佳心理委员荣誉称号。

2023 年 11 月,学校组织心理委员以寝室为单位开展心理主题活动。各心理委员参与校心理中心的“会心”系列团体辅导。

2023 年 11—12 月,学校开展以大学生校园生活为主线的微电影作品评选活动,各班级心理委员积极投入该活动的组织及评选工作。

68. 济南职业学院心理委员工作展示

周颖萍　冯　珍　裴丽颖　薛燕飞

2023 年 3 月, 120 名心理委员参加“奋进新时代,筑梦心启航”春季心理素质拓展活动。

2023 年 4—5 月,在“5・25”心理健康教育月活动期间,邀请校外专家对 2022 级心理委员进行“大学生心理主题班会设计与操作”培训,对 600 余名朋辈心理成员进行“人际沟通能力提升”培训,评选出优秀心理主题班会 40 个,开展朋辈心理团体辅导 16 期(480 名学生参加)。2 部作品入选“5・25”全国高校大学生心理健康节“最美笑脸”二十强,学校获评优秀组织单位;《蝶变》获评第六届全国高校心理情景剧大赛优秀剧目。

2023 年 6 月,通过校院两级评审,评选出校级优秀心理委员 38 人。

2023 年 8 月,在第十五届山东省大学生科技节心理学应用技能大赛中, 24 名朋辈心理骨干荣获二等奖 2 项、三等奖 4 项。

2023 年 9 月, 4 名朋辈心理骨干在山东省高校心理健康教育月活动中获奖 3 项;校心理协会开展秋季学期心理趣味运动会。

2023 年 10—12 月,以彩绘曼陀罗、数字油画等为载体,开展朋辈心理团体辅导 13 期,300 余名学生参加。

2023 年 11 月,“幸福心工坊,朋辈心力量”获评山东省高校心理健康教育月特色活动; 5 名师生参加第十八届全国高校心理委员工作研讨会暨朋辈辅导论坛，1 名同学获全国百佳心理委员称号，1 名同学获提名奖。

69. 安徽工程大学心理委员工作展示

金艾裙　杜松涛　程香娟

（1）“线上 + 线下”双通道培训。2023 年 4—6 月，组织心理委员参加全国高校心理委员慕课培训，272 人取得心理委员慕课培训证书，261 人取得心理疗法慕课培训证书。2023 年 10—12 月面向 230 名新生心理委员开展为期 6 周 10 个模块的线下专题讲座培训。“5·25”和“12·5”心理健康教育宣传月期间，朋辈队伍组织开展心理游园会、DIY、心灵纸飞机启航等 80 余项实践活动。

（2）“学院优秀 + 学校十佳 + 全国百佳”三线评优。2023 年 5—6 月，开展优秀心理委员评比，树立榜样，推动示范引领。经三线评优，56 人获优秀心理委员称号、17 人获心理委员标兵称号、10 人获校首届“十佳心理委员”称号、3 人获校最佳人气心理委员称号、1 人获第六届全国百佳心理委员称号、2 人获第六届全国百佳心理委员提名奖。

（3）“学校 - 学院 - 班级 - 宿舍”四级预警防控体系建设。健全四级预警防控体系，全校各年级共 867 名心理委员在班级开展心理健康工作。实行每月一报制度，心理委员每月向校心理中心上报班级同学心理状况及活动开展情况。2023 年上报异常情况 41 人次，组织 536 场精彩纷呈的特色班级心理活动，如心愈观影、21 天习惯养成、期末焦虑化解大作战等，参与学生达 21 440 人。

70. 陕西铁路工程职业技术学院心理委员工作展示

赵智军　见晨阳

学校建立了以班级心理委员、宿舍心理联络员为主，心理社团、朋辈心理辅导员等学生团体为辅的朋辈心理骨干学生队伍，建构“校 - 院 - 班 - 舍”四级联动机制，不断深入探索心理委员队伍建设的路径，形成具有学校特色的朋辈心理育人工作模式。

2023 年，全校 247 名心理委员取得心理委员慕课培训合格证书，186 名心理委员取得朋辈心理疗法慕课培训合格证书，3 名心理委员取得朋辈心理咨询员培训合格证书。

2023 年 3—5 月，各二级学院积极开展“一院一品”心理主题活动，包括素质拓展、园艺健心、心理科普、自助成长、团体辅导等，参与学生 5 000 余名，原创视频、音频、漫画等科普作品深入人心。

2023 年 4—10 月，对各学院班级心理委员进行线上、线下技能专题培训共 20 期，其中，团体辅导 5 期、心理讲座 15 期；针对学院朋辈心理辅导员开展技能培训共 5 期。

2023 年 6 月，学校选送的心理情景剧《时光列车》获第六届全国高校心理情景剧大赛优秀剧目、第五届陕西高校校园心理情景剧三等奖等荣誉。

2023 年 12 月，学校心理委员张珂晗获“陕西省高校校园爱心大使”荣誉称号，陈晨曦获“陕西省高校最美心理委员”荣誉称号，罗怡萌、王斌杰获“陕西省高校优秀心协会员”荣誉称号，王涛等 4 名同学获“陕西省高校百佳心理委员”荣誉称号。

71. 吉林化工学院心理委员工作展示

王晓宁

2023 年学校继续加强心理委员队伍建设，将“校－院－班－寝”四级学生朋辈力量充分调动起来，通过多种形式提高心理委员队伍的工作能力，发挥心理委员在高校心理健康教育中助人互助的作用。

2023 年 3 月，全校心理委员组织班级同学参加“挥别疫冬 春寻幸福”国际幸福日系列活动。

在“5·25”心理健康月活动中，全校各院系心理委员协助校心理中心精心组织与策划团体辅导、心理知识竞赛及化装舞会等活动，共计 8 000 人参与。

2023 年 9—10 月，选拔 2023 级新生心理委员，发放《吉林化工学院心理委员成长手册》；2023 级全体新生心理委员完成高校心理委员慕课培训。11 个学院各设立 1 名心理辅导员，1~2 名心理干事，由他们负责院系心理健康工作，逐渐打通心理育人“最后一公里”。

2023 年 11 月，经个人申请、院系审核、公开答辩，评选出 2023 年度校级优秀心理委员 24 人，校“十佳心理委员”10 人，并举办全校心理委员训练营暨优秀心理委员颁奖典礼；学校 1 名同学获评第六届全国百佳心理委员，1 名同学获得提名奖。

72. 南京师范大学心理委员工作展示

郜俊雅

南京师范大学着力健全完善“学校－学院－班级－宿舍”四级预警网络，进一步提高大学生心理健康工作的针对性和有效性，全方位做好大学生心理健康的预防和教育工作。

从 2005 年起，校心理中心连续 19 年面向全校各学院选拔心理气象站成员、各班级选拔心理委员、各宿舍选拔心理气象员。同时，积极落实学校网格化管理要求，培育优秀学生党员、主要学生干部成为心理工作网格员，细化心理危机预警机制，打通心理工作“最后一公里”。

2023 年，校心理中心通过专题讲座、团体辅导培训、主题沙龙相结合的方式，组织 344 名学生参加 20 学时的心理委员培训，全面提升心理委员的业务能力和心理素质，培训通过率达 95.06%。

2023 年 9 月，举办“凝心筑梦　青春启航”优秀心理班会评选活动，充分发挥心理委员主体作用，通过班会形式帮助新生快速建立关系，加强班级内部沟通，增强班级凝聚力。

2023 年 10 月，举办心理知识竞赛，“班－院－校”联动，在学生中掀起心理知识学习热潮，以赛促学，向学生普及心理健康知识。

73. 西安石油大学心理委员工作展示

赵　晶

2023 年 4—6 月，面向大二心理委员开展限定选修课“心理学与心理咨询”。该课程由校心理中心 4 位教师主讲，共计 32 课时。开展春季心理委员团体辅导，包括“做情绪的主人”、“沙盘游戏实践成长训练营”、“谈谈情聊聊爱”沙龙、

“关于学习的底层逻辑”读书会、“沟通能力训练营”等。

2023 年 5—11 月，开展三场新生心理委员培训讲座，由校心理中心主任和专职教师主讲：5 月 16 日主题为“与情绪握手言和——心理委员沟通中的情绪管理与表达”，10 月 26 日主题为“如何开好心理健康教育主题班会和情景剧”，11 月 13 日主题为“朋辈互助，心灵守护”。

2023 年 5 月 25 日，心理委员联合协会举办“拾忆童年 助力青春”大学生心理健康日主题活动。

2023 年 11 月，开展秋季新生心理委员系列团体辅导，包括“独特的我”“信任之旅”“走出困惑”；姚汤博、郭佳雨分别获得第六届全国百佳心理委员荣誉称号以及提名奖。

2023 年 11—12 月，开展面向全校心理委员的“心理委员赋能减压 ACT 工作坊”，以及面向全体学生的“生命意义工作坊”“大学生逆商训练工作坊”。这些均为 5~6 次的连续性团体辅导。

2023 年 12 月 12 日，组织 2023 年优秀心理委员评选答辩，14 名同学获校级优秀心理委员荣誉称号。

74. 浙江树人学院心理委员工作展示

周晓优　严伟伟

学校高度重视心理健康教育四级网络体系建设，其中心理委员队伍是获取心理危机信息、进行心理危机预防与干预工作的重要力量。当前，学校已建设了一支优秀的心理委员队伍和有效的培养、评优体系。学校在各二级学院建立心理辅导站，同时成立心理发展服务部。班级心理委员、宿舍心理信息员，协助心理辅导站开展相关工作；辅导站指导心理委员宣传心理健康知识，定期开展各类主题心理健康教育活动。各二级心理辅导站开展心理委员素质拓展活动，增强心理委员队伍凝聚力。校心理中心邀请专家并结合慕课资源举办线上与线下相结合的专业知识培训，提高心理委员队伍的知识水平。2023 年度共 700 余人参加培训。二级心理辅导站与校心理中心定期对心理委员进行考核，并根据考核情况选拔优秀心理委员进行表彰，以便增加心理委员的自我认同感，调动心理委员的工作积极性，进一步提高心理委员的工作水平。

75. 东北林业大学心理委员工作展示

钱淑红

东北林业大学每学期开学季以心理委员线上心理知识小讲堂形式进行心理健康知识普及，就积极心理、职业规划、压力应对、目标建立、人际交往、情绪调节、学习心理调适等七大主题提供开学加油攻略；就焦虑情绪、非暴力沟通、提升自控力、发现性格优势等四大主题给出开学谈心小技巧。春季学期，开设“朋辈心理辅导”课程，共600余名学生参与学习。2023年3月，开展第七届“十佳朋辈辅导员”评选大赛，在16个学院中评选出10位“十佳朋辈辅导员”。通过心理委员的宣传和组织，全校开展“3·25”解压手势舞大赛、“5·25”第十三届心理情景剧大赛、“9·21心向阳光，晴满校园”心理健康教育月系列活动、“10·10关注精神卫生，将爱洒满校园系列活动”、“12·5筑梦心路，快乐成长”等大型活动。同时，针对心理委员开展大学生心理危机识别与干预、朋辈情绪管理技巧、朋辈咨询技能、倾听能力等主题的专题讲座，提升心理委员的专业能力。

在这一年里，心理委员组织多种形式的宣传活动，充分发挥了积极作用，为同学们提供了全方位的心理支持和帮助。

76. 山西农业大学心理委员工作展示

田　甜

2023年2月，向大一、大二心理委员印发《山西农业大学班级心理委员培训手册》。

2023年3—4月，开展心理委员和宿舍心理信息员培训；面向2022级新生班干部开展心理健康专项培训和“奔跑吧班团”心理素质拓展活动。

2023年5月，举办“5·25”心理健康嘉年华，在勤耕园广场面向全校学生开展心理游园会，包括18项特色鲜明、新颖有趣的心理健康教育体验活动。

2023年6月，开展以“分享小确幸，收获大快乐”为主题的线上打卡活动，坚持21天以图片、声音或文字形式分享每日所感受到的美好或暖心时刻，收效良好。

2023 年 8 月，开展“大手拉小手”心理共建活动，由大学生志愿者带领小学生学习心理知识，体验心理游戏，感受大学生活乐趣。

2023 年 9 月，大学生健康心理自助协会面向全校开展招新活动，选拔朋辈心理委员 150 余名。

2023 年 10 月，组织朋辈心理委员见面会，并每周开展学习体验活动；在“心语心苑”微信公众号设置“心语树洞”专栏，倾听同学困惑，邀请老师答疑解惑；开展落叶艺术创作展览活动。

2023 年 11 月，学校当选全国高校心理委员研究协作组理事单位。2021 级贾泽星同学获评第六届全国百佳心理委员，2022 级郭亚轩同学荣获提名奖。

77. 南京信息职业技术学院心理委员工作展示

孙元元

南京信息职业技术学院历来高度重视心理健康教育工作，2023 年，全面落实思想政治教育与心理健康教育在育人工作中的双效融合。心理委员在教师的指导下，成功开展“向阳花四季”品牌校园心理文化活动，如“3・20”阳光心理广场咨询暨心理博览会（春）、“5・25”阳光心理广场活动暨手语操比赛（夏）、“感恩生命 感谢有你”新生心理班会课大赛（秋）、暖冬助学心理文化活动（冬）。同时持续打造系列精品心理活动，如每月一期的“传承红色经典 弘扬家国情怀”心理读书会及“健康心理 家国情怀”爱国主义心理主题教育等，深受学生欢迎。2023 年，学校邀请心理专家为全校心理学生干部开展了 10 场心理专题讲座。

在积极开展校内心理文化活动的同时，心理委员积极参加各级各类心理文化赛事，成绩显著。陈嘉欣同学获第六届全国百佳心理委员荣誉称号，荀桢达同学获提名奖。罗倩倩同学获 2023 年仙林大学城优秀心理委员荣誉称号。夏菀伶同学主持的心理班会荣获第一届江苏省高校新时代心理健康素养大赛心理健康主题班会总决赛二等奖。学校朋辈心理委员工作室获评 2023 年江苏省教育厅“龚娜名师心理工作室”。

78. 惠州学院心理委员工作展示

何资桥

2023 年 7 月 20 日—8 月 4 日，为促进惠城区居民身心健康，提升心理知识普及率和心理健康知识应用能力，惠州学院首次将“心理关爱进社区”专项活动纳入暑期“三下乡”社会实践。26 名惠院学子分为 5 个小队分别在惠城区江北街道、江南街道、桥东街道、桥西街道和河南岸街道开展以“‘惠’心疗愈，关爱健康”为主题的系列心理健康教育活动。活动不但面向各年龄段的社区居民，也面向特殊群体开展。活动内容包括园艺疗愈、植物拓染、石膏绘画、电影赏析、心理画展等，受到了一众好评，为惠城区居民提供了心理关爱，普及了心理健康知识。

2023 年 11 月 17—19 日，组织 2023 级班级心理委员，参与由本校专兼职心理教师组织的“2023 年班级心理委员系列培训及考核”。讲座内容涵盖“班级心理委员的职能与技能”“常见心理疾病的识别与干预”“班级心理健康教育活动的组织与发展”等 5 个专题。同时，印发由校心理中心编写的《惠州学院班级心理委员工作指南》，供心理委员在工作中参考使用。最终，86 人取得合格证书，198 人取得慕课培训证书。

2023 年 11 月，2022 级吴泽敏同学获得第六届全国百佳心理委员荣誉称号。

79. 新余学院心理委员工作展示

林　麟

2023 年，学校组织新任班级心理委员和学生心理骨干参加了全国高校心理委员慕课培训并获得合格证书。通过培训，班级心理委员明确了自己的工作职责，掌握了朋辈心理工作的基础知识。校心理中心老师负责心理委员系统培训，并邀请校内外专家开展“大学生心理健康与成长”“学生心理危机应对与自我心理建设”“学生心理危机干预实用技能”等专题培训。校心理中心经常开展心理委员沙龙活动，组织心理委员交流工作经验，讨论典型案例。心理委员成长计划的实施，提升了学生朋辈心理自助互助能力和心理工作胜任力。

心理委员依托“校 - 院 - 班 - 寝”四级网络体系，定期开展心理健康教育主题班会、心理读书会、心理知识竞赛、心理素质拓展、心理情景剧和微电影比赛、“5·25”心理健康教育月等形式多样的活动;在班级微信群内发布心理健康知识;每月召开心理委员例会,定期上报班级学生的心理动态。心理委员已成为学校推广心理健康教育的生力军。

2023 年对 26 名优秀班级心理委员进行表彰,并颁发证书;组织拍摄的作品《水滴》获评第六届全国高校心理情景剧大赛优秀剧目; 2023 年 11 月,李幸同学荣获第六届全国百佳心理委员称号。

80. 山东第一医科大学心理委员工作展示

赵艳霞　陈乐乐

山东第一医科大学高度重视心理健康教育工作,重点培育以心理委员为主力军的朋辈辅导队伍。在世界睡眠日、双相情感障碍日、心理健康教育月、世界精神卫生日等活动中,充分发挥精神医学、临床医学、预防医学、社会学科等学生的专业优势,学以致用,开展心理卫生宣教、心理健康流行病学调查等活动。

每年开学季指导各新生班级做好心理委员选拔工作。新生心理委员本着自愿报名、班级推选、辅导员同意的原则产生,经培训合格后上岗,并在后续工作中坚持系统化、体系化培训学习。心理委员定期参加校心理中心组织的心理知识、技能讲座培训,以学年为单位积极开展班级心理类活动。组织心理委员从事志愿活动,建立心理志愿服务队,走进中小学提供志愿服务。

在心理健康教育月系列活动中,组织校园“十佳大学生心理委员”评比活动,以院系为单位进行心理委员述职评比,并将优秀心理委员事迹在全校进行推广宣传。参加第十八届全国高校心理委员工作研讨会暨朋辈辅导论坛, 1 人获第六届全国百佳心理委员称号,1 人获提名奖。

81. 广东海洋大学心理委员工作展示

杨苗苗

2023 年,学校在《广东海洋大学班级心理委员管理办法(试行)》和《广东海洋大学学生心理危机干预暂行办法》两项制度的引领下，严格执行心理问题周排查月汇报制度、学生心理危机研判分析制度、重点需关注学生动态追踪机制，充分发挥班级心理委员在心理危机干预中不可替代的作用，并将心理委员的设置与培训作为学院学生工作考核重点。

在校级层面，学校集聚校内外专家、线下和线上资源为全校心理委员开展了20个专题的全面系统培训，累计890余人参加。在院级层面，定期开展工作座谈会与培训会，累计90场，让心理委员在培训与交流中释放压力、获得知识，实现自身的成长。

在心理健康教育活动的组织方面，以心理委员为主要宣传力量，学校第二十届“5·25心理健康教育月”活动顺利开展，共收到原创手绘作品261件，心理演讲作品106件，心理公益广告作品110件，原创心理剧作品74件，共计551件。学校从中选择优秀作品参加省级比赛，最终取得6项一等奖、3项二等奖、2项三等奖的优异成绩，获奖数量位居全省高校前列。鼓励心理委员等朋辈力量作为协同者，在校心理中心教师带领下，参加表达性艺术团体心理辅导，累计150余人受益。

82. 洛阳师范学院心理委员工作展示

刘智慧

洛阳师范学院高度重视心理健康教育工作，充分发挥全员书院制育人模式暨“一站式”学生社区的作用，健全学生朋辈心理互助工作机制，在每个住宿书院配备专业心理导师。

2023年2—3月，心理委员辅助二级学院心理辅导站进行心理健康排查，了解班级同学心理健康情况，发现明显异常同学及时上报至各二级学院。同时，组织不同主题的班会等活动，帮助同学尽快适应新学期。

2023年5月，各学院心理委员协助校心理中心组织“心情日记”“心灵游园会”“微笑展台”等心理健康月特色活动，让更多学生意识到心理健康的重要性。

2023年6月，学校选送的作品《迷雾》获第六届全国高校心理情景剧大赛百佳剧目和优秀剧目奖。校心理中心统筹二级学院召开心理委员工作总结会议，对本学期心理委员工作中存在的问题进行探讨与优化。

2023年9—10月，心理委员协助各二级学院完成新生心理普查与约谈工作，及时掌握新生心理状况。

2023年10—11月，校心理中心对心理委员进行人际交往、情绪管理及心理健康管理等培训，并举办全校优秀心理委员评选活动，经过个人自荐、学院推荐、校园投票、评委评选等环节，最终评选出10名优秀心理委员。

心理委员在普及心理健康教育知识、形成“他助－互助－自助”的心理辅导机制中具有重要作用。在心理委员队伍建设中，校心理中心将更加努力地做好管理工作，起到引领作用，以更好地服务学校心理健康教育工作。

83. 四川大学心理委员工作展示

唐加玥

2023年9月至2024年3月，组织全校2023级新生（含本科生及研究生）心理委员参加全国高校心理委员慕课培训，共有902人参加，旨在加强心理委员对心理健康工作的认识，提升心理委员工作能力，充分发挥日常朋辈心理帮扶、互助作用。

2023年3—4月，在望江校区和江安校区分别开展心理委员倾听能力训练营。

2023年5月25日，对四川大学2022年度心理健康教育先进个人（学生）进行表彰，共40人接受表彰，进一步发挥典型示范作用，鼓励心理委员不断提升朋辈心理互助能力。

84. 福州大学心理委员工作展示

许琳玲　许世梅

2023年9—11月，面向5个校区22个学院开设“朋辈训练营”，采用理论讲授、实操训练、小组团体、现场观摩等形式，共培训本科生心理委员343人，研究生心理委员163人。同时结合全国高校心理委员慕课培训、“生命守门员”培训项目，对全校心理委员进行阶段性轮训，普及朋辈心理辅导工作理论知识、实务技巧以及心理危机识别处理知识。依托“小福心”、各学院心理发展部、“向日葵朋辈小屋”等学生心理服务机构，为心理委员提供实训成长平台。建立心理委员朋辈心理个人成长小组，通过 10 次的长程团体辅导，促进心理委员心灵成长。

2023 年 10—12 月，开展第五届朋辈辅导技能大赛，全校 200 多名心理委员积极报名参赛，以赛促学，提高心理委员朋辈互助能力。组织开展 2023 年校级优秀心理发展部、优秀朋辈互助员年度评选推优工作，评选出 6 个优秀心理发展部和 10 名优秀朋辈互助员，展示朋辈辅导工作风采，树立优秀朋辈榜样。其中 1 人获评第六届全国百佳心理委员，2 人获提名奖。推选的朋辈互助心理短视频获评第二届全国高校心理微电影百佳优秀作品。

85. 黑龙江科技大学心理委员工作展示

付广琦

（1）加强心理委员队伍建设。2023 年 9—12 月，对全校心理委员和寝室心理联络员开展心理健康知识与技能专项培训 44 场，覆盖 785 个班级，参与教师 100 余人，学生 1 000 余人。2023 年 10 月，全校共有 200 余名心理委员参加全国高校心理委员慕课培训并获得资格认证；加强心理危机干预技能培训。联合各学院面向全校班级心理委员开展“大学生常见心理问题识别”心理培训。

（2）开展多场心理实践活动。2023 年 3—6 月，举办以“3・25 善爱我”、“5・25 我爱我”为主题的心理活动月活动。活动期间先后举办了心理健康知识培训、心理团体辅导活动、校园心理剧大赛、心理趣味运动会。2023 年 9—12 月，举办“9・25 久爱我”主题的心理活动月活动，包括大学新生“破冰”及“珍爱生命感恩前行”团体心理辅导活动、世界精神卫生日主题签名活动等。全年心理委员参加活动达 130 余项，覆盖学生 2 万余人。

（3）强化心理委员在日常工作中的作用。学校以“校－院－班－寝”四级工作网络为基础，号召心理委员在四级网络中发挥作用，对危机事件做到早发现、早预防、早干预。2023 年，学校对 1 480 名需重点关注异常言行学生进行了有效干预，而心理委员在这其中起到了积极作用。

86. 湖北经济学院法商学院心理委员工作展示

封　静

朋辈培训，润心赋能。学校采用“学校－院系”集中培训、分散培训相结合的形式，连续12年开展心理委员培训。2023年3—5月，开设12学时心理委员中级班培训，在上一年度初级班培训基础上，本次共185名学员参训。10—12月，开设2023年心理委员初级班培训，学校、院系两级全年累计培训1 000余人。

朋辈互助，用心护航。由心理委员、学生心理骨干组建的朋辈互助团队——“绿芽”心理宣讲团以“初入大学生活”“脆皮大学生不脆皮”“知艾防艾，携爱同行”等主题先后面向7 000余名学生，开展了102场心理健康主题宣讲。

朋辈共促，携手同行。2023年全年，大一心理委员共组织学生参观校心理中心74次。依托心理委员和心理社团骨干，开展心理知识竞赛、心理情景剧大赛等特色心理育人活动。2023年4月，举办首届“法商心论坛——朋辈辅导论坛”，特邀省内10余所高校的全国百佳心理委员和心理协会代表参会，共话朋辈辅导队伍建设发展之路。

朋辈引领，榜样示范。2023年9—10月，开展“十佳心理委员”评选活动，在朋辈队伍中树榜样、立典型。苏黎、严诗琴同学分别获第六届全国百佳心理委员称号和提名奖。学校已连续6年指导心理委员参与全国评选，力争在队伍培养和建设上不断实现新突破。

87. 北华大学心理委员工作展示

车兴隆　李　超　刘思言

2023年—12月，学校组织6期“2023年全省高校大学生心理健康教育骨干教师专题培训班”。多名心理委员骨干参与培训班组织管理工作，提高了专业知识和技能。

2023年3月，学校“打造‘12345’心理育人模式，构建‘三纵三横’心理育人网络”获批教育部思想政治工作精品项目。心理委员工作是该项目的建设重点，学校实施心理委员“4321”工作模式，促进心理委员在全校心理健康教育工作中发挥重要作用。

2023年5月和10月，学校开展两次心理健康活动月系列活动。覆盖全校心理委员和寝室心理信息员的培训是活动重要内容，其规范了心理委员工作流程，丰富了工作内容，提高了工作技能。开展校园心理情景剧巡演活动6场，10个学院的心理委员参与表演或观摩，为组织心理班会积累工作经验。

2023年8月28—30日，学校选派6名心理委员参加“第三期全省高校青春健康同伴教育主持人培训营”。

2023年10月14—15日，学校举办同伴教育主持人初级培训营，37名心理委员参与培训，后续开展同伴教育培训260余场，实现2023级新生全覆盖。

2023年11月3日，在第十八届全国高校心理委员工作研讨会中，夏晴同学获评第六届全国百佳心理委员。

88. 南京大学心理委员工作展示

罗小男　陈昌凯　倪　娅　陈紫琪　马燕妮

为深入推进“大学生心理健康素质提升计划”，提高学校心理健康教育工作水平，筑牢南京大学“学校－院系－班级－宿舍/课题组－个人”五级心理育人网络体系，校心理中心在原有班级心理委员制度的基础上，本着自愿的原则，鼓励本科生、研究生心理委员（含研究生负责心理工作的思政助理）加入心理协会，进而以心理协会为载体，以体系化、队伍化建设为牵引，打通心理育人工作“最后一公里”。

2023年春季学期，校心理中心联合南京脑科医院举办系列心理疾病专题科普讲座，将精神卫生专家“引进来”，面向全校师生，以网络直播的方式，就抑郁症等常见心理问题，从疾病的预防、干预和治疗的角度进行讲解，促进学生的自我关照与调适能力，将关爱送到学生身边，全面提高学生的心理健康素养。3万多名师生参与学习。

秋季学期，校心理中心、心理协会对新生心理委员开展心理委员专题培训，包括心理危机的识别与应对、班级心理活动的组织与开展、心理咨询的理论与方法、会谈技巧、自我情绪的识别等7期线下培训。同时依托校心理协会面向全校心理委员开展“一期一考核”，真正促进心理委员掌握科学知识，做到心理问题的早发现、早报告、早控制。

89. 哈尔滨工业大学心理委员工作展示

张海乐　阎柔霏　杨晶晶　王　倩

（1）定期培训，助力心理委员快速上岗。此类培训于每年秋季学期伊始定期开展，以协助心理委员明确职责，提升危机识别技能，同时也能增加心理委员身份认同感。2023 年 10—11 月，学校面向全校本硕博心理委员开展 3 个专题 9 个学时的心理专题培训，涵盖心理健康的概念、心理委员及学生骨干的职责、对心理咨询的理解、常见发展性心理问题识别、常见精神障碍的识别与应对、常见心理危机的概念与识别、心理委员角色与态度、心理委员会谈技巧以及心理委员自我关怀等内容，此次培训共覆盖 1 000 余人。

（2）按需培训，助力心理委员技能提升。此类活动结合学院特色、专业特色按需开展，以适应不同学院、不同专业心理委员的实际工作需求。针对心理委员在实际工作中的需要，2023 年 5 月，校心理中心面向心理委员举办心理班会主题培训，旨在协助心理委员组织开展心理班会，及早识别潜在心理危机，提升实际工作技能。同时，各学院邀请校心理中心教师下沉到二级心理辅导站面向心理委员开展团体训练、培训讲座等多种形式的活动。

90. 北京林业大学心理委员工作展示

刘祥辉　聂　宁　刘　腾

2023 年北京林业大学深入激发朋辈育人力量，完善心理委员培养体系，建立“培训 - 竞赛 - 评优”的心理委员成长路径。全年组织 9 个专题培训、2 场实践赛事、2 次评奖评优工作，依托《北京林业大学学生心理健康教育辅导站建设标准（试行）》开展试点工作，扎实推进基层心理教育工作。各学院开展心理委员相关培训 11 次。

“理论 + 实践”，开展系列专题培训。2023 年 10 月 11 日，邀请精神科医生主讲 2 场常见精神心理问题识别与助人讲座；10 月 18 日就职责定位、活动开展等开展了 4 个专题培训；10 月 21 日，举办“心理情景剧的编排与创作”主题讲座；10 月 14—21 日，组织团体辅导实践体验，共 1 049 人次参与。103 名同学参加全国高校心理委员慕课培训并取得证书。

以赛促学，组织实践应用赛事。2023 年 11 月，组织“首届朋辈心理技能大赛”，初赛考查理论学习知识，决赛考查心理委员素养，通过心理宣讲和情景模拟的形式促进心理委员提升技能；12 月，指导心理委员组织班级编排心理情景剧并参赛。

激发动力，树立优秀心理委员榜样。2023 年 5—6 月，组织优秀心理委员评选，共 67 人被评为优秀心理委员，工作经验形成《优秀心理委员实践报告集》；9 月，校内推选优秀心理委员参加第六届全国百佳心理委员竞选；11 月，1 人获第六届全国百佳心理委员称号，并当选第六届全国百佳心理委员论坛秘书处成员。

91. 河北旅游职业学院心理委员工作展示

祁云鹤

2023 年，全体心理委员组织并参与心理健康知识宣传、校园心理广播、心理趣味运动会、“最美笑脸”、心理情景剧等系列活动，营造良好的心理健康氛围，提高全体学生的心理健康水平。

作品《吾爱吾师》在“5·25”全国高校大学生心理健康节“最美笑脸”活动中进入百强。517 名学生参加第四届“爱力师”杯高校心理知识竞赛并取得佳绩，学校获得“优秀组织奖”。学校评选出 40 名优秀心理委员并给予奖励。

遵循“教育为先、防患未然，预防为主、咨询为辅，及早发现、及时干预”的工作原则，依托“55331”心理工作模式优势，发挥心理委员在五级心理育人体系中的作用。2023 年，507 名心理委员和宿舍心理信息员参加全国高校心理委员慕课培训并取得证书，有效提升了朋辈心理辅导的知识和技能。

学校依托高新区和承德市两级未成年人心理健康辅导站，面向社区开展公益服务；校心理中心创建的“心旅心理健康教育与咨询工作室”被承德市文明办评为 2023 年度未成年人思想道德建设工作先进单位。

92. 合肥工业大学心理委员工作展示

邹佳莹　方　圆

2023 年，学校持续加强朋辈心理骨干的规范化选拔、全覆盖培训、过程化考核工作，健全五级贯通工作机制，印发标准化工作指导手册，切实提高朋辈心理骨干工作技能，充分发挥朋辈心理骨干陪伴支持和帮扶作用，同时拓宽朋辈心理骨干专业化发展路径和评优评先渠道，实现朋辈心理骨干工作技能与自身成长的双重发展。

校院两级联动面向全校本硕新生心理委员开展心理专题培训 50 余场、心理素质拓展大型培训 2 场，发放《班级心理委员工作手册》《团体辅导训练手册》等 2 000 余本。培训采用结业考核评价机制，2023 级本硕班级心理委员、校心理社团学生干部结业考核合格率超过 95%。鼓励学生参加全国高校心理委员慕课培训，合格证书获得率达 90%。依托国家教育行政学院平台面向高年级朋辈心理骨干开展 40 学时的进阶培训，系统化进阶培训结业率达 100%。班级心理委员等朋辈骨干累计开展心理主题班会、班级素质拓展百余场，学生参与率达 100%。校内表彰班级心理委员标兵 10 人、心理协会工作之星 10 人、优秀班级心理委员 20 人。选派班级心理委员标兵 3 人参加第十八届全国高校心理委员工作研讨会，1 人获评第六届全国百佳心理委员，2 人获提名奖。

93. 西北工业大学心理委员工作展示

周晨琛　刘　欣

2023 年 3—5 月，针对学生在工作和生活中的困惑，定期面向心理委员开展专题心理健康教育培训，包括人际交往、活动开展等主题。组织 2022 级心理委员进行心理咨询体验，帮助心理委员保持良好的心理健康状态，加深其对心理咨询的理解，进一步提升其工作技能。

2023 年 5—6 月，心理委员周志伟等 3 名同学参加第六届“陕西高校大学生心理健康科普知识竞赛暨心理素质拓展运动嘉年华”，获一等奖。

2023 年 6—7 月，开展 2023 年西北工业大学心理健康教育朋辈评优工作。

2023 年 9—10 月，指导 2023 级心理委员、心理委员骨干开展学院心理辅导站、校心理中心、学生公寓社区心理减压室开放月活动。举办“飞扬青春朋辈伴行”西北工业大学第一届心理委员大赛，表彰优秀心理委员。

2023 年 10—12 月，面向心理委员开展 3 场专题培训，包括优秀心理委员经验分享、大学生危机干预、抑郁症的早期识别和应对等主题，夯实心理委员工作基础。在第六届全国百佳心理委员论坛上，2021 级本科生陈昊涵当选第六届全国百佳心理委员，2022 级硕士生邵明岚获提名奖。各级心理委员及其他朋辈心理互助团体志愿者，带领全校新生开展班级团队建设活动达 230 余次，有效提升了班级凝聚力。

94. 上海理工大学心理委员工作展示

杨 颎

2023 年全年，针对心理委员共开展专题培训 10 场，共有 1 000 余人次参与；开展团体辅导、心理委员谈心谈话等技能培训 35 场，共有 400 余人次参与。这些培训，提升了心理委员队伍助人胜任力。

依托春秋两季心理健康教育活动季，全学年心理委员和心理协会成员开展朋辈心理活动 118 场，学校及附属教育系统和上海各高校 20 000 余师生参与其中。活动相关内容得到“上海学校心理”微信公众号报道 17 篇，其他微信公众号报道 222 篇。学校获得 2023 年度上海学校心理健康教育活动月优秀组织奖。通过组织活动，提升了心理委员实践育心能力。

丰富活动形式，“五育”与“心育”并举。“对话清明，慧心成长”清明生命意义主题论坛，以德育心；“沪江医教杯”大中小一体化第十一届心理微小说大赛，以智慧心；心理委员户外素质拓展，以体强心；心理情景剧剧本大赛，以美润心；“勤收纳 悦心情”——宿舍行李箱收纳大赛、微景观生态瓶 DIY 等 10 余项手工制作活动，以劳健心。

评选校级优秀心理委员 40 名，“阳光先锋”优秀朋辈心理工作者 64 名。2 名心理委员分别荣获第六届全国百佳心理委员称号及提名奖。1 名心理委员荣获上海第二届心理委员技能大赛优秀奖，学校获优秀组织奖。1 名心理委员的作品获 2023 年度上海学校心理健康教育活动月优秀短视频一等奖。

95. 上海第二工业大学心理委员工作展示

宋 娟 张凤姣

（1）加强培训，增强心理委员角色认同，提升工作能力。2023 年春季面向全校心理学生干部开展“朋辈工作能力提升”专题培训，秋季面向新任心理委员举办心理委员培训班。通过培训，全校心理学生干部明确了自身角色，提升了危机识别和班会团体辅导设计能力。

（2）注重实践，依托校园文化活动促进学生朋辈互助。全年围绕慧心成长讲堂、“润泽心灵·赋能成长”、“五心”计划心理活动季等，引导师生积极学习心理科普知识，提升心理健康素养和实践能力。2023 年 6 月，举办“新时代·心赋能”心理健康教育工作论坛，展示心理工作各项活动和成果。10 月，学校凭借“润泽心灵·赋能成长”心理健康活动季的优秀表现获得上海市学校心理健康教育活动季优秀组织奖。

（3）树立典型，激励心理委员在工作中成长。2023 年 9 月，举办心理委员技能大赛，推选优秀选手牛瑞龙、舒静涵参加上海市班级心理委员成长训练营。11 月，评选并表彰 44 名 2022—2023 学年优秀心理委员。计算机与信息工程学院刘畅获评第六届全国百佳心理委员，经济与管理学院施燕羚获提名奖。

96. 河北轨道运输职业技术学院心理委员工作展示

王立前 张 璐

心理委员在学校心理危机防控和干预工作中发挥着积极作用，学校始终重视心理委员的纽带作用，不断提高心理委员助人自助能力。

2023 年 1 月，完成第五届心理委员培训工作，2022 级心理委员参加考核。《我们》获评第二届全国百佳心理微电影。

2023 年 2 月，开设“朋辈心理助人技术”“朋辈心理咨询实务”选修课。

2023 年 2—4 月，组织学校心理情景剧比赛。

2023 年 5 月，2023 年心理健康工作会议暨第十届“5・25”心理健康月开幕，共举办 12 场活动，各班心理委员积极组织班级同学参与各项活动。

2023 年 6 月,《支持的力量》在第六届全国高校心理情景剧大赛中获评优秀剧目。

2023 年 9 月,培训 105 名心理委员分别进新生班带领新生开展“心相连,爱相随”——2023 新生团体活动;开展校级优秀心理委员评选工作,11 人获评校级优秀心理委员。

2023 年 9—12 月,开展 2023 级心理委员培训工作, 188 名心理委员参加培训。

2023 年 10 月,开设“朋辈心理辅导技能”“宿舍关系与宿舍长团队能力建设”“心理情景剧”选修课。

2023 年 10—12 月,组织学校心理微电影比赛。

2023 年 11 月,陈泽皓、邓可萱同学获评第六届全国百佳心理委员。

2023 年全年,心理委员完成了各项信息上报工作,积极组织朋辈心理助人实践活动。

97. 上海杉达学院心理委员工作展示

韩君蓓 丁 玲

以心育人,拓宽培养新思路。上海杉达学院以学年为周期,开展心理委员训练营对心理委员进行系统培养。

(1)赛出“心”活力。2023 年 3—5 月,开展“心向阳光,赋能成长”班级心理健康教育活动评比暨心理委员风采展示特色活动,激励心理委员开拓创新;9 月,开展 2023 年度心理委员技能大赛校内初赛,组织 158 名心理委员参加全国高校心理委员慕课培训。

(2)学到“心”技能。2023 年 9—10 月,为增强心理委员的角色意识,提升专业技能,开展 10 场心理委员岗前培训,覆盖 357 名大一心理委员;3—12 月,针对班级心理委员共开展 12 场团体心理辅导活动;9—12 月,依托心理委员成长沙龙,为全校心理委员提供增长心理知识与技能的成长平台,累计 2 000 人受益;11 月,开展心理委员团体培训,增强心理委员队伍的凝聚力和团队合作意识。

(3)获得“心”发展。2023 年 9 月,授予 52 名学生优秀心理委员称号;10

月，由心理委员拍摄的心理健康教育主题短视频《say no 不 no say》荣获 2023 年度上海学校心理健康教育活动季特色项目一等奖；11 月，学校在 2023 年上海市高校班级心理委员技能大赛中荣获优秀组织奖；12 月，召开心理工作总结大会，对 175 名心理委员进行表彰。

98. 浙江建设职业技术学院心理委员工作展示

夏希妹　孙杭媛　丁淑慧

浙江建设职业技术学院心理委员工作一直秉承"自助助人"的理念，制定了《心理互助员工作章程》等 4 项管理制度，每班设立 2 名心理委员，每个寝室设立 1 名心理联络员。

2023 年 1—12 月，心理健康教育指导中心和各二级学院心理辅导站分专题不定期对全校大一、大二 406 名心理委员和 2 179 名寝室心理联络员开展了 53 场心理培训。对全校心理委员工作进行了考核，评选表彰优秀心理委员 27 名，"阳光之星"16 名。由心理委员参与组织的校内心理活动共 117 项。

2023 年 6 月，由心理委员参演的心理情景剧《囚鸟》获评第六届全国高校心理情景剧大赛百佳剧目。

2023 年 12 月，组织 1 440 名 2023 级新生班级心理委员和寝室心理联络员参加全国高校心理委员慕课培训。

99. 江西中医药大学心理委员工作展示

丁星予

2023 年，校心理保健会圆满组织了"5 · 25"大学生心理健康月与"10 · 10"世界精神卫生月活动，包括校园心理情景剧大赛、心理健康形象大使评选、心理名师大讲堂、"撕下标签·互语共情"、系列心理主题团体辅导等大小数十场校园心理活动，参与师生达万余人次，有效提高了学生心理健康水平，营造和谐积极的校园氛围。

其中，"撕下标签·互语共情"为 2023 年度特别活动，旨在呼吁大学生撕下标签、活出个性。在活动中，校心理保健会成员把各种写有令人讨厌的刻板印象标签贴在一块大板子上，同时准备了许多手写卡片，让同学们将自己对于偏见和歧视的想法与鼓励的话语写在卡片上，撕掉令自己讨厌的刻板印象标签并代之以温暖的话语。活动吸引了大量学生，大家纷纷用温柔替代愤怒，用尊重替代偏见，现场氛围令人感动。此次活动展现了学校青年积极的生活理念。

100. 黑龙江农业经济职业学院心理委员工作展示

李春青　万春秀

学院高度重视班级心理委员队伍建设，关注心理委员工作技能的提升，积极发挥心理委员在“学院－系部－班级－宿舍”四级心理危机预警系统中的作用，在全院形成“自助－他助－互助”的良好心理健康氛围。

2023 年 3 月，开设心理委员“朋辈心理辅导”选修课，共 8 个专题，16 个学时，累计培训 500 人次。

2023 年 5 月，“5·25”心理健康活动月期间，开展心理委员“朋辈心理辅导技能大赛”。

2023 年 9 月，开展班级心理委员评选活动，通过报名、培训、考核、上岗的流程，选拔出心理委员学生干部。考核前，针对心理委员工作角色的定位与岗位职责、常见心理问题识别、心理危机干预办法，以及日常工作中心理知识的宣传、心理班会的开展等对心理委员进行全面培训。

2023 年 10 月，组织心理委员参观大学生心理健康咨询中心。通过体验心理沙盘、放松椅、生物反馈仪、VR 共享单车、智能击打呐喊系统等心理健康教育辅助设备，进一步激发心理委员的工作热情。

2023 年 11 月，学校成功入选全国高校心理委员研究协作组理事单位。

2023 年 12 月，开展心理委员先进个人评选活动，评选出校级优秀心理委员 7 名。

101. 长沙民政职业技术学院心理委员工作展示

李丽玲

学校成立了以校心理中心为主导，由大学生朋辈心理发展委员会、学生辅导员助理、班级心理委员、班级信息员、寝室长五个部分组成的学生朋辈心理互助队伍体系。以校心理中心和学院成长辅导室两个组织为抓手，建立“五位一体”的“校－院－班－寝”四级联动心理育人学生朋辈互助队伍体系。

2023 年，为了提高班级心理委员朋辈互助的能力，根据校院两级实际和特点，将集中培训和分散培训相结合，线上培训和线下培训相结合，采取专题讲座、心理沙龙、经验介绍、团体辅导、工作坊和交流讨论等多种形式对心理委员进行培训。学校共 312 名心理委员参加了全国高校心理委员慕课培训，并顺利完成认证。

2023 年，学校选送的作品《月亮粑粑》获得第六届全国高校心理情景剧大赛二等奖；杨敏老师荣获优秀指导老师称号。

2023 年，学校大学生朋辈心理发展委员会获评湖南省优秀学生社团。

102. 山东农业大学心理委员工作展示

王红菊　赵　银　吴彩云

2023 年 3—4 月，学校举办第三届心理情景剧专业培训班和大学生心理情景剧大赛，各学院心理委员带领队伍参赛，经过比赛选拔优秀作品。其中，作品《以“帽”取人》被评为第六届全国高校心理情景剧大赛百佳剧目。

2023 年 5—6 月，面向 382 名 2022 级心理委员开展心理委员中级系列培训，重在提升心理委员应对学生情绪困扰、人际沟通与宿舍关系等具体问题的能力，培养心理委员积极的心理品质。举办第五届全校大学生朋辈心理辅导技能大赛与第三届心理委员技能大赛。“5·25”大学生心理健康节期间，全校心理委员负责或参与“遇见你，愈见我”特色活动 20 余项。

2023 年 9—10 月，选拔 2023 级新生心理委员 383 名，由新生心理委员辅助学校 2022 级朋辈开展新生团体辅导和主题班会等各项工作。

2023 年 11 月，开展 2023 级心理委员初级培训，培训内容包含心理委员职责与基本技能、常见心理危机的识别与应对、心理委员谈心谈话技巧、心理委员自我成长等。培训后，学校组织全体心理委员参加理论知识和专业技能考核。

2023 年 12 月，邀请中南财经政法大学余金聪副教授对心理委员进行培训，主题为“助人助己，共同成长——主题心理班会的策划与组织”。组织 2023 级心理委员参加全国高校心理委员慕课培训。

103. 河北大学心理委员工作展示

刘 洋 臧 倩

河北大学建构“5+1+1”全主体融通心理健康教育机制，充分完善心理委员队伍建设，发挥朋辈作用，增强育人合力。

（1）组织专题培训。2023 年 3 月，分校区组织 270 名 2022 级学生参加心理委员进阶培训。2023 年 11 月 16—23 日，分校区对 175 名 2023 级新生开展心理委员培训。培训设置 4 个主题，主要围绕心理委员职责、常见心理问题识别技巧、朋辈心理关怀技术、心理咨询常识、团体心理辅导理论与实践、主题研讨等内容详细展开。编制印发《河北大学心理委员工作手册》，帮助心理委员明确角色定位，肩负责任担当。

（2）开展系列活动。一是开展心理委员推优评选。2023 年 3 月，开展第三届“最美倾听者·十佳心理委员”评选，选树优秀心理委员模范。2023 年 5 月，开展“同心同行·不负春光”第三届精品心理班会评选，打造特色班级心理文化。二是开展“心委微光”工作经验分享会。2023 年 5 月，遴选 4 名校级优秀心理委员分主题分享班级心理管理工作经验，共计 200 余名心理委员参与。三是开展心理委员主题讲座。2023 年 5—6 月，邀请北京联合大学黄大庆、首都师范大学赵军燕作主题讲座，共计 500 余名心理委员参与。

104. 南京交通职业技术学院心理委员工作展示

韩 雪

南京交通职业技术学院始终充分落实“学校－学院－班级－宿舍”心理健康四级网络工作体系的建设，培养出一支以班级心理委员为主，大学生心理协会、朋辈心理咨询员为辅的多元化、多功能的学生心理骨干队伍。学校于2021年入选全国高校心理委员研究协作组理事单位。

学校秉承学生心理骨干队伍培养专业化、专家化的原则，每年组织新生心理委员和朋辈心理咨询员参加培训，并不断拓展培训内容、创新培训形式，使培训常态化、系统化、专业化，最终形成心理知识讲座、心理素质拓展和线上心理课程多种形式相结合的系统培训。通过培训，学生心理骨干能够具备更多的心理专业知识和技能，更好地履行岗位职责。

2023年，开展2023级学生心理骨干队伍培训，共安排4场讲座、1次素质拓展培训和1次线上课程学习，139名学生参加培训，并全部通过全国高校心理委员慕课培训认证。学校充分发挥学生心理骨干队伍的示范引领与模范带头作用，每年评选优秀心理委员和优秀朋辈心理咨询员。2023年，学校有3名同学获得江宁大学城首届心理委员技能大赛二等奖、三等奖。

105. 北京交通大学心理委员工作展示

耿梅芳 张 驰 马 征 崔若冰 杨 丹

2023年2月，各班心理委员开展开学季心理班会、谈心谈话、心理委员座谈等活动，有效缓解开学初心理压力，心理班会覆盖率达到99%。

2023年4月，与对外经济贸易大学心理社团联合组织为期14天的“BJTU & UIBE奇妙的朋友”活动，有效促进两校合作，提升心理委员的交流沟通技能。

2023年3—6月，在心理健康活动季期间开展十余项活动，其中获北京市奖项8个，相关活动被人民教育网等媒体报道。

2023年9月，“心理委员之家”面向全校学生招募新骨干，不断完善组织架构，以便更好地为全校心理委员提供帮助与支持。

2023 年 10 月，“我与交大·心心相印”系列集章活动启动。与此同时，秋季新生心理委员课程顺利开班，200 余名新生心理委员和增补心理委员参加初级技能培训、社会实践，为心理委员队伍注入了更多新鲜血液。

2023 年 10—11 月，举办“初秋的寄语”、破冰大会暨银杏季合影、“悦运动·悦健康”夜跑打卡活动。秋冬季心理健康教育宣传活动有序开展，3 000 余名新生参与。

2023 年 12 月，“晚安计划”启动，总计发送 2 万余条短信，实现心理委员活动全年陪伴不断线。

106. 黑龙江大学心理委员工作展示

李巾英　李永升

2023 年 3—6 月，面向全体 2022 级班级心理委员开设“朋辈心理辅导”必选课程（2 学分，24 学时），分 6 个教学班，共培训 276 人。

2023 年 5 月，举办“朋辈互助，扬帆起航”十佳心理委员风采大赛。学生心理委员团队获批中国计划生育协会青春健康高校项目 1 项、哈尔滨市大学生健康红丝带行动计划 3 项。

2023 年 6 月，举办心理委员青春健康同伴教育培训班。

2023 年 9—10 月，面向 2023 级班级心理委员、寝室心理联络员及学生心理骨干开展心理危机预防与干预技能培训 26 场，覆盖学生 1 700 余人。

2023 年 10 月，心理委员团队“心航心理协会·青春健康同伴社”成功入选共青团中央维护青少年权益部直接联系、跟踪培养的高校学生心理健康社团。

2023 年 11 月，学校心理委员荣获 2023 年哈尔滨大学生健康红丝带行动计划宣讲员大赛一等奖。

2023 年 11—12 月，举办心理委员青春健康同伴教育活动 30 场，参与学生 1 200 余人次。举办心理委员健康红丝带行动计划宣讲 5 场，覆盖学生 800 余人。

2023 年 12 月，学校心理委员接受央广网采访，录制“全社会联手，共抗艾滋，接力传递爱与希望”视频。学校心理委员团队获 2023 年哈尔滨大学生红丝带健康行动计划最佳示范团队、优秀团队等多个奖项。

107. 广西卫生职业技术学院心理委员工作展示

庞少红

2023 年 2 月 27 日，广西卫生职业技术学院召开全体朋辈辅导团成员第一次工作会议，团长总结 2023 年工作情况并汇报 2024 年工作计划。2023 年春季学期，心理委员组织策划朋辈心理辅导团“3 · 25”心理健康教育活动方案，开展 2022 级心理委员素质拓展活动；举办“自我探索—— ‘相片中的我’作品展”，让学生通过相片认识自己；开展倾听陪伴志愿服务，为近 200 人次提供服务；深入学生宿舍进行心理健康知识宣传，协助校心理中心开展各项心理健康教育活动。

2023 年，朋辈心理辅导团组织两支队伍参加广西壮族自治区教育厅举办的高校大学生朋辈心理辅导技能大赛，均荣获三等奖，微电影作品荣获一等奖和三等奖。校心理中心组织 2022 级朋辈心理辅导团全体成员参加“倾听能力评估与训练”专题培训（12 小时）、“朋辈心理辅导员会谈技巧——以人为中心治疗会谈在朋辈心理辅导中的作用”专项培训（6 小时）。172 名心理委员参加全国高校心理委员慕课培训。通过各项培训，朋辈心理委员的工作能力得到提升。每学期期末召开全校朋辈心理委员、朋辈心理辅导员会议。

108. 浙江大学心理委员工作展示

胡春男

2023 年 1—12 月，浙江大学继续通过通识课“大学生朋辈心理辅导”培训本科生心理委员，使其系统学习朋辈心理辅导的理论知识，接受技能训练，体验主题团体辅导并参加朋辈团体辅导实践。对研究生心理委员的培训则在 2023 年 10—11 月通过专题的形式进行，包括 4 学时理论培训和 2 学时朋辈团体辅导培训，共计培训心理委员约 600 人。各院系开展心理委员工作实务培训，助力心理委员深入开展朋辈辅导工作。在线下课程培训的基础上，浙江大学建设“大学生朋辈心理辅导慕课”，并于 2022 年 12 月上线智慧树平台，进一步丰富培训资源，拓宽培训途径。截至 2023 年底，累积选课人数达 2 000 多人，有 6 所学校将“大学生朋辈心理辅导慕课”作为培训课程。

2023年5月，组织开展第十九届浙江省高校学生心理论坛。论坛以“朋辈互助，心理赋能”为主题，促进学生交流、学习各高校开展朋辈心理辅导工作的先进经验。同时通过分论坛的形式开展心理社团负责人研讨会、人际关系与压力管理团体辅导、光照暖心与反馈调节心理训练、表达性艺术心理训练、正念冥想心理训练、线上优势识别与人际联结团体辅导。

109. 阜阳师范大学心理委员工作展示

范宇晴

2023年，学校认真贯彻落实《全面加强和改进新时代学生心理健康工作专项行动计划（2023—2025）》等文件精神，深入推进心理问题“校－院－班－舍”四级预警监测和干预处置体系建设，聚焦工作胜任力提升目标，开展了以“朋辈相伴，护心远航”为主题的2023级班级心理委员培训，通过开班仪式、素拓活动、主题报告、专题工作坊及线上学习等路径，使心理委员熟悉学校心理健康工作，明确工作职责和边界，有效提升朋辈心理助人水平。全校共240余名新生心理委员参加培训并获结业证书。

一年来，学校坚持“‘五育’并举促进心理健康”理念，新增8家二级心理辅导站标准化立项建设单位，进一步丰富“一站一品”特色品牌项目，为班级心理委员开展工作提供更大、更专业的平台。以校院两级心理联合会为主体组织开展了首届“校园心理嘉年华”、第十八届“5·25心理健康文化节”和第十五届“10·10心理健康宣传季”等一系列校园心理健康活动；完成面向6 700多名新生的心理健康课程教学任务和全校24 000余人的心理测评工作；心理联合会组织发表QQ动态230多条，协助心理中心发布微信推文176篇。

推荐3名同学参加第六届全国百佳心理委员评选，其中2人获评全国百佳心理委员，1人获提名奖。

110. 兰州理工大学心理委员工作展示

孔艳赟

2023 年 1 月，对 2022 年“十佳朋辈心理引导员”和优秀朋辈心理引导员进行表彰。

2023 年 3 月，面向心理委员开展素质拓展，促进心理委员之间的合作与交流。2023 年 3—4 月，组织心理委员和宿舍心理联络员代表参加全国高校心理委员慕课培训，并全部取得合格证书。

2023 年 4—5 月，组织心理委员参观校心理中心，参加心理健康主体团日大赛和心理委员技能大赛。

2023 年 10 月，中南财经大学余金聪、西北民族大学金荷香及学校孔艳赟、崔孝艳四位老师分别做“主题心理班会的策划与组织”“朋辈心理引导员谈心谈话技术”“朋辈心理引导员的工作职责、内容和方法”“大学生心理危机预防与干预”专题培训。

2023 年 11 月 1—3 日，学校孔艳赟老师带领王雨萱、徐钧怡两位同学参加第十八届全国高校心理委员工作研讨会，王雨萱、徐钧怡分别荣获第六届全国百佳心理委员称号和提名奖。

2023 年 11 月，为全校 16 个学院心理健康辅导站配备《心理委员工作蓝皮书》《心理委员倾听能力评估与训练》等书籍，供朋辈心理引导员自助学习使用。

此外，在“5·25”心理健康节、新生心理适应月、世界精神卫生日期间，心理委员承担了策划以及组织、参与各类心理健康实践活动的相关工作。

111. 河北经贸大学心理委员工作展示

付海玲　王伟州

学校高度重视各级心理委员队伍建设，通过开展各类活动和培训不断提升心理委员胜任力和工作效能，推进心理委员工作标准化和规范化建设。

2023 年 5 月，举办“笃定信心，勇毅前行”第十八届心理健康节，开展 2022—2023 学年优秀心理委员评选工作，授予 50 名同学“2022—2023 学年优秀心理委员”称号。

2023 年 10 月，开展 2023 级班级心理委员入职培训。培训采取校内专题培训和线上心理委员认证相结合的方式进行，共计 298 名心理委员参加培训并接受考核，最终 293 名心理委员获得合格证书。

2023 年 11 月，探索班级心理委员分阶段、分层次培养管理新模式。在初阶培训（入职培训）的基础上，开发了以助人技能提升为核心的校选课“朋辈赋能”作为中阶培训内容，探索构建“心理委员模式的朋辈互助长效工作机制”。

2023 年 11 月 23 日，举办以“凝‘心’聚力，悦享青春”为主题的第十一届校园心理剧大赛，组织心理委员观看学习。

2023 年 12 月 11—15 日，各班级心理委员对本学期本班级同学心理健康状况和心理委员工作开展情况进行统计汇报，并在学生工作平台提交本学期班级心理健康报表，为学校了解学生思想、心理动态提供重要参考资料。

112. 扬州大学心理委员工作展示

张 平

2023 年，扬州大学紧紧围绕立德树人根本任务，坚持育心与育德相结合，全面将“朋辈 +”育人理念融入心理健康教育工作，打造朋辈互助教育新格局。1 名学生获评第六届全国百佳心理委员，2 名学生获提名奖；学校选送的作品荣获江苏省高校心理情景剧大赛二等奖，相关教师获评优秀指导教师，校大学生心理协会入选江苏省高校心理联盟理事会；2 名学生在第一届江苏省高校心理健康素养大赛心理健康会谈竞赛中分获一等奖（季军）、三等奖，由 5 名学生组成的团队在此次竞赛中获得团队二等奖。

出台《扬州大学朋辈心理队伍建设办法》，规范班级心理委员、校大学生心理协会骨干的选聘、培养、考核以及奖励工作。面向心理委员、大学生心理协会骨干 400 余人开设“大学生心理素质拓展”公选课。邀请省内外知名专家与学校专兼职心理教师开展专题心理讲座、团体心理辅导等各类培训 100 余场，集中培训学生心理骨干 1 500 余人次。举办“心委·心语”主题宣教晚会，吸引 400 余名朋辈心理委员参与，近 7 000 人次线上观看。选聘 20 余名应用心理学专业研究生在各校区心理工作站、“QQ 心理服务”开展朋辈心理咨询工作。“心友社”

(团体心理辅导朋辈互助社)面向全校开设新生团体心理辅导230余场,开展“正念关怀”体验、“心理沙盘”游戏、OH卡牌体验、曼陀罗心理绘画治疗等专业活动30余场。指导学校朋辈心理骨干开展心理情景剧大赛、手语操大赛、PSY-CHE演讲大赛、心理游园会、原创作品征集等宣传教育活动500余场。

113. 浙江理工大学心理委员工作展示

浦晓黎 吴云枭

2023年,浙江理工大学通过“建章立制、专业赋能、过程引领”三步走,进一步加强学校心理委员队伍建设。9月初,结合上级相关要求和工作实际,起草制定新时代深化心理委员队伍建设工作方案,进一步规范心理委员的职责、工作内容、队伍管理和后续考核。每学期伊始,开展心理委员训练营,从理论学习、实践活动两部分入手,结合异常心理识别与心理危机应对、班级心理健康活动的组织与开展等主题,开展专业培训。同时,通过“制作一幅从自己宿舍去往心理咨询室的路线图”、心理主题班会策划等活动,提高心理委员对校内心理健康教育资源的认知度和实际工作能力。此外,注重校院联动,在每个学院分设心理辅导二级工作站。通过二级站,开展心理委员工作研讨和交流,不断加强过程引领,组织心理委员参与各二级工作站的心理健康教育活动,包括课程学习、团体辅导、心理讲座等,引导心理委员在课余时间主动学习相关心理健康知识,以提高其心理服务能力。

114. 华中科技大学心理委员工作展示

沈一睿 罗晓彤

2023年3—4月,大一本科生以班级为单位,开展心理健康教育进班级活动,并由校心理中心选出优秀班级。

2023年4—5月,校心理中心组织为期7周的开放日活动,由心理委员和校心理中心实习生带领前来参观的学生全面了解校心理中心的职能、师资队伍以及举办的心理健康教育特色活动等。

2023 年 5 月，校心理服务协会举行心理委员茶话会活动。心理委员自愿报名参加，往届优秀心理委员进行经验分享，校心理中心的实习生带领心理委员进行团体辅导，最后心理委员们相互交流工作经验，并寻求改进的方法。

2023 年 6 月，校心理中心开展年度“十佳心理委员”评选活动。经上台答辩、评委老师和同学提问和打分，评选出年度“十佳心理委员”。

2023 年 10 月，校心理中心邀请 5 位其他高校心理中心主任面向全校心理委员开展相关知识技能的培训。

2023 年 9—12 月，大一心理委员以班级为单位，开展新生工作坊活动，旨在拉近同学间的距离，同时科普心理健康知识。校心理中心评选出优秀班级。

2023 年 12 月，各院系心理委员通过提交材料与现场答辩展示本院系心理部风采，最终由校心理中心评选出“十佳院系心理部”。

115. 陕西科技大学心理委员工作展示

董　阳

学校始终高度重视心理委员队伍建设，发挥朋辈力量，筑牢危机防控底线。

2023 年 1—2 月，组织 2023 级心理委员参加陕西省高校心理委员培训班。

2023 年 4—6 月，开展院校两级春季心理委员工作技能培训。一是校级心理危机知识讲座，注重危机识别与预警；二是校级心理助人技能体验式培训，包括人际关系、情绪调节、压力管理等主题，以沙盘、OH 卡等多样化的形式进行，注重体验式、情景性、实操性；三是院级心理委员座谈会，提升识别与上报意识，夯实“心理晴雨表”工作制度；四是院级心理班会，结合培训所学技能，依据学生心理需求，由心理委员组织开展心理班会。

2023 年 9—10 月，开展心理委员工作培训之校级示范培训，包括心理委员工作基础知识讲座、助人技能培训。

2023 年 11—12 月，开展院级普及培训，各学院落实普及式、地毯式学生心理骨干培训，由部分心理委员作为朋辈培训师加入师资队伍。

2023 年，针对班级“心理晴雨表”落实情况开展 6 次抽查；评选出 14 名校级优秀心理委员，其中 1 人获得第六届全国百佳心理委员称号，2 人获提名奖；1 人获评陕西高校 2023 年校园爱心大使；2 人获评陕西高校最美心理委员；4 人获评陕西高校百佳心理委员。

116. 海口经济学院心理委员工作展示

张东明　王红亚　窦建鹤

2023 年 5 月 10—31 日，举办 2022 级学生心理骨干专题培训班，培训内容包括朋辈互助的一般理论和操作技能等共 14 个专题，共培训班级心理互助小组成员 638 名，其中心理委员 195 人。另外，还培训了寝室心理联络员 1 442 名。

2023 年 5 月，德行智华会计学院的郭奕汝同学在心理委员平台和四川大学心理健康教育中心举办的“5·25”全国高校大学生心理健康节“最美笑脸”展示活动中获评“最美笑脸”全国 20 强。

2023 年 6 月，举办心理健康教育工作先进表彰活动，授予刘丁林等 14 名同学 2022—2023 学年度“阳光心灵使者”称号，陈祉佚等 198 名同学 2022—2023 学年度“优秀心理骨干”称号。

2023 年 11 月，参加第十八届全国高校心理委员工作研讨会，南海舞蹈学院的陈祉佚同学获得第六届全国百佳心理委员称号。

2023 年 11 月 23 日—12 月 8 日，举办 2023 级寝室心理联络员培训，培训内容包括寝室心理联络员的角色定位和工作职责共 14 个专题，培训寝室心理联络员 2 260 名。

117. 中南财经政法大学心理委员工作展示

余金聪

2023 年，第十八届全国高校心理委员工作研讨会暨朋辈辅导论坛在学校成功举办，全国 900 余名师生参会，大会被央视网、湖北日报、极目新闻等媒体关注报道。学校立足于心理委员培育的研究项目获湖北省教育厅立项支持。

学校实现了本科生、研究生心理委员培训工作全员覆盖，累计开展培训 40 场，共计 80 学时。面向本科新生心理委员开展 2 期基础训练营，面向研究生心理委员开展 2 期“朋辈心理互助理论与实务”课程培训，面向高年级心理委员开展“朋辈心理互助实务技能”课程培训1期、“倾听能力训练营”1期。

校心理中心成功举办学校第一届心理委员工作研讨会、第三届主题心理班会策划大赛和第五届心理委员先进个人评选活动。马克思主义学院2021级研究生李圣楠和刑事司法学院2021级本科生喻宇轩获第六届全国百佳心理委员称号。

校心理中心创建“心委之家”学生团队，负责协助管理全校心理委员队伍，设计“中南大心委”LOGO及衍生文创产品。策划组织2023级本科生和研究生心理委员开展破冰团建主题心理班会170余场，覆盖3 600余名本科生和1 000余名研究生。校心理中心官方微信公众号“晓南心语”的“心委时间”栏目共更新16期，发布“星语心愿”心理健康知识宣传卡片219期。

118. 河南城建学院心理委员工作展示

赵灵芝

2023年，聚焦能力建设，深化“五化”培养，扎实推进班级心理委员技能提升。

（1）美化成长家园。持续深化二级心理辅导站标准化建设，为学生打造幸福家园。深化河南省心理健康教育标准化建设指标，全方位推进心理辅导站星级建设，优化“学校大学生心理发展联合会－学院学生会心理部成员－班级心理委员－宿舍心理信息员”全链条培养培训和工作运行体系，打造心理委员的“成长家园”。

（2）优化专题培训。持续丰富班级心理委员培养培训内容，一体化推进理论、实践和技能课程体系建设。2023年面向各级心理委员开展培训10余场，其中5—11月开展为期6个月的班级心理委员训练营，180余名心理委员参加全国高校心理委员慕课培训，全部通过考核，实现持证上岗。

（3）强化教育宣传。丰富活动形式和内容，组织心理委员参加心理剧大赛、“致明天”演讲比赛、“最美笑脸”征集活动和积极心理体验活动等。

（4）细化团体辅导。2023年4—5月，以结构化形式，分6批次开展心理委员素质和能力团体辅导，进一步发挥其在普及心理知识、活动组织、干预危机等方面的积极作用。

（5）深化典型培育。2023 年评选出 70 名优秀朋辈心理委员和 10 名“十佳心理委员”，1 人获评第六届全国百佳心理委员。

119. 忻州师范学院心理委员工作展示

王　琴

心理委员是学校五级预警网络中的重要一环，校心理中心坚持做好队伍建设，秉持“同心同向，同行同长”的朋辈互助理念，维护学生心理健康。

（1）推进队伍建设，提升胜任能力。开展新生班级心理委员选拔、慕课培训，组织全校心理委员参加“心理健康教育学生骨干培训”。形成各系（院）心理委员负责人例会两周一开，心理委员全体会议一月一开的工作制度。安排心理委员负责人参与校心理中心接待工作。在校心理中心的建设过程中，心理委员队伍参与采购、装饰与布置，协助校心理中心全面升级改造。

（2）积极开展活动，宣传心理知识。组织全校心理委员以宿舍为单位制作心理咨询预约贴士，并评选出优秀作品进行展示；举办“留下青春记忆”主题募捐活动；心理健康教育月期间开展专题讲座、团体辅导系列活动，两个学生团队项目获首届全国大学生心理与行为在线实验精英赛校赛三等奖。

（3）实施朋辈互助，守护身心健康。持续做好学生心理危机早期预警工作，建立班级心理委员和宿舍心理信息员危机预警制度。畅通渠道，心理委员可通过“钉钉”直接联系校心理中心老师。一年来校园安全工作整体平稳有序：宿舍失盗事件为零，奖助金差错率为零，学生网络舆情为零，生命安全事故为零，形成了 4 个零的工作成果，全面保障学生身心健康和生命安全。

120. 吉林师范大学心理委员工作展示

姜海滨　吕珈锐

2023 年，吉林师范大学心理委员工作持续发光发热，影响力进一步扩大。

心理委员队伍由“校－院－班－寝”四级心理委员构成。2023 年修订了心理委员职责、考核及培训内容等制度，明确了其在班级中的角色。为了进一步提升心理委员队伍的专业素养和服务能力，还开展了心理委员交流活动，让心理委员能够不断学习和成长。同时，加强与家长的沟通与合作，共同关注学生的心理健康，为学生创造一个更加和谐、健康的成长环境。

加强心理委员培训。校心理中心在2023年度致力于加强四级心理委员的培训工作，组织了40余场培训活动，涵盖了心理健康知识、心理调适方法以及团体辅导技能等多个方面，旨在全面提升心理委员的专业素养和实践能力。

日常开展朋辈咨询和心理活动。校级、班级心理委员经系统考核后，方可承担朋辈辅导等相关工作。2023年5月，心理委员联合风信子心灵使者团共同组织并举行了“心语心悦，让爱传递”第十七届大学生心理健康教育宣传月系列活动70余场。心理委员在学校心理健康教育工作中充分发挥作用，积极为广大学生提供服务。

121. 河北工业大学心理委员工作展示

吴　涛　罗葆青　李梓萌

加强班级心理委员的建设，组建心理委员工作群。本科生每个班配有2名心理委员，负责每月在心理健康教育大数据系统中及时上报班级“心理晴雨表”，定期在班级群中转发心理知识。积极组建研究生心理委员工作队伍，每个班级或研究团队均设有心理委员，全校共有心理委员1 551人。

开展4期共8场2023级心理委员岗前培训，共1 263人次参加。编写《心理委员工作指南》，内容涉及心理委员的职责和角色定位、心理委员的胜任力、朋辈心理咨询的原则、常见心理问题的识别及干预等。

2023年9月，为帮助新生更好地适应新的学习和生活环境，校心理中心组织各学院30余名心理委员参加以“新学期适应”为主题的体验式团体心理辅导培训。通过专业指导和互动环节，心理委员在新环境中的心理素质和应对能力得到了提升。此外，心理委员在17个学院共开展了117次团体心理辅导，覆盖8 237名学生。

2023年10月，校心理中心举行第十一届“十佳心理委员”大赛，选出“十佳心理委员”、优秀心理委员各10名。

2023年12月，对2021级和2022级心理委员进行考核，最终评选出18名星级心理委员,29 名模范心理委员。

2023 年,选拔优秀心理委员参加天津市和全国心理委员大赛。柳辰溪同学获得天津市高校第七届心理委员技能大赛二等奖;林艺同学获得第六届全国百佳心理委员称号,葛亚鹏和黄雪莹同学获提名奖。

122. 湖北三峡职业技术学院心理委员工作展示

张桂林

2023 年 3 月 6—20 日,开展“心理剧的起源与运用”“心理剧的表演与运用”“心理剧作品分析与创作”三场主题讲座。全体心理委员参与并自编心理情景剧剧本。

2023 年 3 月 18—20 日,校心理中心带领大一 152 名心理委员前往百里荒开展户外素质拓展活动,增强心理委员团体凝聚力。

2023 年 3—7 月,开展“心晴”训练团体辅导、释梦团体辅导、曼陀罗绘画团体辅导、人生游戏卡牌团体辅导 10 期,心理委员自主选择主题并在团体辅导中成长。

2023 年 4 月,开展心理情景剧大赛,由心理委员创作作品并参加比赛。

2023 年 5 月,开展心理知识宣讲、心理活动设计、同理心陪伴共 3 场一对一培训,全面提升心理委员综合素质。

2023 年 5 月 25 日,举办优秀心理委员大赛,全校心理委员参加。

2023 年 9 月,开展“心理微电影剧本创作”“微电影镜头拍摄技巧与构图”“微电影后期制作”讲座,全校心理委员参加。

2023 年 10—11 月,在全校心理委员中选拔优秀心理委员,参加第六届全国百佳心理委员评比。

2023 年 10 月,新生心理委员参加心理测试培训,指导班级同学完成心理测试。

2023 年 10—12 月,面向大一心理委员开设“朋辈辅导的基础知识与理论”选修课程。

123. 北方民族大学心理委员工作展示

马翠萍　李文强

学校自 2015 年组建心理委员队伍与开展心理委员培训以来，已形成“培养有方案、工作有平台、晋升有通道、激励有保障”的工作特点。学校拥有完善的“选 - 聘 - 管 - 培 - 工 - 奖”六位一体心理委员工作机制，形成由校院两级管理的心理委员慕课培训（8 学时）、基础训练营（24 学时）和心理助人技能课程（32 学时）三大课程体系，制定《北方民族大学心理委员先进个人评选办法》，畅通“优秀心理委员 - 十佳心理委员 - 全国百佳心理委员”晋升评选通道。学校每年划拨专门经费用于心理委员的激励工作。

2023 年分两个学期共组织开展 2 期（第十二期和第十三期）班级心理委员培训班，共有 295 名班级心理委员参加培训并获得结业证书，314 名班级心理委员完成全国高校心理委员慕课培训。完成心理委员培训课程化建设，2023 年底申报获批面向心理委员的“朋辈心理助人技能实务”校级通识教育选修课。

2023 年 5 月，举办第四届优秀心理主题班会大赛。

2023 年 6 月，组织开展 2022—2023 学年“优秀心理委员暨第二届十佳心理委员”评选，共评选出 40 名优秀心理委员，10 名“十佳心理委员”。

学校共有 4 名师生参加第十八届全国高校心理委员工作研讨会，1 人荣获第六届全国百佳心理委员称号，1 人获提名奖。学校当选全国高校心理委员研究协作组理事单位。

124. 新疆大学心理委员工作展示

安德宝

2023 年 3 月 8—21 日，新疆大学面向全校心理委员进行培训。此次培训在 3 个校区进行，针对不同年级开展不同主题的培训。具体内容为：大一年级“大学生常见心理问题与心理委员工作职责”，大二年级“大学生人际交往”，大三年级“大学生情绪调节与压力管理”，大四年级“团体心理辅导理论与实践”，研究生“大学生心理危机识别与应对策略”。3 个校区累计开展知识讲座 13 场次。

2023 年 5 月 10 日,举办第三届心理委员技能大赛决赛。全校共 794 名班级心理委员参加初赛,其中 26 人晋级决赛。决赛现场,参赛选手充分发挥自身优势,展现了扎实的功底,特别是在案例分析环节,参赛选手对案例中的问题反应迅速、分析透彻、解决方案得当,展现了较好的心理素质与临场应变能力。该大赛共评选出一等奖 1 人、二等奖 2 人、三等奖 3 人、优秀奖 10 人。

2023 年 9 月 19—25 日,举办 2023 级新生心理委员培训。全校近 500 名班级心理委员参加培训,内容包括班级心理委员工作职责及流程、大学生常见心理问题概述、大学生心理危机识别与应对、团体辅导理论与实践等 4 个方面。

125. 新疆师范大学心理委员工作展示

刘晶晶　郑宽宽

2023 年,学校为了提升心理委员的专业素养,对全校 1 302 名心理委员开展了一系列工作。

春季学期,校心理中心组织 378 名心理委员参加全国高校心理委员慕课培训,以提升其专业知识和技能。同时,针对各年级心理委员开展了 6 场校级主题培训,内容涵盖积极心理学、倾听的力量、朋辈支持等方面。这些培训旨在帮助心理委员更好地履行职责,提升工作效果。

秋季学期,为了使新生心理委员能够更好地适应角色,明确工作方向和方法,共开展了 6 场校级专题培训。培训主题包括心理委员的职责及心理问题的识别、班级心理危机工作的开展以及班级心理活动的设计与实施等。

此外,面向全校心理委员组织了 4 场“会心”工作交流会,为他们提供了一个分享经验、探讨问题的平台。同时,全国百佳心理委员就他们的评选经历、现场学习成果和日常工作经验进行了分享。

为了激发心理委员的工作热情和创造力,举办了第四届校级心理委员技能大赛,选拔出前 3 名参加第六届全国百佳心理委员评选。最终, 1 人荣获全国百佳心理委员称号, 2 人获提名奖。这些荣誉不仅是对他们个人能力的肯定,也是对学校心理工作的肯定和鞭策。

126. 济南工程职业技术学院心理委员工作展示

张　潇

学校心理委员刘文文当选第六届全国百佳心理委员，心理微电影《存在》《我的光》获评第二届全国高校心理微电影大赛百佳剧目，《西服》在第六届全国高校心理情景剧大赛中获评优秀剧目。

在山东省教育厅举办的2023年山东省学校心理健康教育月活动中，“知情意行·倾诉心声”——心理健康月系列活动荣获特色活动赛道二等奖；《拥抱自己》《实习生心理保健手册》荣获宣传作品赛道二等奖；《之言》（城轨运营2201班心理委员刘继巧）、《糖》（数媒2204班心理委员王佐玮）荣获三行诗赛道三等奖。

2023年10月19日，张潇老师作了题为“从‘心’出发，护航心灵成长”的讲座。

2023年11月，张潇老师在辅导员职业能力提升培训班上，作了题为“系统式家庭治疗技术在谈心谈话中的应用”的讲座。

全校开展校级心理委员大讲堂10期，近500人参加全国高校心理委员慕课培训。

127. 吉林外国语大学心理委员工作展示

孟　伟

2023年6月2—4日，成功承办第六届全国高校心理情景剧展演活动并取得优秀成绩，选送作品获得一等奖，学校获优秀组织奖。

2023年3—6月，开展“朋辈咨询员理论与实务”课程，进行集体备课，帮助大一朋辈心理咨询员掌握朋辈心理咨询理论知识和操作技能。

2023年3—8月，建立吉林省朋辈心理工作特色项目案例库，收录35项吉林省高校朋辈特色工作项目。

2023年3—12月，面向全校朋辈心理咨询员开展“朋辈心理咨询员倾听技能”训练营，以提高他们的工作胜任力；开展“彩虹桥”朋辈成长训练营；组织“新生绿色适应通道”朋辈心理团体活动 70 场次，培训人数达 3 000 人。

2023 年 10 月，为了发挥心灵使者在心理健康教育工作中的重要作用，扎实有效地开展朋辈心理工作，经过个人申请、辅导员审核、学院推荐、心理中心初选、复赛答辩等环节，评选出 2023 年度“十佳心灵使者”。

2023 年 11 月 1—3 日，组织心理委员参加第十八届全国高校心理委员工作研讨会暨朋辈辅导论坛，国际商学院许文新同学被评为第六届全国百佳心理委员，东方语学院杨茜同学获得提名奖。

2023 年 12 月，孟伟工作室经学校申报、专家评审、结果公示等环节，被评为吉林省高校心理健康教育名师工作室培育单位和心理健康教育精品项目。

128. 武汉工程大学心理委员工作展示

史梦璐

2023 年 4 月，武汉工程大学面向 2022 级心理委员开展系列培训。

2023 年 4—5 月，各班级心理委员组织本班同学开展心理主题班会，并参加学校心理主题班会大赛。另外，心理委员积极参与和动员同学参加心理知识竞赛、心理情景剧、心灵之约讲座等心理健康月系列活动。学校“十佳心理委员”评选顺利开展，包含学院初选与推荐、专业笔试和工作答辩三个环节。4 月和 10 月，校心理中心组织心理委员在班级内部开展寝室长心理危机宣讲，提高寝室长心理危机识别与应对能力。

2023 年 10 月，举办 2023 级心理委员系列培训。培训涉及心理委员职责定位、心理委员同辈咨询技术、心理疾病的认识、心理危机的识别与应对、心理班会的策划与开展等主题。春秋两季，分别开展多个主题的心理团体辅导，鼓励心理委员积极参与，提高工作能力，促进个人成长。

2023 年 11 月，学校推荐 1 名“十佳心理委员”参加第六届全国百佳心理委员评选并顺利当选。校心理中心成立“猫鼬部落——同辈心理研究小组”，拟训练同辈心理咨询员，开展同辈心理辅导和更加丰富的同辈心理活动。

129. 湖北大学心理委员工作展示

柳珺珺

2023 年 2—5 月，开设“朋辈心理辅导”课程；9—11 月，进一步改进“朋辈心理辅导”课程教学方式，总共开设 3 个班，培训 240 名以心理委员为主体的朋辈心理辅导员。

2023 年 3 月 24 日，“青春同行”朋辈心理辅导工作室成员集体赴华中农业大学交流学习。

2023 年 3 月，建立校级“芯宠”服务总队，与各学院“芯宠”服务队和班级心理委员联动，形成“校 - 院 - 班”三级管理体系，施行“心理健康状况月报制”“骨干朋辈辅导员例会制”等规章制度。

2023 年 4 月和 11 月，分别开展了 2 期“朋辈心理辅导会谈技巧训练营”，每期包括 4 次活动。通过别开生面的互动课堂，让同学们在相互探索中提高朋辈心理辅导会谈技能。

2023 年 5 月，开展了“寝”君入瓮多肉盆景 DIY 活动，通过在校园的自然环境中发现美、体验美、创造美，释放压力，疗愈创伤。

2023 年 5—6 月，根据 2022 年 11 月发布的《湖北大学朋辈心理辅导员资格认证指南》（学工处字〔2022〕29 号），批准 39 名学生通过认证，成为学校首批朋辈心理辅导员。

2023 年 10—12 月，开展首届“湖北大学朋辈心理辅导先进工作者”评选，经过严格的资料审核和现场答辩，评选出 10 名“十佳心理委员”及 57 名先进工作者。

130. 延边大学心理委员工作展示

崔美玉　李善姬

2023 年分批开展朋辈心理热线培训，1 389 名朋辈心理热线咨询员、心理委员参加培训。

2023 年 3—5 月，组织 200 余名心理委员参加全国高校心理委员慕课培训。

2023 年 4—5 月，心理委员以"'延'为'心'声，逐梦前行"为主题开展第十七届"5·25"心文化月活动。活动期间开展讲座 37 次、团体辅导 51 次，组织朋辈心理骨干培训、心理主题班会、学院特色活动 147 次，共计 23 000 余人次参与。举办心理情景剧大赛，作品《笼中鸟》获评第六届全国高校心理情景剧百佳剧目和优秀剧目。同时以"新生心理健康教育"活动月为载体，开展 18 次心理健康教育主题讲座、31 次团体辅导，5 000 余人次参与。

2023 年 11 月，外国语学院、地理与海洋科学学院 2 名同学分别荣获第六届全国百佳心理委员称号和提名奖，其中地理与海洋科学学院藏津悦同学成功当选第六届全国百佳心理委员论坛主席团成员。

131. 北京理工大学心理委员工作展示

冯愉涵

2023 年，针对全体心理委员开展 6 场专题培训，内容涉及心理委员的职责与工作内容、大学生常见心理问题识别、心理健康教育活动举办技能等，覆盖本科生和研究生 1 000 余人次。在系列培训后，心理委员面向 200 余名同学开展 4 场朋辈互助小组活动和 5 场心理素质拓展活动，营造了良好的心理互助氛围。

2023 年 5 月，承办并参与首都高校大学生心理健康季的心理情景剧比赛，作品《两个我》荣获一等奖。

2023 年 8 月，心理委员骨干积极投身社会心理服务，参与中央文明办三局、中国社会工作联合会共同发起的第一届"圆梦工程"农村未成年人心理健康教育志愿服务项目。由心理委员骨干组成的大学生暑期心理健康社会实践团，赴学校定点扶贫县山西省方山县开展支教培训工作。支教成果得到学生、家长及当地教育局的高度认可。社会实践团获评全国心理健康社会实践活动优秀团队。

2023 年 10 月，心理委员骨干组织"微笑海豚训练营"，入选共青团中央维护青少年权益部直接联系、跟踪培养的高校学生心理健康社团（全国共 120 个）。

2023 年 12 月，举办首届北京理工大学心理疗愈桌游征集大赛。

132. 南京工程学院心理委员工作展示

王　政

为推动校园心理健康工作深入开展，提高心理委员专业素质，充分发挥心理委员榜样作用，学校于 2023 年积极开展心理委员培训工作。

2023 年 3 月，校心理中心开展了 3 次“小心委，大作为”大学生心理委员系列培训活动。培训主题依次为大学生常见问题及危机应对、心理委员的工作职责与角色定位和心理委员自我疏导与实例解析，旨在解决学生成长过程中出现的各种心理问题。在全校师生的共同努力下，3 次培训活动都实现了预期效果，取得圆满成功。

2023 年 11 月，校心理中心针对大一新生出现的不适应大学生活等情况再次对心理委员开展了系列培训。在此次培训中，学生心理委员积极参与，老师热情指导，专家认真教导，为新同学尽快适应大学生活保驾护航。

除培训外，校心理中心还积极与心理委员联系沟通，了解班级内部事务，详细解答心理委员提出的问题，为同学排忧解难，营造良好的校园氛围。

133. 重庆师范大学心理委员工作展示

赵子贤　陈　娟

构建“三专保障、三平台支持、三类别活动”的心理委员“333”特色工作模式。依托应用心理学学科优势和国家级、市级、校级平台，指导心理委员积极开展工作，充分发挥心理委员的“小太阳”功能。

2023 年 2 月，承办重庆市高校心理健康教育工作骨干队伍专题培训，强化学生团队工作能力。

2023 年 3 月，开展心理委员倾听训练专项培训，每周一次，连续 8 周，覆盖 17 个学院。

2023 年 4 月，优化“聊吧驿站”朋辈支持品牌项目，邀请心理委员担任嘉宾及体验官。

2023 年 5 月，承办第四期全国高校心理委员标准化教学研讨暨心理委员督导会议,来自全国的6位专家与来自30多所高校的40余位老师参会。

2023年9月,优化班级心理委员设置。在研究生班级中落实心理委员设置,将本科生班级心理委员增设为男女各1名,积极开展心理委员座谈会。持续推进“心理委员胜任力”课程建设。

2023年10月,开展心理委员朋辈督导,邀请校内外专家提供督导支持。开展班、院、校各级心理微课大赛及心理情景剧大赛,选送作品参加第六届全国高校心理情景剧大赛,心理微电影作品获评第二届全国高校百佳心理微电影。

2023年11月,参加第十八届全国高校心理委员工作研讨会暨朋辈辅导论坛,任俊杰荣获第六届全国百佳心理委员称号,刘倩君获提名奖。承办“重庆市大中小学心理健康教育一体化建设工作推进会暨重庆市大中小学心理健康教育一体化建设工作队伍培训研修基地启动仪式”,积极发挥心理委员辐射功能。

2023年12月,评选校级“十佳心理委员”,开展校际心理委员沙龙,与重庆医科大学等校师生积极交流工作经验。

134. 河南中医药大学心理委员工作展示

郭彦霞　刘俊岐

心理委员是学校心理健康教育四级工作网络体系的重要组成部分。学校高度重视心理委员队伍的培养培训,近年来稳步开展心理委员工作, 2023年取得了良好成效。

(1)强化队伍建设,夯实自助助人基础。学校朋辈心理服务队伍通过“初级－提升－督导”三阶段培训,分别围绕“工作职责与方法”等10个专题基础知识培训和“大学生心理危机排查和干预”等12个主题的提升能力培训,实现线上与线下、理论与实践、必修与选修、学校与学院(书院)相结合的培养模式。2023年5月,开展朋辈心理辅导工作论坛,探索心理委员工作的新渠道,促进朋辈间的交流和学习; 6月举办班级心理委员工作技能大赛,以赛代训,提高心理委员工作水平。

(2)重视宣传教育,多位一体深化内涵。充分发挥朋辈力量,指导其开展一系列丰富多彩的活动,如心理情景剧、心理观影、心理健康知识竞赛、心理素质拓展等活动。定期召开心理主题班会,发挥班集体作用,扩大心理健康教育覆盖面。通过打造融媒体宣传教育平台，全方位、多渠道宣传心理健康知识，结合“3·25”“5·25”、开学季、毕业季等重要时间节点，开展形式多样的心理健康教育活动，提高学生心理健康意识，做到“防患于未然”。

（3）树立标杆榜样，朋辈互助立德树人。评选2022—2023学年优秀心理委员和心理健康教育先进个人39名；周志康和武钇帆两位同学分别荣获第六届全国百佳心理委员和提名奖；《彳亍》荣获第六届全国高校心理情景剧大赛优秀奖；《破晓》获评第二届全国高校百佳心理微电影（心理短视频）优秀作品。

135. 北京大学心理委员工作展示

刘　卉

2023年度，学校进一步整合学生朋辈力量，以助人助己为宗旨，在全校各院系选拔心理委员，并将学生兼职辅导员纳入心理委员队伍，累计招募723名心理委员，覆盖全部院系和宿舍楼。邀请校内外专家、学者为心理委员讲授必修课程，开展沟通技巧、心理危机预警等系列培训。心理委员在学生心理健康教育与咨询中心、院系、驻楼辅导员工作室的指导下开展心理健康教育和朋辈心理支持工作。

心理委员积极参与“心海计划”线上、线下实践活动，针对身边同学出现的情绪低落、焦虑抑郁等情况，以朋辈身份进行安慰、给出建议并宣传心理健康知识与求助渠道，累计回复4 300余条留言，协助处理学生心理危机4例；前往四川省雅安中学、邛崃一中，为当地学生开展心理团体辅导，将所学知识付诸实践。

2023年5月，举办“笃定信心，勇毅前行”“5·25”心理健康季系列活动，得到校内师生的一致好评。

2023年6月，剧目《听！生命》获第六届全国高校心理情景剧大赛一等奖。

2023年10月，为进一步发挥心理委员的朋辈力量，由学生心理健康教育与咨询中心指导的学生社团“北京大学学生心海社”成立。

2023年11月，北京大学学生心海社参加由国家心理中心、世界卫生组织和联合国儿童基金会共同主办的心理健康和精神卫生国际交流活动。

2023年12月，北京大学学生心海社参加由人民日报社主办的2024环球生命健康分论坛。

136. 南阳理工学院心理委员工作展示

赵卫平　莫华敏

2023 年，南阳理工学院着力推进“润心、疏心、守心”三心育人工程，构建精准预警干预机制，助力学生健康成长，护航时代新人培育。

2023 年春季学期，开展“遇见自己，遇见你”人际沟通训练、绘画疗法在心理委员工作中的应用、心理情景剧在心理委员工作中的应用、创能量——积极情绪的力量等中阶培训。在中阶培训的基础上选拔优秀心理委员参加高阶培训。高阶培训以团体心理辅导的形式开展，如“一画一世界”绘画减压团体辅导、“剧暖心”校园心理情景剧的创作与演出、“沙世界、悦身心”人际团体辅导等。2023 年秋季学期，面向大一心理委员，开展“心理委员工作职责和体系”“常见心理异常现象识别”“心理危机早期发现与干预”等专题的初阶培训。

2023 年度结合第二十一个“5・25”心理健康节，以“赋能心成长，共创新未来”为主题，以“以会晴心－以画抒心－以剧诉心－以艺润心－以植养心－以赛砺心－以言畅心”为活动主线，开展校、院两级心理健康教育类实践活动 40 余场，如“群英荟萃，健心如行”心理知识竞赛、“我和我的家庭”心理情景剧大赛、“爱与联结，幸福同行”母亲节主题活动等。

137. 华东理工大学心理委员工作展示

李永慧

2023 年 3—5 月，华东理工大学心理中心举办第四十二届心理健康教育宣传月活动。宣传月活动以培养积极心态、塑造健康自我、促进大学生心理健康发展为目标，组织开展形式多样的心理健康教育活动近百场，参与学生达万余人次。

2023 年 5 月，校心理中心选送的由各年级心理委员参演的剧目《下一页的我》荣获第六届全国高校心理情景剧展演一等奖、最佳导演奖，校心理中心三位老师荣获优秀指导教师奖。

2023 年 11 月，校心理中心针对 2023 级近 300 名新生心理委员开展历时两周的上岗培训，夯实学校心理健康教育四级网络预警体系建设。2023 年 11 月，学校 2 名同学分别荣获第六届全国百佳心理委员称号和提名奖。学校在上海高校班级心理委员技能大赛中荣获优秀组织奖，1 人荣获三等奖。

2023 年 11 月 26—29 日，由上海高校心理健康教育与咨询示范中心（华东理工大学）承办的“优势视角下学校心理育人工作能力提升”专题培训顺利举办。来自上海市多所院校的专兼职心理咨询师、辅导员、心理委员共计 50 余人参加了培训。

138. 首都师范大学心理委员工作展示

杨　学

在 2023 年首都大学生心理健康节活动中，学校院系心理骨干及班级心理委员积极组织同学参加，其中《303——我们的小窝》获“幸福家园和谐宿舍创意大赛”活动一等奖，《寓你携手，宿说青春》获三等奖；《深情在左，责任在右——写给父亲的一封信》获“心信相印——心理书信征文比赛”一等奖，《写给妈妈的一封信》《致友人若青的一封信》《写给本科自己的一封信——时光是希望的黎明》《唯梦闲人不梦您，奶奶》获三等奖；《笨鸟有言》在“吾画吾心——心理漫画征集大赛”中获三等奖。

139. 东华理工大学心理委员工作展示

徐俊莎　李　露

2023 年 3—12 月，校心理中心开展了培训、讲座、团体心理辅导等丰富多彩的活动。

2023 年 10 月，开展 2023 级心理委员入职培训。培训内容主要分为：理论培训（线下和线上相结合的心理专业知识培训）、技能培训（心理素质拓展技能实践培训）、自主学习（全国高校心理委员慕课培训）等，共培养本科生心理委员 413 名。组织举办了 3 场心理委员心理专业知识培训讲座：10 月 19 日，“心理委员的工作职能”主题讲座（主讲人：孙坤）；10 月 20 日，“如何做一个合格的学生干部”主题讲座（主讲人：许亚男）；10 月 23 日，“大学生心理危机预防及干预”主题讲座（主讲人：黄勇明），并对心理委员参与情况进行考核。组织心理委员参与全国高校心理委员慕课培训并获得相应证书。

2023 年 11 月，组织开展心理技能培训。

2023 年 11 月 1—3 日，参加第十八届全国高校心理委员工作研讨会暨朋辈辅导论坛，张子金同学荣获第六届全国百佳心理委员称号，杨欣慧和陈丽玉同学荣获提名奖。

此外，学校每月开展“班级心理活动日”素质拓展活动。

140. 山东航空学院心理委员工作展示

王泰宁　张欣艺

山东航空学院心理委员工作由学生工作部心理健康教育与咨询中心负责组织、指导。

2023 年 3 月和 11 月，分别开展上半年与下半年朋辈心理辅导员培训，即面向全校心理委员、心理守护员、二级学院心理辅导站骨干和大学生心理健康协会成员，进行大学生心理健康教育知识讲授与考核，累计 2 500 余人参训。

2023 年 5 月，在学生公寓建成心理委员工作平台“寓心家园”，并投入使用。自“寓心家园”启用以来，组织心理委员召开工作会议、开展团体辅导活动共 8 次。

2023 年 5—6 月，借助心理委员工作平台“寓心家园”开展“5・25”心理健康教育月活动，包括电影、心海报大赛等 7 项，共收到作品 600 余份；推选优秀作品参加省级比赛，获得省级一等奖 2 项、二等奖 3 项、三等奖 4 项。

2023 年 9—10 月，指导二级学院通过笔试、面试等方式选拔心理委员。经培训后，心理委员面向新生组织开展班级心理团建活动。

2023 年 12 月，举办第十届户外心理素质拓展大赛，包括心理委员在内的朋辈心理辅导员共 400 余人参加。

在日常宣传教育方面，每月 25 日前后开展“爱吾日”心理健康主题教育宣传活动，组织全校心理委员学习心理健康知识及带领班级召开心理健康教育主题班会。对于在工作中表现优秀的心理委员，授予“优秀心理委员”荣誉称号。

141. 东北电力大学心理委员工作展示

文　竹

2023 年，东北电力大学积极深入调研，实施心理委员队伍建设新举措，进一步推动心理委员队伍蓬勃发展，具体工作内容如下。

(1)深入调研，实施促进心理委员工作、成长新举措。通过问卷调查、一对一访谈等方式，多角度了解心理委员的实际工作情况，摸清心理委员在工作、成长中遇到的困难和存在的薄弱之处，以及优势和发力点所在，为制定更贴合实际的心理委员管理和培养制度打下基础。

(2)建设“心理委员之家”，完善心理委员成长平台。基于“朋辈互助，共同成长”的理念，建设“心理委员之家”，为心理委员提供共同讨论问题、提高工作技能的机会和场所，建设学以致用、互助共享、自主成长的团队文化，加快提升心理委员队伍的整体能力和素质。

(3)规范、加强心理委员的管理和培养。面向心理委员开设 24 学时的学分课程，采用小班多轮次的方式为新生班级心理委员提供角色适应培训，进一步完善心理委员培训体系，为心理委员铺设更顺畅的角色成长通道。组织各学院二级心理工作站规范开展 2023 年度心理委员工作总结，在校内评选出年度优秀心理委员 20 名，推荐其中 2 人参评第六届全国百佳心理委员，1 人获第六届全国百佳心理委员称号，1 人获提名奖，起到了良好的示范和激励作用。

142. 西北大学心理委员工作展示

李　佳

为了促进大学生心理健康教育工作，帮助心理委员、宿舍长、学生心理社团成员等学生骨干树立正确的健康观念，明确自身的角色定位，掌握必要的心理健康知识及助人技能，培养一批合格的“阳光使者”，2022 年 9—11 月，西北大学开展了心理委员的角色与定(主讲人：丁闽江)、心理危机的识别与应对(主讲人：杨新国)、朋辈心理互助技术(主讲人：陈瑜)、“小心委，大作为”——主题班会的策划与组织(主讲人：余金聪)、睡眠健康管理(主讲人：范滕滕)等讲座，学校学生心理骨干共计 800 人线上参与。

2023 年春季学期,各院系心理专干组织开展心理委员专题讲座(16 场)、心理主题班会(每个班级至少一次)、心理成长团体辅导沙龙(每个学院至少一次)等活动 100 余场次,参与学生达 2 000 人次。

143. 武汉科技大学心理委员工作展示

贾健宇

心理委员培训体系科学完整,专业能力提升明显。校心理中心持续推动朋辈心理队伍建设与培养工作,建设了一支以心理委员为主体,校心理健康协会为两翼,研究生助理为骨干的朋辈辅导队伍,通过慕课培训、线下实体培训、心理科普文章撰写与“暖暖树洞”回信、校心理中心助理实习、朋辈案例督导等方式帮助心理委员实现个人成长与心理助人能力提升。

高度重视心理委员的选拔、管理、考核和激励。在心理委员管理机制建设方面,把心理委员纳入学校心理健康教育工作五级网络建设,实行多重管理,由校心理中心统一指导,由辅导员具体管理。在专业能力的培养方面,由校心理中心和学院心理辅导站共同实施。在班级心理委员的考核方面,由校心理中心、学院心理辅导站、辅导员和班级全体成员共同考核。在班级心理委员的激励机制方面,考核合格者给予第二课堂学分认定。每年开展心理委员技能大赛,进行学校“十佳班级心理委员”评选,在评优评先方面适当倾斜,优秀者可以给予一定的物质奖励。

心理委员活动体系丰富多彩,全力营造助人氛围。心理委员活动主要包括班级“心理晴雨表”、心理主题班会、“暖暖树洞”、户外心理素质拓展、心理委员培训、系列团体心理辅导等。

144. 山西财经大学心理委员工作展示

王晓霞

2023—2024 年度,学校开展心理委员培训活动 3 场,心理健康教育宣传活动8场，包括“心协见面会”“心协游园会”“温暖寄语”等。2022级100余名心理委员参与全国高校心理委员慕课培训认证并获得了证书，促进了学校心理委员工作和培训向规范化、标准化和系统化迈进。

2023年11月26日，学生工作部心理咨询中心举办心理委员总结大会。会上总结了本年度心理委员工作情况，冀雯飞老师分享了参加第十八届全国高校心理委员工作研讨会暨朋辈辅导论坛的收获，介绍了与会专家学者研究成果和心理委员工作等内容；杨思涵同学分享了获得全国百佳心理委员称号的心得体会和与会各高校心理健康服务工作的丰富经验。

本年度，学校财政与公共经济学院2021级国民经济管理班杨思涵同学获评第六届全国百佳心理委员称号，并成功当选第六届全国百佳心理委员论坛秘书处成员。学生工作部《系统观视域下心理健康教育体系的构建与实践》入选2024年度高校思想政治工作精品项目（全国100项，山西3项）。此次获奖，是对学校心理健康教育工作的肯定与鼓励，有效促进了学校朋辈心理健康教育的骨干队伍建设，形成积极向上的校园心理文化氛围。

145. 天津商业大学心理委员工作展示

李积鹏　杨　爽

2023年5月至2024年5月，天津商业大学依托“天津商业大学2023年心理委员选拔、培养、考核”一体化方案，扎实开展心理委员“选、育、用、评”各项工作。

2023年9月，依照培养方案，完成2023级心理委员选拔工作。

2023年10月，邀请天津大学詹启生教授、学校心理中心杨爽主任为学校2023级284名新生心理委员开展岗前培训。

2023年11月，学校孙婷婷同学参加天津市第六届心理委员职业技能大赛。孙婷婷同学获得第六届全国百佳心理委员荣誉称号，并当选第六届全国百佳心理委员论坛学生副主席。

2024年3—5月，依托学生朋辈力量开展2024年“5·25”心理健康活动月系列活动，开展“以德育心”“以智慧心”“以体强心”“以美润心”“以劳健心”“心委知心”等6大类共14项活动。

2024 年 5 月，学校举办第七届心理委员职业技能大赛，邀请各兄弟院校心理中心主任担任活动评委，通过理论考试、情景模拟、案例分析等环节决出一等奖 1 名、二等奖 2 名、三等奖 3 名。第四届“架心灵桥，做知心人”心理委员线上交流活动同期举办。学生心理委员和学生心理骨干组织成员团体素质拓展，学校“十佳心理委员”、校院心理健康协会负责人等 30 余人参加。

146. 福建中医药大学心理委员工作展示

丁闽江

2023 年 3—6 月，在朋辈及班级心理委员的带领下，校心理中心举办了大型心理素质拓展、健康环校跑、一起运动主题打卡、心理健康游园会、植物领养、园艺健心、我是演说家、青春蒙面舞会、知识竞赛等 10 余项特色活动。2023 年 1—12 月，校级朋辈积极参与校心理中心值班、咨询等事务，尤其在心理问题学生的帮扶、陪伴方面发挥了重要作用；多名优秀朋辈受邀给其他高校的心理委员分享经验。2023 年 9 月，开展朋辈辅导技能大赛，经过初赛、复赛等多个环节，全方位展示朋辈风采。2023 年 10 月，开展朋辈及心理委员心理辅导技能、心理健康素养提升系列培训；2023 年 11 月，新一批朋辈心理咨询员选拔工作顺利结束。

2023 年 11—12 月，全体朋辈及心理委员积极参与系列新生心理健康教育活动，协助心理测试、心理知识普及活动进班级，推动各类心理活动开展。朋辈参与校心理中心制作播出 4 期《视说心理》小视频、20 期《朋辈心语》节目、20 期《我把好书说给你》节目。二级心理辅导站朋辈、心理委员、宿舍心理信息员参与推进心理育人工作。

147. 江苏师范大学心理委员工作展示

石　岭　李文婕

（1）强化队伍建设。2023 年 1—12 月，为提升心理委员胜任力，实施心理健康教育“金种子计划”，累计培训 300 余名新任心理委员、1 500 余名新任宿舍心理气象员，开展全校心理委员技能培训与工作交流会 16 场、宿舍气象员培训指导会 3 场。

(2)提升理论素养。开展心理危机识别与应对、朋辈心理辅导技巧、班级心理活动的组织与实施等专题培训。

(3)增强实践能力。组织心理委员参加心理团体活动、心理主题班会和经验交流会等。学生实践项目荣获江苏省心理健康主题班会大赛一等奖。

(4)树立榜样典型。2023 年 11 月，2 名学生获评第六届全国百佳心理委员荣誉称号，2 名学生荣获苏北地区“启航之星”心理委员称号。学校举办优秀心理委员、优秀心理主题班会评选活动,并通过各单位网络媒体、经验交流会、心理健康教育周等传播先进经验。

(5)强化校际合力。通过举办苏北地区心理委员工作研讨会,与南京大学联合主办“敏锐觉察,温柔支持”心理危机培训等方式拓宽心理委员培养路径。

此外,心理辅导员和心理信息站以“润心五日行”和“心园百花绽放”心理健康特色活动、自助与助人技能培训、心理月报工作为抓手,多维度强化学院与班级的协同联动。

148. 中国药科大学心理委员工作展示

孟 杰

自 2006 年始,中国药科大学在班级设立心理委员,高度重视心理委员队伍的选拔、培训、聘用与考核、评优工作,将心理委员纳入学校五级心理健康教育与危机干预体系,有效发挥心理委员在学校心理健康教育工作中的作用。

2023 年 3—6 月,面向心理委员开展“心理委员的角色定位及岗位职责”“心理危机的识别与应对”“心理委员工作能力提升”等一系列培训。

2023 年 9—10 月,面向 2023 级心理委员开展“心理委员相见欢”“自信之旅——我就是我”“人际关系你我他”“我的人生我做主”系列团体心理辅导及各类心理讲座与培训,并组织开展全国高校心理委员慕课认证培训工作。

经过培训的心理委员在班级内大展才能,带领全班同学开展“走进心理发展中心”活动;协助完成新生心理测评及毕业生心理测评工作;组织班级同学参加江苏省大学生心理健康教育研究中心(江宁基地)心理微电影大赛等各类竞赛,获得一等奖 4 项、二等奖 8 项、三等奖若干;在班级内开展形式多样的心理班会,并积极参加校第六届主题心理班会大赛。

2023 年底，对工作业绩突出的 20 位班级心理委员予以表彰。高瑄同学获评第六届全国百佳心理委员。

149. 兰州大学心理委员工作展示

索梦弦

2023 年 3—5 月，兰州大学 2022 级心理委员参与全国高校心理委员慕课培训，共计 147 人完成课程学习，获得心理委员慕课结业证书。

2023 年 5 月，面向全体心理委员开展心理委员知识技能大赛，初赛采取线上答题的形式进行，决赛采取“知识答题 + 案例分析 + 现场模拟”的形式进行，前 30 名心理委员获奖。

2023 年 9 月，完成 2023 级 173 名班级心理委员的选聘工作。

2023 年 11—12 月，面向班级心理委员开展 4 场团体心理辅导并讲解活动设计具体内容，提升心理委员的心理健康水平和开展班级心理辅导的能力。

全年坚持完善心理委员班级“心理晴雨表”半月报制度，坚持每月面向心理委员开展一次专业培训，要求心理委员每月开展一次班级心理活动。

150. 上海应用技术大学心理委员工作展示

甘慧玲　秦　凤　肖君政

2023 年 3—4 月，开展“2022 级班级心理委员成长训练营”，全校 400 余人倾情参与，训练营内容丰富，形式多样，主要涵盖常见心理精神障碍的解读、大学生心理危机的识别与应对、班级心理委员朋辈辅导技术、班级心理委员的职责与胜任力、音乐解压赋能活动等专题。通过主题讲座、视频学习、案例讨论、团体辅导、理论考试等形式促进心理委员扮演好心理健康示范者、心理状态观察者、心理资源连接者和心理知识传播者的“四心”角色，使其在助人中不断实现自我成长。

2023 年 10—11 月，由上海市教育委员会指导、上海学生心理健康教育发展中心主办，上海应用技术大学承办的 2023 年上海高校班级心理委员成长训练营结业盛典暨技能大赛圆满收官。来自沪上45所院校的89名班级心理委员参加了培训和比赛，20余位业内的专家入营为同学们传授心理知识。经过为期一个月的8场培训以及结业考试，共有18名学员进入决赛。

2023年全年，上海应用技术大学通过专题讲座、视频学习、案例讨论、团体辅导、技能比拼等形式开展班级心理委员经常性培训，寝室心理信息员、心理委员骨干培训27场，累计培训3 500人次，评选出优秀学员、校园“十佳心理委员”共计70余名，全面提升朋辈互助队伍的综合素质和工作能力，充分发挥朋辈“青春守护者”作用。

151. 河南职业技术学院心理委员工作展示

温娟娟　杨　丽

河南职业技术学院着力构建“学校－二级学院－班级－宿舍”四级心理健康教育网络，培养1 000多名心理委员活跃在心理健康教育第一线。

2023年3月，邀请天津大学詹启生教授来校作心理健康教育专题讲座和心理督导。

2023年5月，举办第三届心理情景剧大赛，第二届心理健康操大赛，“5·25心理嘉年华”心理健康宣传教育活动。

2023年5月和10月，举办第九届、第十届心理委员素质拓展训练营活动。

2023年6月，推送的作品《寻心》荣获第六届全国高校心理情景剧大赛二等奖，温娟娟教授作典型经验发言，并被中国青年报采访报道。该月，学校举办首届“最美心灵使者”评选活动。

2023年10月，开展心理预约接待员和心理讲解员培训。举办第十七届大学生心理健康教育宣传月系列活动。组织279名新生心理委员参加全国高校心理委员慕课培训并取得心理委员证书。

2023年11月，周洋洋同学获第六届全国百佳心理委员荣誉称号。

2023年，心理健康课程获评河南省大学生心理健康教育优秀课程。校心理协会获评河南省文明社团和校“十佳文明社团”。13所兄弟院校来学校交流心理健康教育工作典型经验。学校通过河南省教育厅心理健康教育工作标准化建设验收。

152. 海南大学心理委员工作展示

王昌纯　刘茜莎

2023 年海南大学积极推进海南大学朋辈心理咨询团及各书院心理委员工作,开展心理委员全员慕课培训,评选海南大学优秀朋辈咨询员和优秀心理委员。

2023 年 7 月,海南大学主办全国高校心理委员慕课研讨会议。

2023 年 9—10 月,在国家心理健康和精神卫生防治中心举办的高校联合心理健康校园行活动中,学校获评“优秀先行者学校”。学校朋辈心理咨询团主席任第十七届全国高校心理委员联合会主席。

2023 年 5 月,校心理健康教育中心教师受“中国大学生在线”邀请,录制“阳光青春‘5·25’大学生心理健康大讲堂”精品微课,获中国大学生在线、高校思政网平台推荐展播,课程收录于国家智慧教育公共服务平台,课程应用于 2023 年“5·25”全国高校心理委员培训,周播放量达到 33 万次。2023 年 11 月,校心理健康教育中心教师受邀参加第十八届全国高校心理委员工作研讨会暨朋辈辅导论坛,并在大会上作“高校朋辈心理危机干预中的重难点解析”主题报告。2023 年底,校心理健康教育中心教师受邀参加全国高校心理委员慕课录制工作,主要负责“心理委员与原生家庭问题应对”专题,并参与“心理危机的预防与干预”专题的课程录制工作。

153. 吉林水利电力职业学院心理委员工作展示

高书雅　吴宛桥

2023 年 4 月,举行吉林水利电力职业学院大学生心理危机预防与干预校医合作揭牌仪式,与长春康林心理医院建立心理危机绿色通道。

2023 年 5 月,开展“5·25”大学生心理健康教育月系列活动,包括“走出心灵的雨季”心理演讲比赛,以“师生情,爱同行”为主题的照片征集活动,第三届校园心理剧大赛,第三届心理微视频大赛,“我爱我”欢乐嘉年华系列团体活动,“十佳心理委员”评选活动,进一步在学校心理委员队伍建设中树立榜样。

2023 年 9—11 月，组织全体心理委员参加全国高校心理委员慕课培训，通过率达到 98%，持证率达到 95%。朋辈心理委员考取朋辈咨询员证后，在学生中开展朋辈咨询工作，帮助同学解决心理困扰，充分发挥朋辈互助功能。

2023 年 10—12 月，构建社区心理服务项目，积极实现校社合作，“倾心使者”心理学会联合长春市心律志愿者协会开展社区儿童心理引领项目，帮助学生提升助人意识，为心理赋能。

2023 年 12 月，积极心理体验中心正式成为学院独立部门。

2021 年 5 月至今，学院带领 200 余名朋辈心理辅导员走进玉谭小学，开展“大手拉小手，共建心理育人新篇章”活动，提升朋辈心理委员自我价值感。

154. 贵州财经大学心理委员工作展示

李　丽

2023 年，学校持续常态化加强心理委员队伍建设，打造心理委员“准专业化”朋辈帮扶及心理危机预防防御网络提升工程培训体系。培训内容包含基础知识线下讲座 2 场、心理素质拓展训练 8 学时、易班平台线上培训 32 学时及认证考试。持证上岗的心理委员具备基础的心理健康知识、较高的共情能力以及“准专业化”的心理陪护能力，在实际工作中积极推动学校各班级心理健康服务工作及朋辈心理互助工作。

下一步工作需加强以下方面。第一，进一步强化心理健康及心理危机预防防御网络建设，将心理健康教育延伸到宿舍，做到心理工作前置无死角，推进宿舍长专业技能培训。第二，夯实学院二级心理辅导站建设，加强学生心理工作队伍的分层化建设，充分发挥学院二级心理辅导站的基础作用，将心理健康教育工作下沉，推动班级心理委员及宿舍心理信息员工作发展。第三，促进各高校之间心理委员学习及实践工作的交流合作，不断推进高校心理服务体系建设。第四，增强心理委员的社会服务意识，鼓励并创造条件让心理委员走出班级和校园，服务社会，实践育人。

155. 安徽师范大学心理委员工作展示

沈艳红　岳潇雨

2023 年 11 月，安徽师范大学教育科学学院 2020 级教育技术学专业温思佳同学和外国语学院 2020 级英语师范专业聂如意同学获第六届全国百佳心理委员荣誉称号，历史学院 2020 级历史学专业叶萌同学获提名奖。

2023 年 11 月 5—15 日，安徽师范大学开展第七期心理健康委员培训。全校 200 余名 2023 级新生心理委员和 2022 级新任心理委员参加培训。培训由理论培训和实践课程组成，心理委员在培训中既学到了心理委员的职责和工作方法，也知道了怎样识别心理危机及如何协助辅导员处理危机。

2024 年 3 月 1 日，安徽师范大学发布关于开展第四届学校优秀心理委员评选工作的通知，4 月完成学院初评，推选 18 名心理委员参加学校评选。经过学校评审，10 名同学获校优秀心理委员荣誉称号。学校根据成绩及个人情况，最终遴选 3 名同学代表学校参加第六届全国百佳心理委员评选。

2024 年 5—6 月，安徽师范大学继续组织全校心理委员进行全国高校心理委员慕课培训，在培训中不断提高心理委员工作素养和专业能力。

156. 天津交通职业学院心理委员工作展示

周爱静

为助力交通职业教育高质量发展，学校对心理委员工作进行延展，将思想政治教育融入心理育人全过程，在学生培养工作中突出育心育德。

（1）以心理健康培训为载体，重视发挥心理委员育人职能。对心理委员开展培训班 6 场次，1 827 人次参与。以心理健康月为依托，创新发展心理委员朋辈辅导功能。心理委员参加天津市大学生心理健康嘉年华、天津市大学生心理运动会、天津现代职业技术学院心理集市活动，参加第二届国家通用手语技能大赛并荣获优秀奖。

（2）持续加强心理委员队伍的培养历练，努力建构良好的朋辈心理服务架构和团队。充分发挥朋辈“互助、关怀、支持”的心理服务功能。实践多维度心理育人，彰显青春“心力量”。专职心理老师带领学生投身于心理服务工作和社会志愿服务活动，周爱静老师获评“天津市最美护心志愿者”。

（3）抓好党建宣传工作，发挥心理健康教育的社会功能，弘扬青春正能量。2023 年，学校心理委员工作被网页新闻报道 17 篇、“你好天津”微信视频号推送 6 条、《天津教育报》报道 1 篇。

157. 山东劳动职业技术学院心理委员工作展示

高 娟

山东劳动职业技术学院高度重视心理委员工作，构建并实施“六纵六横六个统一”心理健康教育模式，建立全员、全过程、全方位的心理育人体系。2023 年度有序开展心理委员培训、考核、比赛等系列工作。

2023 年 1—7 月，举办了心理情景剧大赛、朋辈辅导技能大赛、心理健康节开幕式游园会、“5・25”心理健康月等系列活动 30 余项。心理委员积极带领班级同学参加各项活动，运用专业知识技能帮助同学解决心理困惑，塑造健全人格，携手同行，共筑阳光。

2023 年 9 月起，组织 2023 级心理委员共 150 余人进行为期 3 个月的线下培训，课程由专职心理健康老师主讲。同时组织全体心理委员参加全国高校心理委员慕课培训，并对心理委员进行考核、颁发结业证书，确保持证上岗。

2023 年 10 月，开展新生心理护航“六个一工程”，组织“心理筛查”“心理健康长廊展览”等覆盖全体师生的普及性心理服务，发动优秀心理委员宣讲心理健康知识，发放宣传手册，惠及 5 000 余名新生。

2023 年 11 月，学校 2 名同学分别获第六届全国百佳心理委员荣誉称号和提名奖。

158. 湖北中医药大学心理委员工作展示

文 艺

学校高度重视心理委员队伍建设，不断推进心理委员规范化、标准化、科学化、品牌化建设，切实筑牢心理阳光安全的基层堡垒。2023 年学校“朋辈心理互助队伍实践研究”获批湖北省哲学社会科学专项项目立项。

2023 年 3 月和 11 月，分别举办 2023 年春季学期和秋季学期“阳光使者成长训练营”活动。活动包含慕课培训、线下理论培训、经验分享、实践教学等环节，全校新任心理委员、宿舍联络员 2 100 余人参加。

2023 年 5 月，举办第十五届心理健康阳光月系列活动，心理委员共同行动，协助校心理中心以及各二级学院心理工作站开展“‘凝聚微光，造炬成阳’心理微视频大赛”“‘约绘春日，印象中医’首届露营节”“东壁文化——特色剪纸”等 30 余项活动，并于 5 月 25 日当天开展心理游园会，活动形式多样、内容丰富，学生参与度高。

2023 年 11 月，参加第十八届全国高校心理委员工作研讨会，学校教师论文《“一体两翼，四能驱动”朋辈心理互助工作体系探索——以湖北中医药大学为例》被大会收录，护理学院熊丽莎同学当选第六届全国百佳心理委员。

159. 齐鲁师范学院心理委员工作展示

苏　睿

专业化的心理委员队伍是校园安全的根基。

2023 年 5 月，开展第十三届心理健康活动月活动，评选出 10 名校级“最美心理委员”并对其事迹进行了展示宣传。

2023 年 10 月 27 日，启动全校心理委员心理健康知识和技能培训。新生心理委员及其他年级新任心理委员、各学院心理部成员以及心理健康互助委员会成员现场参会，美术学院心理委员通过会议平台线上参训。

2023 年 10—11 月，以线下与线上相结合的方式对心理委员开展为期 1 个月的培训。线下培训内容包括心理委员工作职责、倾听和沟通的技巧、青年领导力、青年人志愿精神、同伴教育、心理委员如何在班级内开展青春健康活动等，由学生心理健康互助委员会组织开展。线上培训以全国高校心理委员慕课培训为主，包括心理委员的工作职责与角色定位、大学生心理问题的诱发因素、心理健康的标准、常见心理问题的症状及识别。同时，学校依托心理委员平台对心理委员开展了标准化认证。

2023 年 11 月，2021 级陈爱睿同学被评为第六届全国百佳心理委员。

160. 焦作师范高等专科学校心理委员工作展示

薛庄林 杜 炜

2023 年焦作师范高等专科学校持续培育班级心理委员与宿舍心理信息员队伍。以系列讲座与个性化知识培训为先导、朋辈技能培训为抓手、实践活动为平台,全面助力和提升大学生心理健康教育工作。

组织开展“工作职责”“共情能力提升”“心理问题识别”等朋辈知识和技能培训 8 场,培训心理委员 150 人、宿舍心理信息员 936 人。1 名星辰朋辈辅导员被评为第六届全国百佳心理委员。

打造“星星知我心”工作品牌,完成星辰朋辈“树洞”回音回信 24 封,开展“黏土塑心”“石膏娃娃彩绘”“夏之纸鸢 DIY”等工作坊 10 场,推出星星知我心学院“悦心亭读书会”“舞动身心”“好书推介”“心影共鸣”等主题活动 33 场,受益学生 1 万余人次。星辰朋辈辅导员参演的心理微电影《“疫”过天晴》被评为第二届全国高校心理微电影(心理短视频)优秀作品,心理情景剧《痘痘大王的没落》被评为第六届全国高校心理情景剧大赛优秀剧目。

心理委员等朋辈辅导队伍打通了学校心理育人的“最后一公里”,是学校心理安全网格化管理的关键环节,实现了心理育人“横到底、纵到边”。

161. 山东司法警官职业学院心理委员工作展示

孔艳红

2023 年 4—5 月,组织开展第十八届“5·25”大学生心理健康节系列活动,心理委员作品《区分抑郁症和抑郁情绪》获得山东省高校心理健康教育月展示活动心理健康主题宣传作品二等奖。同时,在心理委员的积极参与、协助下,学院作品《四级联动·筑梦心房——四级心理健康服务体系下的宿舍团体辅导》获心理健康教育特色活动三等奖。

2023 年 6 月,由心理委员积极参与的心理情景剧作品《神奇眼镜》获得第六届全国高校心理情景剧大赛三等奖。

2023 年 11 月,张惠欣同学获得第六届全国百佳心理委员称号。

为进一步规范“学院－系－班级－宿舍”四级心理健康工作体系的运行，学院紧抓心理委员队伍建设，定期对心理委员进行系统培训。2023 年 11—12 月，学院心理健康服务中心举办了 3 次心理委员线下专题培训班，2023 级全体心理委员参加培训。同时，组织心理委员参加全国高校心理委员慕课培训。

2023 年 12 月，为展示心理委员班级心理工作能力，学院开展“心理班会”比赛，共 37 名心理委员参与，内容涉及情绪处理、心理求助、人际交往等方面，充分展现了心理委员队伍的知识宣讲能力。

162. 石河子大学心理委员工作展示

沙丽曼　高　睿　孙雅婧

石河子大学心理委员始终是学校“织女计划”的重要组成部分。

2023 年 3 月，为发挥学校朋辈团队的作用，全校 3 367 名朋辈工作者佩戴徽章统一亮相，宣读《石河子大学朋辈工作宣言》。

2023 年 5 月，为及时了解学生心理动态，发现学生潜在心理危机，特在学校“心领育”系统中添加班级心理周报和随报模块，由专职老师审核。

2023 年 6 月，全校心理委员面向所在班级开展心理健康主题班会。

2023 年 7 月，各学院心理委员负责人提交学期工作总结。

2023 年 9 月，召开全校朋辈工作者秋季学期见面会，为新学期朋辈工作的开展做好准备。召开各学院心理委员负责人见面会，主要就本学期工作总体安排、畅通心理委员反馈通道等问题进行交流。

2023 年 10 月，组织各学院心理委员负责人面向心理委员开展专题培训。

2023 年 12 月，由医学院心理委员负责人组织，全院朋辈工作者参与，试点开展活动，并于 2024 年春季学期在全校范围内开展。

“石河子大学朋辈心理工作联盟”微信公众号 2023 年共推送文章 373 篇，其中原创文章 243 篇，年度阅读量 3.3 万次。该公众号运营团队所有成员均为学校朋辈工作者。

邀请专家面向朋辈工作者开展线上讲座 14 场，内容覆盖大学生常见心理问题的识别与帮助对策。

163. 广州商学院心理委员工作展示

张秋艳

学校致力于构建一个全覆盖的心理健康教育体系，形成了“校心理中心－二级辅导站－班级－宿舍”四级工作网络。

在朋辈队伍机制建设方面，成立大学生心理健康联合会，在每个班级设立心理委员，并开通“朋辈互助”心理热线，招募接线员以实现同龄人之间的心理支持与交流。2023—2024 学年，大学生心理健康联合会成员为 57 人，班级心理委员为 688 人，朋辈心理热线接线员为 14 人。

在心理委员素质提升方面，本学年校心理中心为心理委员提供了 8 场讲座、2 场团体辅导培训、14 个专题慕课培训；同时，为“朋辈互助”心理热线成员开展基础培训、进阶培训和督导。

心理委员积极发挥作用，组织开展了丰富多彩的心理健康教育活动，如“5・25”心理健康月系列活动、“21 天心灵相机打卡”、“与你同行团体辅导”等，积极参与日常危机识别与排查，在宣传心理健康知识和同辈互助中发挥了重要作用。

曾美慧同学荣获第六届全国百佳心理委员称号，林烨同学获提名奖。学校将继续努力，不断提升心理健康服务质量，为营造一个更加健康和谐的校园环境做出贡献。

164. 江西农业大学心理委员工作展示

张军华 李雪艳 吴 兴 周秀秀 杨 劲 李文佳 汪振国

2023 年，江西农业大学进一步夯实“学校－院系－班级－宿舍 / 个人”四级心理健康教育工作网络体系，充分发挥朋辈心理互助作用和桥梁纽带作用。校心理中心及时做好学生干部业务能力培训工作，开设学生心理骨干专业技能培训 22 场，1 000 余名班级心理委员 / 宿舍心理联络员线下参加，且实现线上培训全覆盖。面向“千师润万心”心理教育宣讲学生讲师团开展业务培训 7 期，600 余人参加。校心理中心组织编印《宿舍信息员心理工作指南》《心理委员工作手册》《楼栋长心理工作指南》,用于指导学生心理骨干开展工作。

充分发挥心理协会、朋辈心理部、心理委员等学生骨干的朋辈心理辅导作用。心理委员对心理普查中的1 182名三级心理危机学生进行日常观察,对600余名疑似有心理问题学生进行谈心谈话,组织开展班级心理活动200余次;积极开展“5·25”心理健康系列活动、心理游园会、心理情景剧、主题沙龙、电影赏析、演讲比赛、素质拓展、心理桌游、心理贴画和摄影大赛等活动。其中心理游园会参与人数1 000余人,心理贴画和摄影大赛参赛作品300余件,活动吸引了5万余人次参与。

选送的作品《你好》荣获第六届全国高校心理情景剧大赛百佳剧目奖、优秀剧目奖,作品《偏见》获评第二届全国心理微电影大赛百佳心理微电影,傅艺嘉同学获评第六届全国百佳心理委员。

165. 东北大学心理委员工作展示

武 琳 乔 琳

2023年3—9月,面向全校班级心理委员及致力于从事朋辈心理辅导工作的同学,开设人文社会科学选修课“大学生朋辈心理辅导”,完成了全校区共计64课时的授课任务,近300名学生选修该课程。

2023年9—11月,统计网格化队伍名单,夯实心理委员责任。每月组织心理委员上交“心理晴雨表”,及时掌握学生心理动态。心理委员以班级为单位全年开展心理班会近400场。启动“心理健康教育工作优秀学生干部、优秀心理委员及优秀心理活动”评选,其中13名学生被评为校级心理健康教育工作优秀学生干部,20名学生被评为校级优秀心理委员。

2023年11月,1名同学获评第六届全国百佳心理委员称号,2名同学获提名奖。东北大学心理健康教育中心面向全体大一心理委员及专业分流后新任心理委员的大二同学340余人,开展班级心理委员职能及应知应会培训。

2023年全年,组织东北大学“云起”朋辈心理辅导工作室开展常态化网络咨询值班,累计帮助学生350余名。校心理委员会在全校范围内开展“幸福日记”“解忧杂货店”等多种趣味活动,既增强了校园心理文化氛围,又加大了心理健康教育宣传力度。

166. 中国海洋大学心理委员工作展示

甄 珍 牟宏玮

秉承“全员育心，全心育人”的工作理念，保障每一名在校学生健康成长，将学生力量充分调动起来，学校建立“学校－学院－班级－宿舍”四级二阶朋辈互助心理工作体系，组织开展系统的心理互助培训与各项心理健康教育活动。

2023 年，组织 1 977 名学生参加全国高校心理委员慕课培训，即初阶培训；组织 100 余名朋辈学生参加“心理助人技术理论与实践”课程培训，即中阶培训；组织 80 余名研究生心理气象员在第十二届“拥抱蔚蓝”研究生心理素质拓展训练营中参加 16 学时的系统助人培训。

指导阳光使者团开展“信的相遇、爱的抱抱”活动，包括 36 次治愈电影活动和 12 次放松桌游活动，共有 991 名同学参与。阳光使者团凭借一系列精彩的心理健康活动，被评为共青团中央维护青少年权益部直接联系、跟踪培养的高校学生心理健康社团。同时，学校组织第六届心理剧大赛暨第六届全国高校心理情景剧大赛校内选拔赛，共有 23 支学院代表队参赛，近千名学生参与剧目创作和表演，推选出的优秀心理剧作品《脱轨》获评全国高校心理情景剧优秀剧目展优秀剧目。

为了在全校四级二阶朋辈心理互助队伍建设中树榜样、立典型，广泛宣传朋辈榜样的先进事迹和优秀案例，组织年度心灵互助“朋辈榜样”评选，最终评选出 26 名“朋辈榜样”，有效促进全校四级朋辈队伍建设。

167. 四川工商职业技术学院心理委员工作展示

刘 晓 赵山霞 石宇宁 叶佳滢

2023 年 3 月，以心理委员为骨干，开展面向全校的“善爱我·心向阳”心理漫画比赛，并将征集到的作品在全校展出。

2023 年 4 月，开展“十佳心理委员”评比活动，经激烈角逐，选出优秀心理委员和“十佳心理委员”各 10 名。

2023 年 5 月，以心理委员为骨干，开展“第十一届学生心理素质拓展训练营——趣味彩虹跑”“花车巡游”以及“第十五届心理情景剧会演”。以上三项活动均为心理健康教育工作中的品牌学生活动。

2023年6月,以心理委员为骨干,深入中小学开展“一人一故事”剧场公益演出,助力中小学生提升心理健康水平。

2023年10月,以心理委员为主要对象,开设“朋辈心理辅导员成长基础:知识与技能”公共选修课。

2023年11月,以心理委员为骨干,开展“读书悦心”心理读书、“园艺疗心”植物创意画、心理电影赏析等活动。当月,面向全校2023级新生心理委员开展以“希望·美好”和“心理危机识别与干预”为主题的培训,并鼓励心理委员自主学习“心理委员慕课”和“心理疗法慕课”两门线上课程。

2023年11月,郑瑞婷同学获第六届全国百佳心理委员称号,并成为第六届全国百佳心理委员论坛成员。

168. 南京航空航天大学心理委员工作展示

杨雪花　陈　瑜　陈俊鹏　袁辰馨

心理委员在班级中承担着普及心理保健知识、监控班级学生心理动态、开展班级心理健康教育活动的职责。

2023年3—6月,校心理中心组织开展了心理委员专业素质与技能集中培训。培训采用6次专题讲授课和1次团体辅导实务相结合的方式,并进行理论和实践技能两项考核。参加培训且通过考核的心理委员可持证上岗。

2023年9—12月,校心理中心面向全体2023级心理委员开展4场团体辅导技能培训及4场基本助人知识与技能的专家讲座培训,并组织各年级心理委员参加全国高校心理委员慕课培训。

经过培训的心理委员在各自班级内开展了“润心行动 破冰启航”的新生班级凝聚力心理班会,均获得良好效果。

2023年12月,开展心理委员考核与推优工作。对全体在岗心理委员进行考核,根据其培训学时、日常工作、组织班级活动情况、参与学院和学校心理健康教育活动情况等进行评定,授予80位同学优秀心理委员荣誉称号,14位同学优秀心理委员干部荣誉称号。

169. 华南师范大学心理委员工作展示

苏斌原　贺竞雨　林　玛　潘绮敏　何恋珊

2023 年 5 月，组织申报第二十二届“5·25”大学生心理健康月系列活动项目。心理委员为各单位申报项目的骨干力量与落实“5·25”大学生心理健康活动月项目实践的主要成员。

2023 年 9 月，选拔任命 221 名 2023 级学生担任班级心理委员。

2023 年 10 月，完成秋季学期心理委员专题技能培训。

2023 年 11 月，完成心理委员主题性团体活动的体验与实践培训。心理专职教师、心理委员与心理朋辈工作学生骨干参加第十八届全国高校心理委员工作研讨会暨朋辈辅导论坛，其中徐艳平老师受邀做工作坊引介主持工作。计算机学院 2020 级张婷同学获评第六届全国百佳心理委员，并在朋辈辅导论坛作特色心理委员工作报告。

2023 年 11—12 月，举办 2023 年华南师范大学心理委员技能比赛，共设置“心理知识竞赛”“心理主题宣讲”“情景模拟”“案例分析”4 个初、决赛环节。

2023 年 12 月，“满天繁星，关爱心灵——心理育人工作提升的实践探索”入选全国高校思想政治工作精品项目，其中心理委员作为“引领星”是完成落实“心向阳”项目的主要成员。

170. 黑龙江公安警官职业学院心理委员工作展示

辛世敏

为全面加强和改进大学生心理健康教育工作，提升全体学生心理健康素质，培养学生积极进取的态度，校心理委员会开展以普及心理健康知识、增强广大师生心理健康意识、提高师生心理发展水平为目标的一系列活动。

2023 年 3 月，组织全校同学观看龙江高校思政大讲堂之“开学第一课”，学习心理健康教育网络思政大课。

2023 年 4 月，拍摄心理剧，展现青春活力，演绎警院风采。

2023 年 5 月，面向全校开展“5·25”心理健康月系列活动，呼吁同学关爱自我、关心他人。

2023 年 9 月，面向 2023 级新生开展纳新活动，共纳入 16 名新成员，为心理委员队伍注入新鲜血液。

2023 年 10 月，联合哈尔滨市新区第六中学开展英模精神宣讲，引导学生正确面对困惑，主动探求解决途径，实现健康成长。

2023 年 10 月，开展世界精神卫生日宣讲活动，关注精神健康，共筑和谐校园。

2023 年 11 月，开展优秀民警访谈，邀请优秀民警分享从警经验，强化心理委员职业信念感和荣誉感。

2023 年 12 月，同哈尔滨师范大学心健心理工作室开展心理委员培训活动，明确心理委员职责，提高两校心理委员专业技巧，共建两校友好关系。

171. 安庆师范大学心理委员工作展示

贯　涛　夏寅生　吴　越

2023 年 3 月，通过心理委员的宣传与组织，选拔 2 部心理情景剧作品参加安庆市第十届心理情景剧大赛，分获一、二等奖。

2023 年 5 月，推荐优秀作品参加第六届全国高校心理情景剧优秀剧目展演，获评优秀剧目。

2023 年 4 月，组织 2023 年度全校心理委员培训工作，新当选的各级心理委员共 300 余人参加培训。通过培训，进一步增强了心理委员的认同感和责任心，提升了心理委员的心理健康水平和班级心理健康工作能力。

2023 年 10 月，组织学校“十佳心理委员”评选工作。

2023 年 11 月，张原辰同学获第六届全国百佳心理委员荣誉称号，田子怡同学获提名奖。

172. 新乡学院心理委员工作展示

于洪超

2023 年 3 月和 10 月,面向心理委员开展心理普查工作流程培训,心理委员负责宣传、组织各班心理普查工作。其中 3 月面向全校 2.5 万余名学生进行心理健康普查，10 月面向 2023 级 7 893 名新生进行心理健康普查。在 2023 年 5 月和 11 月的两次心理健康月活动中,在校心理协会和全体心理委员的配合下,面向全校学生开展了两次广场心理活动。16 名心理委员组织开展了 6 个心理活动。

2023 年 9—10 月，5 位教师在各班心理委员的组织下,深入大一班级,对 7 893 名新生进行了心理健康知识宣讲。

2023 年 4 月 13 日,河南省精神卫生中心刘旭副主任医师开展“大学生心理障碍的早期识别及干预”专题讲座。10 月 24 日,河南省精神卫生中心杨世昌教授开展“以飨心理成长中‘冬天里的春天’”讲座。2023 年 3—5 月,心理教师于洪超分别走进护理学院、经济学院、化学与材料工程学院、生命科学、基础医学学院、教育科学学院、人文学院、经济学院开展辅导员和心理委员心理健康知识技能培训。

心理委员负责班级“心理晴雨表”的周报告工作,采用零报告制度。在学生心理紧急或危机事件中,最初由心理委员发现并上报干预的占 68.5%。

173. 浙江水利水电学院心理委员工作展示

吴玲玲　王　富

“小水滴”是学校对取得全国高校心理委员慕课证书朋辈成员的亲切称呼。近年来,学校全力推进“小水滴”朋辈队伍建设,充分发挥朋辈队伍在四级预警防控体系中的重要作用,切实维护校园安全稳定。

2023 年 5 月,校党委副书记开展心理工作专项调研,组织召开“小水滴”座谈会,调研心理朋辈队伍建设情况,持续推进“小水滴”赋能计划。“5・25”心理健康月期间,开展“小水滴”工作沙龙、心理委员标准化教程培训、“小水滴”心理知识竞赛、“小水滴”成长训练营等系列活动，进一步提升“小水滴”危机识别与干预能力。组织开展“十佳心理委员”评选、心理微电影大赛、心理情景剧大赛，推荐优秀心理委员和作品参加全国赛事评比。

2023 年 7 月，启动“‘小水滴’润心计划”，各二级心理工作站“小水滴”心理团队与湖州市南浔区社区、学校和康复中心等 8 家社会组织结对共建，合作提供心理志愿服务。

2023 年 10 月，组织开展心理委员、心理疗法慕课认证工作，分别有 2 376 人和 2 208 人取得证书，实现心理委员 100% 持证上岗。

2023 年 11 月，学校成功入选全国高校心理委员研究协作组理事单位；邹幸同学获评第六届全国百佳心理委员；计璐瑶同学成功当选第六届全国百佳心理委员论坛副主席；“滴水”朋辈赋能工作室获评浙江省心理健康名师工作室。

174. 江西外语外贸职业学院心理委员工作展示

井　凯

学校自 2020 年成为全国高校心理委员研究协作组理事单位以来，心理委员工作紧跟协作组工作节奏，取得了不错的成效。

（1）常规工作不松懈。招募培训了五届心理骨干和心理委员，完善四级心理危机干预机制，全面提高学生心理委员辨别心理问题的能力，当好排头兵。

（2）举办心理委员培训会。2023 年，学校心理健康中心举办 5 期心理健康讲座培训，开展 6 期心理健康拓展训练，提高了心理委员的专业技能，增强了心理委员的履职能力，进一步落实了“四级四队”工作体系。

（3）工作取得较好成效。2020 年，学校“四级四队”工作体系荣获江西省平安校园建设工作优秀成果二等奖。2021 年学校李妍同学首获全国百佳心理委员荣誉称号。文雨晴、肖惠榕同学分获第四、五届全国百佳心理委员称号。2021 年学校在全国心理委员工作研讨会上作经验交流。

175. 北京邮电大学心理委员工作展示

张　平

北京邮电大学立足“校－院－班－宿舍”四级预警体系，切实发挥心理委员的育人实效。心理委员作为学院、班级开展活动的带领者、心理班会的组织者、心理教师的协助者、学生身边的心理守护者，在四级预警体系中发挥有力支撑作用。学校整合三类资源，不断促进心理委员专业成长。

（1）2023 年 5 月，开展心理中心专职教师系列培训，全校 987 名心理委员参加培训；2023 年 10 月，开展名师系列培训，400 余名心理委员参加培训；全年不间断开展学院心理顾问系列讲座和沙龙，覆盖心理骨干 22 497 人次。

（2）评优工作。2023 年 5 月，评选校园“十佳心理委员”。2023 年 11 月，评选心理素质教育工作优秀学生骨干 388 人，广泛宣传优秀心理委员的工作经验，组织优秀心理委员在全校心理委员培训会上进行交流分享。2023 年 4—5 月，心理委员开展心理主题班会。2023 年 5—6 月，评选校园“十佳优秀心理主题班会”，引导班级同学关注心理健康，学会自我调适，营造良好的班级氛围。

（3）实践活动。2023 年 10—12 月，通过培训和筛选，为心理委员提供良好的实践平台。心理委员带领新生班级开展心理素质拓展活动 67 场，共 1 675 人参与。在积极的实践活动中，心理委员感受到了团结协作、责任、互助的重要性。

176. 唐山工业职业技术学院心理委员工作展示

林乃磊

学校历来重视心理委员在心理健康教育工作中的独特作用，在每个班级均设置心理委员，织密心理健康教育网络，筑牢心理危机干预防线，在心理委员管理、培训和使用方面，开展了以下工作。

（1）实行心理委员校院双重管理。学校层面，设立心理委员事务部，建立专门工作群组，同时将心理委员纳入学校心理社团进行统一管理。二级学院层面，设立心理委员工作站，指定专人负责，定期开展心理委员工作交流会。

（2）开展心理委员专业能力培训。制订心理委员胜任力提升计划，聘请国内知名专家、本校心理教师、高年级优秀心理委员开展培训，切实提升心理委员的心理健康知识储备量、心理疏导技能和朋辈工作素养，促进心理委员成长。

（3）发挥心理委员朋辈辅导作用。在学校心理健康教育工作中，吸引心理委员参与心理健康测评、心理活动开展、心理知识宣传、心理危机预警等工作，打通心理健康服务“最后一公里”。心理委员作为心理教师的“小帮手”，负责收集整理学生中的心理异常情况，在严格保护学生隐私的情况下，进行心理危机预警汇报。心理委员作为班级同学的“贴心人”，在日常生活中营造温暖友善的人际氛围和心理场域，帮助身边同学解决心理困扰。

177. 广西大学心理委员工作展示

王　曼

广西大学高度重视学生心理健康教育工作，积极探索心理育人的新路径和新方法，为充分发挥心理委员在四级心理健康教育工作体系中的重要作用，形成学生群体互助、关怀的氛围，学校 2023 年围绕心理委员开展以下具体工作。

组织开展第十九届“3・25 善爱我—5・25 我爱我”心理健康教育活动，集中开展心理健康教育与思想政治教育相结合的系列育人工作；组织开展“营造良好环境，共助心理健康”世界精神卫生日系列活动，普及精神卫生知识和技能，提高大学生对精神卫生的认识。

组织优秀作品参加 2023 年广西高校大学生“3・25”心理健康教育活动季主题活动比赛，获二等奖 3 项。原创心理情景剧《逆转标签》参加第六届全国高校心理情景剧大赛，获百佳剧目奖、优秀剧目奖各 1 项。组织开展“先行者——心理健康校园行”心理健康教育活动，选派学生参加国家心理健康和精神卫生防治中心及中国科学院大学主办的第二届先行者风采展示，学校学生荣获三等奖，学校荣获最佳组织奖。

开展年度优秀心理委员评选工作，101 名心理委员获得校级优秀心理委员称号；推选 2 名优秀心理委员参加第六届全国百佳心理委员评选，1 人获全国百佳心理委员称号，1 人获提名奖。

178. 山东大学心理委员工作展示

李晓含

2023 年 3 月，开设“朋辈心理辅导实务”课程，以培养一批具有基本朋辈心理支持能力的学生骨干为目标，对朋辈心理辅导的原则、流程、方法等基本内容进行讲解及实践。面向心理委员群体开展团体沙龙，提升朋辈助人实践技能。

2023 年 4 月，举办第二届“同龄人”朋辈心理辅导技能大赛，覆盖全校所有心理委员，共 61 个单位 6 186 名学生参加，以赛促学，在全校范围内营造关注内心成长、启发朋辈互助的良好氛围。

2023 年 5 月，评选校级优秀心理委员，对 105 名优秀心理委员进行公示表彰，通过榜样的示范带头作用，在更大范围内形成心理委员工作合力。实现二级心理辅导站全覆盖，举办主题班会及特色品牌活动，为心理委员搭建开展工作的组织及支持平台。

2023 年 7 月，面向心理委员群体开展暑期学校课程，通过小班集训的方式，对心理委员的实践技能进行深入的培训和提高，为心理委员开展工作提供助力。

2023 年 10 月，开展 2023 级心理委员专题培训，以线上与线下相结合的形式，对新生心理委员开展贯穿大一学年的系统培训，开展专题讲座、假期慕课培训、优秀笔记评选、主题班会大赛等系列活动，在理论和实践两方面为心理委员打好基础、增强胜任力。

179. 复旦大学心理委员工作展示

周子涵

2023 年，复旦大学心理中心面向全校本、研心理委员开展了丰富多彩的活动。举办每年一度的优秀心理委员表彰大会，表彰本、研优秀心理委员各 10 名。全学年针对新任心理委员开展 32 学时上岗培训，内容涵盖工作理念及职责、助人技能、异常识别等内容。在秋季学期开展心理委员心理知识网络竞赛，共 400 余人参赛。校心理中心荣获 2023 年上海高校班级心理委员成长训练营暨技能大赛优秀组织奖。朱珺祺荣获第六届全国百佳心理委员称号，张海玥荣获提名奖。

“糖心旦”朋辈互助平台以心理委员骨干为核心团队，着力打造文化品牌，全时段、多校区为同学提供形式多样、层次丰富的朋辈心理互助服务，并持续开设系列精品项目，如一对一匿名网络朋辈心理辅导、Tape 提问箱专业回应、Find U 朋辈打卡小组、Touch U 朋辈 OH 卡小组、Meet U 朋辈成长小组、Read U 朋辈读书小组等。为保障朋辈助人工作的专业性，“糖心旦”朋辈志愿者需通过严格选拔以及参加 32 学时专业培训、项目见习、案例讨论等。2023 年“糖心旦”队伍超百人，全年累计服务 1 000 余小时，为 3 000 余人次提供服务。2023 年度，“糖心旦”成为共青团中央维护青少年权益部直接联系、跟踪培养的高校学生心理健康社团，荣获复旦大学共青团“文明社团”称号，获复旦大学“望道新传媒奖”最受欢迎学生运营新媒体奖。

180. 中山大学心理委员工作展示

李宝山

（1）积极参加第十八届全国高校心理委员工作研讨会。学校 1 名同学获第六届全国百佳心理委员称号，2 名同学获提名奖。

（2）依托公共必修课促进心理委员开展工作。面向本科新生开展覆盖全年的心理健康公共必修课程，提高学生对心理委员工作价值的认知度。实施“百人本科生助教计划”，培训一批心理委员、朋辈学生参与课堂教学。通过承担团体辅导的协同领导者，心理委员的工作效能得到较大提升。

（3）加强新上岗心理委员的培训。开展心理委员助人效能提升培训，以团体辅导和微讲座为主要形式，内容涵盖心理委员的职责澄清与助人伦理、心理健康与心理异常、心理危机的识别与应对、积极倾听与应答技巧。

（4）根据“春耕、夏耘、秋收、冬藏”，开展丰富多彩的心理健康活动。举办“春日奶茶”心理主题活动，引导学生分享生命故事。

举办“5・25”定向越野活动，鼓励学生走出宿舍，在参与集体游戏的过程中收获快乐，感受集体凝聚力。

举办“心灵电台”送歌活动，让学生在享受音乐的同时传递友谊和亲情，引导大学生感受艺术、陶冶情操。

组织专职心理咨询师面向心理委员开展正念训练，传递身心和谐的健康观念，通过调身与调息，引导心理委员专注当下，提升决断力。

181. 华中农业大学心理委员工作展示

陈瑞蕊　张延华

2023 年 4 月，组织班级心理委员参加全国高校心理委员慕课培训，并获得培训证书。

2023 年 5 月，开展第十二届校级优秀心理委员选拔工作。经个人申请、学院推荐、集体评议，授予 20 名同学校级优秀心理委员荣誉称号，并予以表彰奖励。邀请校外专家为心理委员开展“生命教育与自杀预防”“情绪调节与压力管理”专题培训，提升其实际工作水平。

2023 年 10 月，通过竞选产生新生心理委员共计 164 人。校心理中心重新修订《心理委员工作手册》并发放，做到心理委员人手一册；同时邀请校外专家为 2023 级心理委员开展“跳出心理牢笼：玩转心理情景剧”“心理自助与互助”“心理危机识别与干预”“团体心理辅导知识与技能”4 场讲座，助力提升心理委员队伍的危机识别能力和心理助人能力。为充分发挥心理委员队伍在心理健康工作体系中的桥梁和纽带作用，开展第三届“心聚力”心理委员工作研讨会，邀请来自武汉大学、华中科技大学、武汉理工大学、中国地质大学的优秀代表与学校心理骨干队伍成员共同交流探讨心理健康工作开展的新形式、新路径。

2023 年 11 月，经济管理学院刘伊晗获得第六届全国百佳心理委员荣誉称号。

182. 陕西师范大学心理委员工作展示

周全丽　李一凡

2023 年 1—12 月，心理委员作为陕西师范大学五级预警干预体系中的重要一员，协助所在学院开展日常心理危机预防、识别、预警等工作。

2023 年 3—6 月，开展春季“阳光护航”心理育人宣传季活动。在辅导员的指导下，全校心理委员积极组织院部、班级、宿舍活动，引导同学参加校级展示，形成了良好的校园心理育人氛围。

2023 年 3—12 月，开展“向阳”品牌特色心育活动。通过“悦心”读书会、“健心”朋辈工作坊、向阳听心朋辈平台、向阳花房心育基地等特色心育方式，心理委员带领同学们学习心理健康知识，提升自我调节能力，收获朋辈支持。

2023 年 10 月，开展秋季校心理中心主题开放月活动，2023 级新生在心理委员的组织下，以班级为单位走进校心理中心参观学习并进行现场体验。

2023 年 10—11 月，组织开展全校心理委员专题培训，培训包括理论学习和技能提升两个阶段。理论学习阶段，围绕心理委员的工作方法和成长需求进行知识讲解并安排结业考核；技能提升阶段以“凝心聚力共成长”为主题进行实操培训，为心理委员在班级开展活动提供有效指导。

2023 年 10—11 月，开展第六届全国百佳心理委员评比校内推选活动。王艺琳同学荣获第六届全国百佳心理委员称号，彭方楠、刘琪琪同学获提名奖。

183. 东南大学心理委员工作展示

朱婉灵

2023 年 3—5 月，邀请校内外专家对 760 名心理委员进行专业技能培训，培训内容包括“朋辈心理辅导的基本技能”“从自助到助人——心理委员的道与术”等主题，旨在帮助心理委员掌握有效的沟通与倾听技巧，识别异常心理状态及心理危机信号并进行合理应对。

2023 年 5—6 月，开展“重塑心秩序，青春再启航”第八届心理知识竞赛和第二届心理主题班会大赛，旨在激发同学们对心理知识的兴趣，增强心理健康意识，了解心理求助的渠道。

2023 年 9 月，举办“9 · 20 萌新心理文化季”活动；为新生发放心理健康宣传手册；指导心理委员工作室参与“百团大战”活动，以及新生心理委员的选拔和培训工作；修订并发放《2023 年东南大学心理委员工作手册》，进一步加强心理委员队伍建设。

2023 年 10—11 月，指导 3 名心理委员参加第六届全国百佳心理委员评选，其中 1 人获评第六届全国百佳心理委员，2 人获提名奖。

2023年10—12月，邀请校内外专家开展"大学生异常心理识别""大学生朋辈心育活动的开展"等主题培训，举办"影心相应，情满冬至"心理委员观影沙龙，开展"茶煮心灵香"心理委员情绪放松团体辅导等自我关爱培训，参与人员达2 000人次。

184. 中国石油大学（华东）心理委员工作展示

王 佳

学校历来非常重视朋辈队伍在心理健康教育工作中的作用，全方位、多角度不断优化朋辈队伍的培养与建设，助力心理育人工作落到学生实处。

2023年4月，组织朋辈队伍参加"心理问题识别与发现""心理委员的工作技巧与方法"等专题培训。

2023年5月，举办心理委员风采展大赛，重点考查心理委员的知识储备量与工作素养，全校共有28名优秀心理委员进入决赛。该活动已连续多年开展。

2023年9月，选拔出一批新的心理委员，并对其开展团体辅导技能专题培训。各院部朋辈心理委员积极参与，并作为团体带领者顺利完成了2023级新生千人大型团体心理活动。

2023年10月，购买心理健康教育信息化系统，完善朋辈心理委员信息反馈平台。

2023年11月，组织心理委员骨干参加第十八届全国高校心理委员工作研讨会暨朋辈辅导论坛。1人荣获第六届全国百佳心理委员称号，1人获提名奖。

2023年度，学校朋辈队伍开展了"五感知春来释压""生涯彩虹图绘制""戏精少年的天空微电影大赛""换羽新生漫画比赛""时间胶囊信件"等60余项心理健康教育活动，1项活动被山东省教育厅评选为特色心理健康教育活动。

185. 青海民族大学心理委员工作展示

马晓霞 叶长春 刘晓蓉

2023年，青海民族大学全面落实健康教育、监测预警、咨询服务、干预处置

“四位一体”工作模式，以德育心、以智慧心、以体强心、以美润心、以劳健心“五育”并举，全面开展心理健康教育工作及心理委员培养工作。

（1）把好入门关，严格进行心理委员竞选。

2023 年 9 月，开展新生班级心理委员面试选拔活动，通过小组角色扮演的形式，共面试来自 20 个学院的 200 余位候选人。对选拔产生的新生心理委员开展心理健康知识及朋辈心理辅导技能系列培训。

（2）加强知识教育，提高朋辈心理辅导技能。

分别于 2023 年 4 月、12 月，面向全校心理委员开展“春季学期心理危机识别与干预”“助人自助，朋辈同行”心理委员培训。

（3）深入推进实践活动，提高心理委员工作技能。

2023 年 5 月，依托“5·25”心理活动月，开展心理委员朋辈辅导技能大赛、心理委员班级工作案例评比展示。同时，心理委员协助学院心理小站开展特色心理健康教育活动，并在班级中组织开展“宅寝 Vlog”“运动健心”“学习静心”“巧手妙心”“绿植氧心”“绘画愈心”“巧思慧心”系列活动。2023 年 9—10 月，依托“9·25”心理活动月、世界精神卫生日，开展心理主题班会评选、心理主题手抄报设计大赛、心理委员团体辅导技能培训等活动。

186. 西安交通大学心理委员工作展示

姬姣姣

多层级开展心理知识教育培训，提升心理委员工作技能。心理委员培训包括四部分。第一部分是由学生心理发展指导中心统一开展的校级培训。2023 年面向本、研学生共举办 6 场校级心理专题培训和 2 场户外素质拓展活动。第二部分是由各书院 / 学院开展的危机识别、团体辅导等更具针对性的院级培训。2023 年举办院级心理委员培训 26 场，2 000 余人次参与。第三部分是网络学习。网络学习的内容包括“助人技能”“自我成长与管理”等课程。第四部分是选修课学习。要求全体心理委员选修本校“大学生心理健康与自我调适”课程。

多角度开展心理活动宣传，营造积极的校园心理环境。依托心理委员，开展“暖阳行动”心理育人宣传季系列活动，包括心理知识竞赛、心理微课竞赛、心理主题班会、学生心理发展指导中心 IP 形象设计大赛、“心灵苗圃”等校级品牌活动。各个书院 / 学院自主开展心理沙龙、心理讲坛等特色活动。2023 年，心理委员组织开展各级各类宣教活动 190 余场，25 000 余人次参与。

多维度加强心理委员评比，推荐优秀代表积极展示。2023 年 10 月，举办第五届校级“十佳心理委员”评选。11 月，学校 3 名学子参加第六届全国百佳心理委员评选，陈康宁荣获全国百佳心理委员称号，杜春诚、邓梦竹获提名奖，杜春诚成功当选六届全国百佳心理委员论坛副主席。

187. 浙江工业职业技术学院心理委员工作展示

武俊儒　魏冰思

学校不断完善“校－院－班－寝”四级工作网络，建有“大学生心理委员会－院级心理部－班级心理委员－寝室心理信息员”四级心理朋辈互助体系，致力于打造一支素质高、能力强、可发展的心理健康教育工作学生队伍。

2023 年 2 月，为挖掘心理委员助人故事，展示心理委员风采，组织开展心理委员心理助人案例征集活动。共收到心理助人案例 200 个，将其中优秀案例整理成册，作为心理委员学习成长的宝贵资源。

2023 年 3—5 月，举办第十八届心理健康宣传季活动，依托学生心理骨干开展各类子活动 30 余项，万余名师生参与其中，受益匪浅。

2023 年 10 月，开展优秀心理委员、“双优心理委员”评选，41 人获评优秀心理委员，8 人获评“双优心理委员”。吴许诺同学参加第十八届全国高校心理委员工作研讨会暨朋辈辅导论坛，获评第六届全国百佳心理委员。

2023 年 11 月，开展“阳光伙伴互助成长”心理朋辈队伍素质拓展活动。校院联动，同向同行，有效锻炼了朋辈队伍沟通协作能力，增强队伍凝聚力。

2023 年 11—12 月，组织开展第十九期心理委员培训班，培训以线上理论知识学习与线下助人技能训练相结合的形式进行，169 人通过结业考试，并取得慕课培训合格证书。

188. 宁夏大学心理委员工作展示

秦　莉　冯海如

2023 年上半年,组织心理委员面向 2022 级 120 余个班级开展“提升大学生国家认同感”朋辈团体心理辅导。

2023 年 7—10 月,组织新生心理委员、宿舍信息员参加全国高校心理委员慕课培训,共 439 名同学取得全国高校心理委员慕课培训合格证书。

2023 年下半年,组织心理委员面向 2023 级 120 余个班级开展“新生心理适应与班级凝聚力提升”朋辈心理辅导。

班级心理委员作为“心”成长心理服务社骨干,参与开展心理活动 35 次,内容涉及心灵读书部落活动、朋辈心理辅导活动、观影活动、读书分享会、心理知识分享与竞赛活动等。

189. 华北电力大学心理委员工作展示

王　争　郝一丹

2023 年 3—5 月,开展心理委员素质拓展交流沙龙活动及“跃动身心,连接你我”素质拓展剪影大赛,鼓励心理委员带领班级同学参与素质拓展,增进班级同学感情,营造积极的校园氛围。

2023 年 5—7 月,北京校部与保定校区同步开展优秀心理委员评选工作,经材料审核和公开答辩等评审环节,共计评选出校级优秀心理委员标兵 24 名,校级优秀心理委员 71 名,院系级优秀心理委员 192 名。

2023 年 10—11 月,邀请校内外专家开展心理育人工作系列培训。各学院开展面向心理委员的培训活动,共计 10 余场。培训内容涵盖人际关系、压力管理、学业规划、常见心理问题等多个方面。

2023 年 11 月,组织开展 2022 级、2023 级心理委员素质拓展培训,共计 344 人参与并获得参训证书。帮助心理委员明确自身角色定位,掌握组织素质拓展的流程,学习活动沟通技巧,强健体魄,提升心理素养。

2023 年 10—12 月,持续开展覆盖全校新生心理委员的选修课“大学生交往心理学”。该选修课由校心理中心专职教师主讲,以体验和活动练习的形式,培养心理委员基本的交往沟通能力,引导组织心理委员开展心理健康教育班会。

190. 桂林理工大学心理委员工作展示

李　萍

2022 年 11 月,开设“大学生朋辈心理辅导的理论与实践”选修课,将心理委员的培养课程化,课程共 2 学分, 32 课时。其中,理论课程 28 学时、实践课程 4 学时。按照《心理委员的基础知识与实用技能》教材进行授课,第一学期让雁山校区的本科生心理委员选课,第二学期让屏风校区的心理委员选课。

2023 年秋季学期,共 172 名心理委员参加课程培训,最终有 158 人通过考核并获得合格证书。经过学校优秀心理委员评选活动初步遴选,以及学生个人申报、各学院推荐、学生工作部(处)审核,评出 64 位同学为年度优秀心理委员,其中 2 人当选第六届全国百佳心理委员。

2024 年春季,为进一步加强朋辈帮扶力量,成立学生组织“大学生朋辈心理互助联合会”。组织开展朋辈辅导技能大赛,大赛分为心理知识理论、心理知识视频宣传、心理辅导模拟三个部分。在大赛过程中,校心理中心老师对参赛选手进行专业培训,以赛促进,以赛促学,有力地提高了心理委员的心理助人能力。

191. 滁州学院心理委员工作展示

张　瑾

2023 年 4 月,从新生心理委员中遴选 20 人,组建“遇心助人素质拓展教练员队伍”,启动全校范围的素质拓展活动。

2023 年 4—5 月,对 57 名心理委员开展中阶培训,内容包括心理咨询技术和实践演练模块。

2022 年 5 月 25 日—6 月 20 日,开展校级优秀心理委员评选工作,共 30 名优秀心理委员入选, 10 人获“十佳心理委员”称号,校心理中心为他们颁发证书和奖品。

2023 年 9—11 月，组织全体新生心理委员参加全国高校心理委员慕课培训，共 300 余名心理委员通过考试，并获得合格证书。

2023 年 10 月，在校心理中心公众号上推送优秀心理委员工作日记。

2023 年 11 月，吴冬晴同学获第六届全国百佳心理委员荣誉称号，李文进同学获提名奖。

2023 年 12 月，召开心理委员交流论坛，学生心理委员针对工作中遇到的困难进行提问，老师统一解答。

192. 郑州大学心理委员工作展示

刘慧瀛

郑州大学心理委员工作由校心理中心组织开展。

2023 年 3—4 月，组织心理委员参加素质拓展培训，促进心理委员业务能力提升，激发学生干部积极参加心理健康教育工作的热情，进一步促进学生身心全面发展。

2023 年 5—6 月，举办“健心成长”主题系列心理健康教育讲座，对心理委员开展心理健康知识普及宣传与心理调适技能的教育。

2023 年 9—10 月，邀请部分新生心理委员参与“新起点，新篇章，心同行”主题心理健康公开课的录制，并组织全体心理委员收看公开课和新生心理健康教育宣传讲座，进一步提升心理委员心理健康素养，助力新生尽快适应新的学习生活。

2023 年 10—11 月，针对新生心理委员开展“直面挑战”“突破自我”等主题的素质拓展活动，强化学生积极体验和积极行为，提升学生心理素质。

193. 武汉轻工大学心理委员工作展示

姚　旭　魏鹏程　石曼云　周　璇　艾　婷

为完善心理健康教育体系，培养学生健全人格和促进学生全面发展，学校成立了心理健康教育工作领导小组，实现学校统筹、分级管理的工作格局；同时围绕心理委员工作，构筑朋辈互助平台，提升心理育人实效。

2023 年 3—5 月，举办“扬帆‘新’启航 健康‘心’征程”心理健康教育节活动。其中，心理游园会、校心理情景剧大赛、校“十佳心理委员”评选、主题心理班会等是品牌活动。

2023 年 4 月，石曼云“如何运用巴林特团体模式提升大学生心理辅导技能”、张缅“动力沟通理论在促进大学生人际交往中的运用”获批湖北省教育厅哲学社会科学研究专项任务项目。

2023 年 6 月，《令人窒息的爱》获评第六届全国高校心理情景剧大赛优秀剧目。

2023 年 10 月，学校获批湖北省高校心理健康教育示范中心。

2023 年 10—11 月，组织 2 486 名 2023 级心理委员、寝室长参加线下专业知识和技能培训共计 52 场。

2023 年 11 月，学校“大学生动力沟通协会”更名为“大学生心理健康协会”，会员以心理委员为主，在学校一站式社区举办了多场小型心理团体活动。陈雪怡同学当选第六届全国百佳心理委员，刘钊羽同学获提名奖。

194. 长春工业大学心理委员工作展示

张丽波

2023 年 3 月 30 日，校心理中心举行 2022 级校心理中心助理团见面会。学校每年 3 月与 10 月分别开展校心理中心助理纳新工作。

2023 年 4 月 19 日，校心理中心召开 3 个校区助理团首次线上联席会议。校心理中心积极推行联席会议制度，研讨工作流程，分享工作经验。

学校心理委员每年积极参与心理育人活动。2023 年 4 月 23 日，世界读书日，校心理中心南湖校区助理团在线上组织了遇见心理读书会“自卑与超越”主题读书活动。

2023 年 5 月 12 日，在母亲节之际，校心理中心举办“5・12 我要爱——花香满心”感恩艺术插花活动。

2023 年 5 月 17 日，2022 级心理委员、心理联络员培训会在线上和线下同时进行。学校每年 5 月举办心理委员集中培训。

2023 年 5 月 25 日，以大学生心理健康日为契机，心理委员配合校心理中心老师开展“五维育心幸福同行”心理嘉年华。

2023 年 10 月 13 日，校心理中心组织第六届全国百佳心理委员校内推选会，共 11 名来自各学院的心理委员参与评选，最终推荐 2 名学生参加全国评选。

2023 年 12 月 1 日，在世界艾滋病日，心理委员参与青春同伴社发起的“防艾”演讲比赛等活动。

195. 贵州轻工职业技术学院心理委员工作展示

于岚茜

2023 年 3 月 12 日，心理委员以“助心助长”为主题开展了植树活动，共计 278 名心理委员参加。

2023 年 4 月 11 日，邀请贵州省学生心理健康教育专家指导委员会副主任宛蓉开展了主题为“助人自助”的心理委员培训会，全体心理委员参加本次会议。

2023 年 5 月 5 日—30 日，校心理中心举办“5・25”心理健康系列活动。活动期间，心理委员均表现出高度的积极性和责任感，精心策划、认真组织并成功开展了一系列内容丰富、形式多样的心理健康教育活动。

2023 年 9 月，组织开展优秀心理委员评选活动，15 名心理委员获此殊荣。

2023 年 10 月，“倾心心理社”举办了心理委员知识问答比赛，通过比赛促进了心理委员对心理健康知识的了解。

2023 年 11 月，心理委员朋辈训练营组织了多项心理健康普及活动和朋辈互助技能训练，如“朋辈心理危机识别与应对”“人生剧本杀”“告别拖延”等主题讲座以及户外团体辅导、新老委员交流会等，帮助心理委员掌握心理学知识和朋辈互助技能，成长为朋辈互助员。

196. 塔里木大学心理委员工作展示

夏慧铃

学校以“三全育人”试点改革为契机，全力打造了“四级三阶”大学生朋辈心理互助育人模式。

2023 年 4—6 月，开展了第三期班级心理委员培训，邀请唐海波、马建青、徐向东等校外专家来校开展讲座。各学院心理辅导员组织本学院班级心理委员开展小班教学培训（共计 186 学时），理论结合实践精准指导，通过考核选出 242 名初级班级心理委员、267 名中级班级心理委员。

2023 年 5 月，积极发挥朋辈互助的优势，胡杨青年朋辈互助中心组织开展了首届“心互助·共前行”系列活动，包括素质拓展、手语学习、音乐会、心理互动、心理游园会等 12 项活动，覆盖学生 10 000 余人。面向 2023 级 17 个新生班级 700 余名同学开展破冰素质拓展系列活动；深入而广泛地进行心理健康宣传，发挥朋辈互助作用，有效提升了朋辈心理辅导员的工作水平。

2023 年 9 月 16 日，为发挥朋辈心理工作者的力量及先进典型的示范作用，开展第一届“十佳班级心理委员”评选活动。

2023 年 11 月，选派 5 名教师参加第十八届全国高校心理委员工作研讨会。学校当选全国高校心理委员研究协作理事单位；周玉婷、高文婷两名同学获得第六届全国百佳心理委员荣誉称号。

197. 新疆财经大学心理委员工作展示

艾丽菲热·吾甫尔　张银月

2023 年 3 月，组织 2022 级心理委员在班级内开展“认识新自己 适应新环境”新生心理团体活动。

2023 年 4 月，开展大学生朋辈心理辅导站高阶心理委员纳新活动，为校心理中心注入新力量。

2023 年 5 月，开展“5 · 25”爱自己系列活动，包括“绘画 T 恤，给生活加点颜色吧”主题活动、“第二届心灵手语操大赛”、“宿说青春，寓见美好”宿舍 Vlog 征集活动、“向阳有花开，一起向明天”心理健康主题班会评比大赛、第六届全国校园心理情景剧大赛新疆财经大学分赛、第十七届“5·25”大学生心理健康月闭幕式暨表彰大会，并对“十佳心理委员”以及优秀干部进行了表彰。

2023 年 9 月，进行第六届全国百佳心理委员校内遴选，推选 1 人参加全国评选，荣获第六届全国百佳心理委员称号。

2023 年 10 月，组织开展“10·10”世界精神卫生日系列活动，班级心理委员在班级内组织开展“情绪传递链”特色主题班会活动，帮助同学消解情绪和通过绘画等方式表达情绪。

2023 年 11 月，开展秋季学期心理委员和宿舍心理联络员培训。

2023 年 12 月，所有班级心理委员在本班级内开展“12·5”心理健康主题班会，主题为“在下一个路口遇见更好的自己”，帮助同学们认识自我、拥抱自我。

198. 西南石油大学心理委员工作展示

刘 莉

2023 年 3 月，全校心理骨干、心理委员联合朋辈心理互助联盟举办了“3·25 善爱我”心理游园会，开展了“青春正当时 自信向未来”之“一年四季、用心关爱”心理健康教育活动。

2023 年 3—6 月，心理委员撰写剧本，组织并发动同学参与学校“5·25 我爱我”第十六届校园心理情景剧大赛。作品《是妈妈，是女儿》获全校第一名，并被报送参加第六届全国高校心理情景剧大赛，获评百佳剧目。

2023 年 4—6 月， 9—11 月，举办“心柚灵犀”朋辈心理沙龙，不断提升朋辈心理骨干组织活动的水平。

2023 年 11 月，举办校第十二届心理微视频大赛。一等奖作品《不必完美》《重拾行囊再出发》被报送参加第三届全国高校心理微电影比赛。

2023 年 10—11 月，开办“心手相牵”朋辈技能提升训练营。

2023 年 11 月，李潇当选第六届全国高校百佳心理委员，杨川榆、余春燕获提名奖。

199. 吉林农业科技学院心理委员工作展示

齐晓颖

（1）2023年3月1—25日，举行2022—2023学年第二学期心理委员心理工作活动，包括三八妇女节活动、心理情景剧大赛及少数民族学生辅导、朋辈心理委员辅导活动等。活动类型涵盖学术研讨类、娱乐竞技类、素质拓展类以及手工制作类等多种形式。以大学生为主体，发动二级院系及心理社团自主开展特色活动；同时，针对校心理中心老牌精品活动，如心理委员培训、团体心理辅导等，在保持往年扶持力度的同时予以形式、内容的更新及扩充。累计举办系列活动26场，参与学生超过1万人次。

（2）举办“5·25”心理健康节特色活动和“防艾”宣传活动，坚持“以生为本”的特色，实现了全体同学参与。开展“阳光向上，你我同行”心理委员培训活动，搭建锻炼心理品质、提高心理素质的平台。举办心理健康知识主题班会活动，增强心理健康意识，培养积极向上的心态。组织“心语心愿”主题观影活动以及校园心理剧大赛等，感受“爱”的传递。

（3）学期活动总结。为充分发挥心理委员育人主体作用，对2022—2023学年中表现突出的40名心理委员、38名心灵使者予以表彰。

（4）2023年9—11月，开展新生心理委员培训。选拔115名对心理工作充满热情的新生担任心理委员，并对他们进行系列培训，普及心理健康知识，传授朋辈互助经验和技巧。

200. 西南科技大学心理委员工作展示

李云涛

2023年上半年，班级心理委员继续发挥专业能力，积极开展以“中国传统文化”为主题的班会和心理沙龙活动，在体验精彩纷呈的活动之余，汲取属于中国人特有的“心理智慧”传递给全班学生。3月，百余名优秀心理委员参与全校大型心理健康活动“花朝节”的紧张筹备工作。5月，剧目《谁在倾听》在第六届全国高校心理情景剧优秀剧目展中，获评百佳剧目。这些活动的顺利开展均离不开班级心理委员的积极宣传。

2023 年下半年,校心理中心重新编制了不同学年、不同专业、涉及不同成长困扰的心理委员制度和心理委员工作流程。11 月,通过校“十佳心理委员”推选工作,为心理委员队伍树立榜样,推选 1 人参加第十八届全国高校心理委员工作研讨会,获得第六届全国百佳心理委员称号并入选全国百佳心理委员论坛主席团。12 月,按照培训文件要求对新生心理委员进行为期 2 个月的课程培训,包括 6 个专题的线下心理技能培训及若干环节的慕课学习,整个学年共培训新生班级心理委员 422 名。另外,在班级心理委员及心理学专业高年级同学中遴选 30 名学生参加朋辈心理技能进阶培训,进一步扩大学校心理咨询服务工作的覆盖面。

201. 西安电子科技大学心理委员工作展示

宋宝萍　张　宁

2023—2024 年度,学校心理委员主要开展了以下工作。

为更好地发挥心理委员的作用,学校组织校内外专家、老师面向心理委员开展业务培训。心理委员发挥自身优势,积极搭建心理互助平台,通过微信公众号、QQ 群等线上平台,定期发布心理健康文章和资讯 300 余篇。通过心理班会为学生创造和谐、温馨的心理环境。在面对突发的心理危机事件时,心理委员能够迅速响应,与辅导员、校心理中心紧密配合,为同学提供及时的心理支持和干预服务。

校心理中心和学院 / 书院二级辅导站指导心理委员开展了 230 余场丰富多样的心理活动,包括面对不同年级和专业的团体辅导“彼心同行”系列、将劳动教育与心理健康相结合的“四时田园”系列、将审美教育与心理健康相结合的艺术心理系列、通过心理微课普及心理知识的“暖茶”心理系列等。此外还有手语操、主题征文、知识竞赛等活动。原创心理剧《看不见的枷锁》荣获第六届全国高校心理情景剧大赛二等奖。原创心理微电影《逆境重生》获评全国优秀奖。这些活动充分调动了学生的积极性和主动性,提高了学生的心理健康意识。

202. 安徽财经大学心理委员工作展示

安　彤

安徽财经大学坚持以学生成长成才为中心，落实立德树人根本任务，将心理育人作为人才培养的重要环节，探索构建协调联动、高效便捷的“五育”并举心理健康教育工作体系。

（1）以德育心。广邀名家开展10余场心理健康专题讲座，培训446名班级心理委员，打造一支有健康心态、有专业知识、有实践技能、有同理心的心理委员朋辈队伍。

（2）以智慧心。举办心理健康知识竞赛。学校在2023年全国高校心理委员工作平台举办的“守护心理，快乐同行”主题心理知识竞赛中获得优秀组织奖，1位老师获优秀指导教师奖。

（3）以体强心。连续举办三期心理委员户外素质拓展活动，引导学生在体育活动中调节情绪、舒缓压力，提升团队合作和人际交往能力。

（4）以美润心。举办校园心理情景剧比赛并推选优秀作品参加全国大赛。原创心理情景剧《越郁》在第六届全国高校心理情景剧大赛中被评为百佳剧目。举办心理短视频大赛、圆桌会、心理市集、DIY趣味设计等特色活动，累计参与人数达万余人。

（5）以劳健心。开展“以心助爱 生命花园”园艺助心团体辅导活动、“回归童年，释放压力”手工黏土解压团体辅导活动，累计帮助200余名学生感悟劳模精神，培养劳动习惯。

203. 中国科学院大学心理委员工作展示

肖　斌　林　丛

2023年4—11月，校心理中心通过线上培训方式，面向150个培养单位开展心理委员培训。专题培训普及了心理委员的专业素养、心理问题早期识别、心理危机协助干预、心理主题活动组织等内容，帮助心理委员更好地理解工作意义、理解自我价值、提升互助能力，提高了心理委员工作的科学性和技巧性，为加强心理委员队伍建设起到了积极作用。

2023 年 4—5 月，校心理中心组织校内心理情景剧大赛，有 8 个培养单位的剧目进入决赛，并推选校内一等奖《心灵奇妙夜》参加北京市和全国高校心理情景剧大赛，荣获北京市心理情景剧二等奖、第六届全国高校心理情景剧百佳剧目称号。

2023 年 9 月，校心理中心开展心理委员年度备案工作，完成全校 150 个培养单位共计 2 046 名心理委员更替工作，发放《心理委员标准化教程》1 500 本。

2024 年 10—11 月，与国家心理中心联合主办全国高校“先行者——心理健康校园行”活动。本校心理委员联合会与心理协会作为重要力量，全程协助国家心理中心开展活动，取得良好效果。

第三部分　全国高校心理委员工作调查

2021 年 12 月，中国科学技术协会启动了“中国特色一流学会建设项目”，其中中国心理学会心理危机干预工作委员会承担了全国高校心理委员工作调查项目，对全国 2 756 所高校的心理委员及相关高校的学生心理健康服务工作进行全面调研。在项目实施的第一阶段已经完成了对 757 所高校的调研。2023—2024 年继续开展全国高校心理委员工作调研。在教育部最新公布的 2 820 所高校中获得有效调研数据的高校共 2 617 所，全部调研结果展示如下。

一、学校类别

学校分为两类：高职院校与本科院校。其中高职院校 1 403 所，占总数的 53.6%；本科院校 1 214 所，占总数的 46.4%，见表 3-1。

表 3-1　学校类别

学校类别	数量 / 所	占比 /%	累计占比 /%
高职院校	1 403	53.6	53.6
本科院校	1 214	46.4	100.0
总计	2 617	100.0	

二、参与调研对象与心理健康工作相关的教师身份

参与此次调研的对象大多是专职心理老师，共 2 803 位，占总数的 88.2%；兼职心理老师、辅导员以及其他老师，分别占 6.1%、2.9%、2.8%，见表 3-2。

表 3-2 参与调研对象与心理健康工作相关的教师身份

教师身份	数量 / 人	占比 /%	累计占比 /%
专职心理老师	2 308	88.2	88.2
兼职心理老师	160	6.1	94.3
辅导员	77	2.9	97.2
其他老师	72	2.8	100.0
总计	2 617	100.0	

三、学校男女心理委员的分设情况

对 2 617 所院校男女心理委员的分设情况的调研结果显示：分别设置了男、女心理委员的院校有 618 所，占总数的 23.6%；其余 1 999 所院校未分设男女心理委员，见表 3-3。

表 3-3 学校男女心理委员分设情况

分设情况	数量 / 所	占比 /%	累计占比 /%
是	618	23.6	23.6
否	1 999	76.4	100.0
总计	2 617	100.0	

四、学校专科生心理委员的设置方案

参与调研的 2 617 所学校中，有专科生的学校共 1 994 所，占比 76.2%。有专科生学校对专科生心理委员的设置方案主要有两种：每班 1 名，男女不限（1 551 所）；每班 2 名，男女各 1 名（365 所）。未设置专科生心理委员的学校有 9 所，见表 3-4。

表 3-4 学校专科生心理委员的设置方案

设置方案	数量 / 所	占比 /%	累计占比 /%
每班 1 名（男女不限）	1 551	59.3	59.3
每班 2 名（男女各 1 名）	365	13.9	73.2
未设置专科生心理委员	9	0.4	73.6

续表

设置方案	数量 / 所	占比 /%	累计占比 /%
无专科生	623	23.8	97.4
其他	69	2.6	100.0
总计	2 617	100.0	

五、学校本科生心理委员的设置方案

参与调研的 2 617 所学校中，有本科生的学校共 1 541 所，占比 58.9%。学校对本科生心理委员的设置方案主要有两种：每班 1 名，男女不限（1 073 所）；每班 2 名，男女各 1 名（336 所）。未设置本科生心理委员的学校有 6 所，见表 3-5。

表 3-5　学校本科生心理委员的设置方案

设置方案	数量 / 所	占比 /%	累计占比 /%
每班 1 名（男女不限）	1 073	41.0	41.0
每班 2 名（男女各 1 名）	336	12.8	53.8
未设置心理委员	6	0.2	54.0
无本科生	1 076	41.2	95.2
其他	126	4.8	100.0
总计	2 617	100.0	

六、学校研究生心理委员的设置方案

参与调研的 2 617 所学校中，有研究生的学校共 836 所，占比 32.0%。学校对研究生心理委员的设置方案主要有三种：每班 1 名，男女不限（324 所）；每班 2 名，男女各 1 名（82 所）；按实验室设置心理委员（27 所）。未设置研究生心理委员的学校有 226 所，见表 3-6。

表 3-6　学校研究生心理委员的设置方案

设置方案	数量 / 所	占比 /%	累计占比 /%
每班 1 名（男女不限）	324	12.4	12.4
每班 2 名（男女各 1 名）	82	3.1	15.5
按实验室设置	27	1.0	16.5
未设置心理委员	226	8.6	25.2
无研究生	1 781	68.1	93.2
其他	177	6.8	100.0
总计	2 617	100.0	

七、学校是否有“学校专职心理教师－院系辅导员”规范的运行机制

对 2 617 所院校的调研结果显示，1 906 所院校设有“学校专职心理教师－院系辅导员”规范的运行机制，占总数的 72.8%，另外 711 所院校（27.2%）未设置，见表 3-7。

表 3-7　学校是否有“学校专职心理教师－院系辅导员”规范的运行机制

设置情况	数量 / 所	占比 /%	累计占比 /%
有	1 906	72.8	72.8
无	711	27.2	100.0
总计	2 617	100.0	

八、学校是否有“院系辅导员－班级心理委员”规范的运行机制

对 2 617 所院校的调研结果显示，1 680 所院校设有“院系辅导员－班级心理委员”规范运行机制，占总数的 64.2%，另外 937 所院校（35.8%）未设置，见表 3-8。

表 3-8　学校是否有“院系辅导员－班级心理委员”规范的运行机制

设置情况	数量 / 所	占比 /%	累计占比 /%
有	1 680	64.2	64.2

续表

设置情况	数量 / 所	占比 /%	累计占比 /%
无	937	35.8	100.0
总计	2 617	100.0	

九、学校是否有“班级心理委员 - 宿舍长”规范的运行机制

对 2 617 所院校的调研结果显示，884 所院校设有“班级心理委员 - 宿舍长”规范的运行机制，占总数的 33.8%，另外 1 733 所院校（66.2%）未设置，见表 3-9。

表 3-9　学校是否有“班级心理委员 - 宿舍长”规范的运行机制

设置情况	数量 / 所	占比 /%	累计占比 /%
有	884	33.8	33.8
无	1 733	66.2	100.0
总计	2 617	100.0	

十、学校对心理委员的激励措施

调研结果显示，多数学校对心理委员采取一定的激励措施，其主要的激励方式有：选修课学分认定、奖学金评定加分、优秀心理委员等荣誉称号以及其他措施，分别占总数的 9.9%、26.2%、66.1%、16.5%。另外有 433 所院校未采取任何激励措施，占总数的 16.5%，见表 3-10。

表 3-10　学校对心理委员的激励措施

激励措施	数量 / 所	占比 /%	累计占比 /%
选修课学分认定	259	9.9	9.9
奖学金评定加分	685	26.2	36.1
优秀心理委员等荣誉称号	1 730	66.1	102.2
其他措施	433	16.5	118.7
无措施	433	16.5	135.2

十一、学校对优秀心理委员授予的荣誉称号

2 617 所院校中，未对优秀心理委员设置荣誉称号的有 826 所，占总数的 31.6%，其余学校设置的优秀心理委员荣誉称号分别有校“十佳心理委员”（14.2%）、校优秀心理委员（46.4%）、院优秀心理委员（19.4%）以及其他荣誉称号（11.1%），见表 3-11。

表 3-11　学校对优秀心理委员授予的荣誉称号

荣誉称号	数量 / 所	占比 /%	累计占比 /%
校“十佳心理委员”	372	14.2	14.2
校优秀心理委员	1 214	46.4	60.6
院优秀心理委员	507	19.4	80
其他	290	11.1	91.1
无	826	31.6	122.7

十二、学校对心理委员的管理措施

对 2 617 所院校的心理委员工作调研结果显示，院校对心理委员的管理措施主要有组建心理委员微信群、组建心理委员 QQ 群、成立心理委员联盟以及其他措施，分别占总数的 50.0%、53.3%、17.7%、18.7%，见表 3-12。

表 3-12　学校对心理委员的管理措施

管理措施	数量 / 所	占比 /%	累计占比 /%
组建心理委员微信群	1 308	50.0	50.0
组建心理委员 QQ 群	1 396	53.3	103.3
成立心理委员联盟	464	17.7	121.0
其他	490	18.7	139.7

十三、学校对心理委员培训的时间安排

各院校对心理委员的培训分布在大一上学期到博士研究生三年级，其中将

培训定于大一上学期的院校有 2 350 所，占总数的 89.8%；在大一下学期也开展心理委员培训的院校，占总数的 61.5%；随着年级的上升，学校开展心理委员培训的次数逐渐减少，到博士研究生三年级还开展心理委员培训的院校仅有 20 所，占总数的 0.8%，见表 3-13。

表 3-13 学校心理委员培训安排

培训安排	数量 / 所	占比 /%	累计占比 /%
大一上学期	2 350	89.8	89.8
大一下学期	1 610	61.5	151.3
大二上学期	1 132	43.3	194.6
大二下学期	799	30.5	225.1
大三上学期	481	18.4	243.5
大三下学期	307	11.7	255.2
大四上学期	205	7.8	263.0
大四下学期	125	4.8	267.8
硕士研究生一年级	233	8.9	276.7
硕士研究生二年级	48	1.8	278.5
硕士研究生三年级	33	1.3	279.8
博士研究生一年级	76	2.9	282.7
博士研究生二年级	23	0.9	283.6
博士研究生三年级	20	0.8	284.4

十四、学校开展心理委员培训的频率

对 2 617 所院校的调研结果显示：每学期开展一次心理委员培训的院校有 1 402 所，占总数的 53.6%；每月开展一次心理委员培训的院校有 586 所，占总数的 22.4%；每周开展一次心理委员培训的院校有 112 所，占总数的 4.3%，见表 3-14。

表 3-14 学校开展心理委员培训的频率

培训频率	数量 / 所	占比 /%	累计占比 /%
每周一次	112	4.3	4.3
每月一次	586	22.4	26.7

续表

培训数量	数量 / 所	占比 /%	累计占比 /%
每学期一次	1 402	53.6	80.3
其他	517	19.7	100.0
总计	2 617	100.0	

十五、学校对心理委员的培训方式

各院校对心理委员的培训方式主要有:课程培训(占总数的 34.9%)、专题讲座培训(占总数的 92.7%)、团体心理活动培训(占总数的 65.7%)和其他培训方式(占总数的 8.4%),见表 3-15。

表 3-15　学校心理委员的培训方式

培训方式	数量 / 所	占比 /%	累计占比 %
课程培训	913	34.9	34.9
专题讲座培训	2 426	92.7	127.6
团体心理活动培训	1 719	65.7	193.3
其他	221	8.4	201.7

十六、学校对心理委员开展课程培训的制度

未对心理委员开展课程培训的院校有 340 所,占总数的 13.0%,其余院校对培训课程分别采取计学分制和不计学分制,分别占 13.3%、61.6%,见表 3-16。

表 3-16　学校对心理委员开展课程培训的制度

培训制度	数量 / 所	占比 /%	累计占比 /%
计学分制	348	13.3	13.3
不计学分制	1 613	61.6	74.9
无课程培训	340	13.0	87.9
其他	316	12.1	100.0
总计	2 617	100.0	

十七、学校除心理委员上岗培训外，对心理委员的后期继续教育情况

参与调研的 2 617 所院校中，有 1 803 所院校除心理委员上岗培训以外，还会对心理委员进行后期继续教育，占总数的 68.9%，另外 814 所院校无后期继续教育，占总数的 31.1%，见表 3-17。

表 3-17　学校对心理委员的后期继续教育情况

后期继续教育	数量 / 所	占比 /%	累计占比 /%
有	1 803	68.9	68.9
无	814	31.1	100.0
总计	2 617	100.0	

十八、学校心理委员培训有无案例实操演练环节

调研结果显示，1 063 所院校对心理委员的培训有实操演练环节，占总数的 40.6%；1 554 所院校无案例实操演练环节，占总数的 59.4%，见表 3-18。

表 3-18　学校心理委员培训有无案例实操演练环节

实操演练环节	数量 / 所	占比 /%	累计占比 /%
有	1 063	40.6	40.6
无	1 554	59.4	100.0
总计	2 617	100.0	

十九、调研对象认为心理委员培训是否应该分年级进行不同专题的培训

参与调研的对象中，2 295 个被调研对象认为心理委员培训应该分年级进行不同专题的培训，占总数的 87.7%；另外 12.3% 的心理委员认为不应该分年级进行不同专题的培训，见表 3-19。

表 3-19 调研对象认为心理委员培训是否应该分年级进行不同专题的培训

分年级进行不同专题的培训	数量 / 个	占比 /%	累计百分比 /%
是	2 295	87.7	87.7
否	322	12.3	100.0
总计	2 617	100.0	

二十、除心理委员评选机制外，学校是否对心理委员进行日常考核

对 2 617 所院校的调研结果显示，除了心理委员评选机制外，1 134 所院校还对心理委员进行其他日常考核机制，占总数的 43.3%，见表 3-20。

表 3-20 学校是否对心理委员进行日常考核（除心理委员评选机制外）

日常考核	数量 / 所	占比 /%	累计占比 /%
有	1 134	43.3	43.3
无	1 483	56.7	100.0
总计	2 617	100.0	

二十一、学校是否对心理委员培训效果进行考核

1 112 所院校会对心理委员的培训效果进行考核，占总数的 42.5%；另外 1 505 所院校不进行考核，占总数的 57.5%，见表 3-21。

表 3-21 学校是否对心理委员培训效果进行考核

培训效果考核	数量 / 所	占比 /%	累计占比 /%
有	1 112	42.5	42.5
无	1 505	57.5	100.0
总计	2 617	100.0	

二十二、心理委员培训的对象，除心理委员外是否涵盖其他班委

1 248 所院校除对心理委员进行培训以外，还会对其他班委进行心理委员培训，占总数的 47.7%；另外 1 369 所院校的心理委员培训对象只面向心理委员，占

总数的 53.3%，见表 3-22。

表 3-22　心理委员培训的对象，除心理委员外是否涵盖其他班委

培训其他班委	数量 / 所	占比 /%	累计占比 /%
是	1 248	47.7	47.7
否	1 369	52.3	100.0
总计	2 617	100.0	

二十三、学校心理委员是否需要具备心理委员（朋辈）资质

调研结果显示，973 所院校的心理委员需要具备心理委员（朋辈）资质，占总数的 37.2%；1 644 所院校的心理委员不需要心理委员（朋辈）资质，占总数的 62.8%，见表 3-23。

表 3-23　学校心理委员是否需要具备心理委员（朋辈）资质

心理委员（朋辈）资质	数量 / 所	占比 /%	累计占比 /%
需要	973	37.2	37.2
不需要	1 644	62.8	100.0
总计	2 617	100.0	

二十四、学校是否要求心理委员取得高校心理委员慕课培训合格证书

849 所院校要求心理委员必须取得高校心理委员慕课培训合格证书，占总数的 32.4%；另外 1 768 所院校没有该方面的要求，占总数 67.6%，见表 3-24。

表 3-24　学校是否要求心理委员取得高校心理委员慕课培训合格证书

取得慕课培训合格证书	数量 / 所	占比 /%	累计占比 /%
是	849	32.4	32.4
否	1 768	67.6	100.0
总计	2 617	100.0	

二十五、学校心理委员选拔方式

参与调研的 2 617 所院校中，2 069 所院校的心理委员是通过竞选产生的，占总数的 79.1%;另外 548 所院校的心理委员是通过任命的形式产生的,占总数的 20.9%,见表 3-25。

表 3-25　学校心理委员选拔方式

选拔方式	数量 / 所	占比 /%	累计占比 /%
任命	548	20.9	20.9
竞选	2 069	79.1	100.0
总计	2 617	100.0	

二十六、学校心理委员是否在学生干部系列中单独设置

2 093 所院校心理委员是在学生干部系列中单独设置的,占总数的 80.0%;另外 524 所院校不在学生干部系列中单独设置心理委员,见表 3-26。

表 3-26　学校心理委员是否在学生干部系列中单独设置

单独设置	数量 / 所	占比 /%	累计占比 /%
是	2 093	80.0	80.0
否	524	20.0	100.0
总计	2 617	100.0	

二十七、学校心理委员每学年是否连任

2 268 所院校的心理委员是连任的,占总数的 86.7%;349 所院校的心理委员不是连任的,占总数的 13.3%,见表 3-27。

表 3-27　学校心理委员每学年是否连任

连任情况	数量 / 所	占比 /%	累计占比 /%
是	2 268	86.7	86.7
否	349	13.3	100.0

续表

连任情况	数量 / 所	占比 /%	累计占比 /%
总计	2 617	100.0	

二十八、被调研对象认为心理委员应该连任还是换届

被调研对象中，1 792 个认为心理委员应该采取连任机制，占总数的 68.5%；698 个认为心理委员应该换届，占总数的 26.6%，见表 3-28。

表 3-28 被调研对象认为心理委员应该连任还是换届

连任情况	数量 / 所	占比 /%	累计占比 /%
连任	1 792	68.5	68.5
换届	698	26.6	95.1
缺失值	127	4.9	100.0
总计	2 617	100.0	

二十九、学校有无心理委员工作相关刊物或专门公众号

调研结果显示，学校心理委员工作通过心理委员纸质刊物、心理委员电子刊物、心理委员公众号等载体和平台辅助开展，分别占 3.9%、12.7%、64.9%，见表 3-29。

表 3-29 学校有无心理委员工作相关刊物或专门公众号

相关刊物或专门公众号	数量 / 所	占比 /%	累计占比 /%
心理委员纸质刊物	102	3.9	3.9
心理委员电子刊物	333	12.7	16.6
心理委员公众号	1 699	64.9	81.5
缺失值	483	18.5	100.0
总计	2 617	100.00	

三十、获得有效调研数据的高校所在省、区、市(表 3-30)

表 3-30 获得有效调研数据的高校所在省、区、市

省、区、市	数量 / 所	占比 /%	累计占比 /%
安徽	119	4.5	4.5
北京	77	2.9	7.5
福建	84	3.2	10.7
甘肃	44	1.7	12.4
广东	157	6.0	18.4
广西	68	2.6	21.0
贵州	76	2.9	23.9
海南	22	0.8	24.7
河北	125	4.8	29.5
河南	160	6.1	35.6
黑龙江	78	3.0	38.6
湖北	126	4.8	43.4
湖南	129	4.9	48.4
吉林	66	2.5	50.9
江苏	167	6.4	57.3
江西	106	4.0	61.3
辽宁	98	3.7	65.0
内蒙古	53	2.0	67.1
宁夏	20	0.8	67.8
青海	11	0.4	68.3
山东	130	5.0	73.2
山西	76	2.9	76.1
陕西	87	3.3	79.4
上海	62	2.4	81.8
四川	113	4.3	86.1
天津	54	2.1	88.2
西藏	2	0.1	88.3
新疆	49	1.9	90.1

续表

省、区、市	数量 / 所	占比 /%	累计占比 /%
云南	86	3.3	93.4
浙江	105	4.0	97.4
重庆	67	2.6	100.0
总计	2 617	100.0	

第四部分　第六届全国百佳心理委员名单
（2023 年）

经中国心理学会心理危机干预工作委员会、全国高校心理委员研究协作相关专家审阅，决定授予丁欣莹（浙江交通职业技术学院）等 188 名心理委员第六届全国百佳心理委员称号。丁梓航（吉林电子信息职业技术学院）等 132 名心理委员获得第六届全国百佳心理委员提名奖。名单公布如下（排名不分先后）。

第六届全国百佳心理委员名单（共 188 名）

丁欣莹　浙江交通职业技术学院
万依彤　陕西科技大学
万紫伊　武汉学院
马　骁　南京工业大学
王小龙　西南财经大学
王艺琳　陕西师范大学
王　旭　滁州城市职业学院
王　丽　安徽科技学院
王辰雨　阜阳师范大学
王　证　绵阳职业技术学院
王茂宇　山东劳动职业技术学院
王雨萱　兰州理工大学
王　凯　吉林铁道职业技术学院
王欣怡　四川师范大学
王学斌　四川建筑职业技术学院
王俣量　大连艺术学院
王奕皓　江西师范大学
王　莹　合肥工业大学
王健博　上海海洋大学
王梓瑞　大连艺术学院
王雪阳　福建中医药大学
王婉卿　江苏卫生健康职业学院
王琳雅　南阳理工学院
王　景　河海大学
尤萍萍　皖南医学院
车桐宇　中国石油大学（华东）
丹佳兴　北方民族大学
尹子涵　湖北三峡职业技术学院
邓可萱　河北轨道运输职业技术学院
古力米来·买买提艾力　新疆师范大学
龙旭阳　福州大学
卢昕洁　龙岩学院

田龙杰 中山大学
田雨浠 遵义医科大学
田 爽 河南工业大学
付雨欣 上海理工大学
乐嘉仪 上饶师范学院
吕雯婷 芜湖职业技术学院
朱九赫 中国科学院大学
朱珺祺 复旦大学
朱培阳 重庆大学
朱 琪 浙江金融职业学院
吴许诺 浙江工业职业技术学院
吴泽敏 惠州学院
吴 瑢 江苏师范大学
邱苏梅 浙江旅游职业学院
余姝涵 成都大学
狄湘怡 江苏师范大学
邹 幸 浙江水利水电学院
汪雨洁 浙江师范大学
沈佳婷 浙江师范大学
沈柳含 广东岭南职业技术学院
宋洋洋 焦作师范高等专科学校
张子金 东华理工大学
张原辰 安庆师范大学
张可爽 中南大学
张生乐 阜阳师范大学
张亚楠 济南职业学院
张雨晴 电子科技大学
张凯瑞 华中科技大学
张佳敏 武汉东湖学院
张洋扬 新疆工程学院
张栖桐 秦皇岛职业技术学院
张娟娟 山东第一医科大学
张 博 吉林电子信息职业技术学院
张惠欣 山东司法警官职业学院
张 婷 华南师范大学
张慧芳 西北大学
张 豫 吉林化工学院
陆羽桐 南京农业大学
陈昊涵 西北工业大学
陈泽皓 河北轨道运输职业技术学院
陈祉佚 海口经济学院
陈爱睿 齐鲁师范学院
陈菲儿 安徽科技学院
陈梓祺 湖北城市建设职业技术学院
陈雪儿 广东工业大学
陈雪怡 武汉轻工大学
陈康宁 西安交通大学
陈嘉伟 深圳大学
陈嘉欣 南京信息职业技术学院
陈樟窈 浙江理工大学
邵万鑫 华中科技大学
林 艺 河北工业大学
林远鑫 衢州职业技术学院
林颖炎 南昌航空大学
韩润佳 滨州学院
韩 雪 皖西学院
韩嘉莉 井冈山大学
韩馨仪 桂林理工大学
覃丽辰 江西中医药大学

喻永康　四川工程职业技术学院
喻宇轩　中南财经政法大学
傅艺嘉　江西农业大学
任　冉　文华学院
任　炜　重庆第二师范学院
任俊洁　重庆师范大学
刘文文　济南工程职业技术学院
刘伊晗　华中农业大学
刘雨欣　湖南高速铁路职业技术学院
刘　畅　上海第二工业大学
刘佳妮　邵阳学院
刘佳瑶　牡丹江师范学院
刘昭仪　长春工业大学
刘思婷　湖南大学
刘桢桢　华中师范大学
刘梦晨　中国矿业大学
刘裕琨　中国矿业大学
许文新　吉林外国语大学
许周熹　南京工业大学
许玲秀　武汉工程大学
许嘉琪　中国石油大学(北京)克拉玛依校区
孙云霞　咸宁职业技术学院
孙婷婷　天津商业大学
苏　黎　湖北经济学院法商学院
杜仲宇　襄阳职业技术学院
杜嘉欣　浙江树人学院
李圣楠　中南财经政法大学
李　幸　新余学院
李佳薪　河南城建学院
李依洁　广东轻工职业技术学院
李思哲　长安大学
李思潼　北京林业大学
李　桐　吉林财经大学
李晓敏　吉林建筑科技学院
李敏华　岭南师范学院
李　煜　湖北职业技术学院
李　潇　西南石油大学
杨牧笛　华东师范大学
杨　柳　安徽工程大学
杨思涵　山西财经大学
杨　豪　云南大学滇池学院
杨鑫雨　东南大学
来　睿　河南工业大学
肖玉春　重庆大学
吴冬晴　滁州学院
周玉婷　塔里木大学
周志康　河南中医药大学
周洋洋　河南职业技术学院
周智若　湖北大学
周婷婷　江西师范大学
郑亚男　山东青年政治学院
郑　婷　湘潭大学
郑瑞婷　四川工商职业技术学院
孟钰涵　广西大学
赵小芳　南昌工程学院
赵思琪　东北电力大学
胡诗怡　湘潭大学
胡秋菊　重庆三峡学院
钟小惠　桂林理工大学
钟玲娟　中国科学技术大学

段欣雨　东北大学
侯　然　湖南大学
祝宇豪　中南民族大学
姚汤博　西安石油大学
聂如意　安徽师范大学
贾泽星　山西农业大学
夏　晴　北华大学
柴晓莹　四川大学
钱　波　扬州大学
徐艺宁　乐山师范学院
徐梓恒　江南大学
徐晗宁　武汉科技大学
徐婉君　湖北科技学院
殷若锶　华东理工大学
殷　悦　石河子大学
高文婷　塔里木大学
高佳乐　新疆财经大学
高　娜　武汉工程科技学院
高浩然　西安培华学院
高　瑄　中国药科大学
席添悦　北京大学
黄欣悦　武汉体育学院
黄海曼　西南科技大学
龚　倩　成都医学院
麻　琪　江南大学
康雨琳　电子科技大学
商琬琪　天津大学
梁　晔　江苏大学
寇佳宁　重庆三峡学院
曾美慧　广州商学院
曾晓雁　上海应用技术大学
温思佳　安徽师范大学
蒲玉娇　南京工程学院
蒙立生　长江大学
蔺馏心　郑州财经学院
臧津悦　延边大学
熊丽莎　湖北中医药大学

第六届全国百佳心理委员提名奖名单(共 132 名)

丁梓航　吉林电子信息职业技术学院
马凤英　中国石油大学(华东)
马非凡　皖西学院
马梦如　浙江师范大学
王云鑫　中国科学技术大学
王宇雷　襄阳职业技术学院
王欣然　中山大学
王珂熠　山东第一医科大学
王　姝　皖南医学院
王　烨　合肥工业大学
王菁源　扬州大学
王静宜　长安大学
毛成伟　湖北城市建设职业技术学院
计璐瑶　浙江水利水电学院
邓梦竹　西安交通大学
古海柳　重庆第二师范学院

叶　萌　安徽师范大学
田子怡　安庆师范大学
田欣雨　陕西科技大学
兰榕欣　武汉体育学院
毕金御　浙江树人学院
朱可莹　浙江理工大学
朱雨佳　延边大学
刘子阳　中南大学
刘轩慧　石河子大学
刘钊羽　武汉轻工大学
刘倩君　重庆师范大学
刘玺鲲　深圳大学
刘琪琪　陕西师范大学
闫圣陶　邵阳学院
关汉雯　武汉工程科技学院
池维玮　石河子大学
许奥琪　长江大学
孙心如　桂林理工大学
孙宇晴　广西大学
张源新　南京农业大学
陈玮烨　深圳大学
陈佳怡　井冈山大学
陈　洁　长春工业大学
陈振宇　华中师范大学
邵明岚　西北工业大学
邵晓阳　浙江金融职业学院
武钇帆　河南中医药大学
武佳宁　华东师范大学
苗青蕙　山东劳动职业技术学院
林哲莹　广东轻工职业技术学院
林　烨　广州商学院
林聪佶　南京工业大学
欧阳森　邵阳学院
罗正天　湖北大学
罗欣萍　芜湖职业技术学院
罗　莉　乐山师范学院
周浩男　湖北科技学院
赵小雨　山东青年政治学院
赵辰颖　江西财经大学
赵梓含　河海大学
赵奥桐　安徽工程大学
郝文龙　中国矿业大学
荆海馨　福州大学
荀桢达　南京信息职业技术学院
胡晓城　江西师范大学
胡琬翎　江西中医药大学
胡婷婷　天津大学
胡　蝶　武汉科技大学
钟　琴　成都大学
保馨蕊　江苏大学
侯雨函　东北大学
施燕羚　上海第二工业大学
姜怡晨　新疆师范大学
姚冰冰　福州大学
袁佳乐　岭南师范学院
耿一凡　东北大学
倪翕然　皖南医学院
徐子鑫　中南民族大学
徐钧怡　兰州理工大学
高天一　东北电力大学
郭亚轩　山西农业大学
郭佳雨　西安石油大学

郭昱晗 重庆大学
严诗琴 湖北经济学院法商学院
苏秋硕 上海理工大学
杜春诚 西安交通大学
李元壮 东南大学
李文进 滁州学院
李庆震 江西财经大学
李昊安 合肥工业大学
李香香 陕西科技大学
李 嘉 华东理工大学
李嘉颖 北方民族大学
杨川瑜 西南石油大学
杨佳欣 咸宁职业技术学院
杨欣慧 东华理工大学
杨 茜 吉林外国语大学
杨 洋 牡丹江师范学院
杨 瑞 东南大学
杨静茹 阜阳师范大学
杨瑶诗 武汉设计工程学院
杨潇漪 浙江水利水电学院
肖 雨 西安培华学院
吴若雨 扬州大学
吴欣静 华中师范大学
吴宇涵 江苏大学
吴柔丽 广东工业大学
吴 涛 武汉东湖学院
余春燕 西南石油大学
余润佳 安徽工程大学
汪 阳 文华学院
汪韫珂 西南财经大学
张 朵 新疆师范大学
张宇贺 吉林化工学院
张雨桐 上海应用技术大学
张雨晴 中山大学
张海玥 复旦大学
张富强 武汉东湖学院
唐 娜 上饶师范学院
黄佳钰 福建中医药大学
黄雪莹 河北工业大学
黄 祺 四川大学
曹宸倩 华东师范大学
鹿 瑶 吉林建筑科技学院
梁学慧 大连艺术学院
彭方楠 陕西师范大学
葛亚鹏 河北工业大学
董子涵 吉林铁道职业技术学院
董洛婷 海口经济学院
蒋玘睿 河南工业大学
谢燕芳 绵阳职业技术学院
廉一冰 天津大学
裴于翡 济南职业学院
廖 能 长安大学
樊仕杰 华中科技大学
戴小朋 四川师范大学

第五部分　第七届全国高校心理情景剧获奖名单（2024年）

一等奖

《给我一杯忘情水》 石河子大学

《短视频的爱恨情仇》 天津大学

《“棋”实……我爱你》 北京大学

《上岸》 浙江理工大学

《高皮特烦恼》 华中农业大学

《欲望格式塔》 四川师范大学

《“等”光来》 郑州航空工业管理学院

二等奖

《袁满不圆满》 福州大学

《两个我》 滁州学院

《鱼生鱼世》 海南医学院

《尘梦》 西南民族大学

《麒麟皮下》 重庆三峡学院

《sorry！我是脆弱敏感的大学生》 武汉大学

《我本是太阳》 贵州建设职业技术学院

《强人所“难”》 许昌学院

《AI一直都在》 江西农业大学

《舞后阳光》 山东轻工职业学院

三等奖

《安妮的道歉信》 上海应用技术大学

《心理委员养成记》 重庆师范大学

《智能时代的迷途大学生》 新疆医科大学
《无香的绽放》 河南中医药大学
《心囚》 浙江安防职业技术学院
《我心中的花木兰》 西京学院
《盲忙茫》 闽南师范大学
《星星与火把》 四川大学
《抱抱你》 兰州大学
《成长》 湖南工业职业技术学院
《两个我》 北京理工大学
《试试吧,去拒绝一次》 惠州学院
《不曾知道的爱》 新疆师范大学
《问心·无悔》 中南大学
《完美大陆》 大连民族大学

特邀剧目奖

《一万次"没关系"》 新疆大学

单项奖

最佳男主角

《舞后阳光》中男主角的扮演者　山东轻工职业学院

最佳女主角

《"等"光来》中女主角的扮演者　郑州航空工业管理学院

最佳男配角

《给我一杯忘情水》中21岁的扮演者　石河子大学

最佳女配角

《我本是太阳》中奶奶的扮演者　贵州建设职业技术学院
《短视频的爱恨情仇》中负性替身的扮演者　天津大学

最佳编剧

《安妮的道歉信》编剧　上海应用技术大学

最佳导演

《上岸》导演　浙江理工大学

最佳创意剧目

《心理委员养成记》 重庆师范大学

最佳道具设计

《“棋”实……我爱你》 北京大学

最佳舞台效果

《袁满不圆满》 福州大学

最佳组织单位

石河子大学

表 5-1　第七届全国高校心理情景剧网络展示百佳剧目

剧目	学校
《从“心”出发“就”有未来》	江西师范大学科学技术学院
《归途行者》	毕节幼儿师范高等专科学校
《寻原,逐光》	浙江工业职业技术学院
《再见小白》	云南师范大学
《寻谱》	江西师范大学
《向阳花开》	湖州师范学院
《人生盲盒》	浙江越秀外国语学院
《A+女孩－不被定义的我》	洛阳师范学院
《寻梦星辰》	成都锦城学院
《造梦盒子》	安徽科技学院
《拥抱阳光》	重庆对外经贸学院
《孔乙己的长衫》	南通开放大学
《拨开迷雾》	江西应用科技学院
《听,花开的声音》	乐山师范学院
《星夜》	海口经济学院
《爱情这件小事》	长江师范学院
《冲出毕业“悸”》	安徽财经大学
《奔跑的青春》	恩施职业技术学院
《破罐深处有阳光》	温州职业技术学院
《倾听麦田的回响》	眉山职业技术学院
《像镜像》	东营职业学院
《曲终人不散》	上海理工大学

续表

剧目	学校
《不再害怕》	上饶师范学院
《忍冬》	长春中医药大学
《靓肉卷》	河北经贸大学
《撕开迷雾》	西安石油大学
《一路生花》	南昌大学
《体味》	云南国防工业职业技术学院
《入海扬帆起》	广西卫生职业技术学院
《舞狮心影》	闽南理工学院
《心底的牢笼》	湖南信息学院
《勿忘我》	惠州卫生职业技术学院
《海鸥》	西华师范大学
《是我》	西南财经大学天府学院
《沉默之花绽放》	淄博师范高等专科学校
《我不是学神》	广东海洋大学
《其实我是一朵玫瑰》	宁波大学
《再见，文予》	宁波职业技术学院
《双面人》	茅台学院
《心跳》	浙江理工大学科技与艺术学院
《笼中雀》	重庆工商职业学院
《卷门的世界》	大理大学
《脱下孔乙己的长衫》	河北农业大学
《从 520 到 525 的距离》	惠州城市职业学院
《王鱼的故事》	浙江水利水电学院
《假若重生》	南通大学
《拥抱自己勇敢前行》	咸阳职业技术学院
《暗键》	湖北科技职业学院
《困在游戏里的人》	广西大学
《杜小涵不需要蝴蝶结》	成都理工大学
《拥抱敏感，韧性而活》	山西大同大学
《一颗卷心菜》	武汉工程大学
《然后拥抱明天》	江西财经大学

续表

剧目	学校
《繁·星》	天津商业大学宝德学院
《谈判风云》	衢州学院
《百分百小姐》	华中科技大学
《韭菜鸡蛋馅的饺子》	陕西科技大学
《方寸地》	鹤壁职业技术学院
《公主与怪龙的最后旅程》	大连艺术学院
《孔乙己脱不下长衫》	龙岩学院
《镜》	北方民族大学
《滚蛋吧！MBTI》	上海政法学院
《心中的那束光》	上海戏剧学院
《心镜》	四川化工职业技术学院
《茶》	湖南师范大学
《和自己和解》	武汉商学院
《释》	福建幼儿师范高等专科学校
《医路成长》	山东第一医科大学
《破茧》	东北电力大学
《“社牛”的孤独》	云南工商学院
《第四十九只鸟》	长江工程职业技术学院
《好运眼镜》	南京农业大学
《好人舍长》	西安培华学院
《人生遥“控”器》	浙江旅游职业学院
《再见，好好 Girl》	大连理工大学城市学院
《向阳而生》	湖南中医药大学
《特别的礼物》	滇池学院
《我的班长兄弟》	陆军军医大学
《告别》	河北大学
《青蛙王子》	山东理工大学
《绽放兮，何以玫瑰名》	成都师范学院
《笼》	南昌交通学院
《治愈》	长安大学
《心墙》	浙江工商大学杭州商学院

续表

剧目	学校
《评论家》	四川工商职业技术学院
《不同·不默》	扬州工业职业技术学院
《拒绝讨好,救赎心灵》	杭州医学院
《Good 猫》	扬州大学
《奶奶的相册》	山东农业大学
《谣言止于智者》	襄阳职业技术学院
《生生》	西南财经大学
《心光》	浙江特殊教育职业学院
《假如爱有天意》	济南工程职业技术学院
《和不完美的自己和解》	浙江师范大学行知学院
《林灿的山茶花》	湖南大学
《心境变奏曲》	东华理工大学
《同与不同》	中国计量大学
《破"贷"而出,重见阳光》	遵义医科大学
《鼓动心声》	延边大学
《背靠背拥抱》	内江师范学院

第六部分 第十八届全国高校心理委员工作研讨会简况（2023年）

一、会前工作坊

Peer Support Program in Oxford University

主讲人：Anne Ford

主讲内容：Ford教授在讲座开始时带着久坐的观众互相打招呼，引出跟大家打招呼能给我们带来善意、支持和爱，由此引出朋辈支持的力量。Ford教授认为人与人之间的良好连接对身心健康至关重要，会通过影响皮质醇、催产素和血清素的分泌而影响人的情绪。在大学中，学生就是朋辈支持最好的资源，如果朋辈支持计划的目标是明确的，培训的材料符合要求，朋辈支持就能在大学内部营造出一种善意、悲悯的环境，给学生创造深度的连接和真正的归属感。从1990年开始牛津大学就有朋辈心理支持计划，设在咨询服务处，一直持续至今。现在朋辈心理支持计划已经遍布英国的社会和大学了。20世纪90年代至今，牛津大学在减少对心理问题污名化的问题上付出了很多努力。随后，Ford教授详细介绍了牛津大学朋辈心理支撑计划的运行模式，并通过几个案例印证朋辈心理支持计划对同学们的积极影响。

正念的大学之道

主讲人：童慧琦

主讲内容：童教授首先带领参会老师进行了正念身体扫描练习，让大家切身体验正念冥想，并邀请参会老师分享感受；其次介绍了何为正念，正念的缘起，带领参会老师进行了“湖底鹅卵石”的冥想，探寻“我为什么来到这里?”并邀请大家进行分享；再次带领参会老师体验正念行走，讲解了在日常生活中练习正念的方法，正念练习可以提升的6C（Consciousness，Concentration，Calm，Clarity，Creativity，Compassion）功效；最后介绍了正念练习在自我关照、学校工作和朋辈中的应用。通过一系列体验，参会老师了解了正念，明晰了如何在学生心理健康教育和朋辈心理辅导中应用正念，以及培养与成就专注、幸福、成功，心怀世界的大学生。

二、会中工作坊

自然心理疗法在朋辈辅导中的应用

主讲人：张向阳

主讲内容：张教授从青少年常见心理问题引出本次工作坊的主题，并列举了青少年存在心理问题可能的原因。①性格：谨小慎微，责任感过强，追求完美，对自己和他人高标准、严要求。②遗传：发病有遗传倾向，多数“有个神经质的妈妈”。③环境：中国式家庭教育。④发病：严重的不良事件，如人际关系紧张、恋爱失败、学习受挫等。针对这些青少年常见的心理问题及背后可能的成因，张教授给出了由他创立的自然心理疗法作为解决之道。自然心理疗法是基于“森田疗法”，并结合中国文化背景和实际临床特征，自行创立的一种充分体现中国本土文化特色的心理疗法。该疗法强调对待任何事都顺其自然，忍受、接纳痛苦，积极行动，实现自我。在此核心思想基础上发展出24字指导方针：忍受痛苦，为所当为；接纳痛苦，有所不为；寻找痛苦，为所怕为。14字指导方针：不理，不怕，不对抗，不逃避，积极行动。最后，张教授以一例强迫症个案的治疗过程展示了自然心理疗法在临床中的应用。

园艺疗法提升心理委员希望感

主讲人：王红菊

主讲内容：工作坊正式开始之前，王教授首先通过一段视频让大家直观了解山东农业大学的学校概况、优势特色。其次，她以“自然联结的疗愈力量——园艺疗法的校内实践探索”为主题，为大家详细介绍了山东农业大学依据学校特点、学科特点和专业优势所孵化出的一系列创新创业团队、社团组织和实践研究项目。本场工作坊既有理论的高度，又有实践的深度、情感的温度，不仅传授了“园艺疗法”、心理资本的理论，同时也在基于生命教育的高校园艺疗法实践探索、园艺疗法在心理委员希望感提升中的创新实践、系列团体活动研发、园艺疗法对心理委员希望感提升的团体干预效果研究等方面，提供了众多实践思路、实践特色和育人模式，具有可引领、可推广、可复制价值。再次，王教授以菊花茶饮为载体，带领大家进行了正念冥想、正念品茶和小组讨论分享。最后，王教授通过“定格美好”浮游花瓶创作体验活动，指引参与工作坊的师生切实体验了浮游花瓶的创作过程。浮游花瓶凝结了植物静态之美，展现了对生命的期待和希望。

表达性艺术在团体工作中的运用

主讲人：杨雪梅

主讲内容：杨雪梅教授首先通过正念慈心禅练习帮助大家安定身心；其次通过“相似圈”练习让团体成员彼此联结，增强团体动力，并用点状计量技术测试团体成员情绪，以及大家运用表达性艺术的情况；最后借助“鼓励卡”，让团体成员两两组合进行分享，讲述选择卡片的3个原因，再两两组合形成4人小组，每位成员向小组介绍自己的搭档，在加深小组成员情感的基础上，请小组成员讲述一件最近发生的不开心的事情，并选择1位代表到大组进行分享。由此产生一位志愿者担任主角，在团体中选择2位成员作为自己的替身，运用团体资源和替身技术帮助主角处理情绪、探索和成长自我。3个多小时的体验活动，让团体成员感受到了表达性艺术的多样性、灵活性和有效性，对促进团体成员运用表达性技术开展团体工作起到了较好的示范引领作用。

朋辈咨询在心理热线中的应用

主讲人：肖斌

主讲内容：肖老师首先以热线的设置议题开场，以中国科学院朋辈热线的设置为例详细展开讲述，强调热线不是电话咨询。其次肖老师现场邀请5位师生代表上台分享工作中的困惑，包括特殊来电干预、新建热线注意的要点、朋辈接线的困惑、双重角色（注意边界清晰）等议题。朋辈热线培训中，强调哪些问题不说、不评判，不讲大道理只分享经验，朋辈做到真诚、愿意倾听足矣，有温度的热线比有深度的热线更重要。最后肖老师一一回答了现场5位师生的提问，并分享了可实操的内容。

萨提亚模式团体和心理委员能力提升

主讲人：赵军燕

主讲内容：赵教授首先通过热身，让大家拉近彼此之间的距离，增进对在场伙伴的了解；其次，从萨提亚模式的内涵开始，逐一介绍了创始人萨提亚女士、萨提亚模式的宗旨、四大目标等内容；再次围绕本次工作坊的主题“萨提亚模式团体和心理委员能力提升”，告诉大家在实际工作中要从三方面出发，即“准备自己，内心稳定和谐；理解同伴，读懂内在冰山；有效沟通，自我情境与他人”，提升心理委员的工作能力。在工作坊中，赵教授带领大家参加了“生命之舞”等团体活动，帮助大家掌握如何使用萨提亚模式团体对心理委员进行培训。此次团体活动体验感强,直击内心深处,全场高潮迭起,大家在音乐、表演和舞蹈中尽情领略萨提亚模式的魅力。

表达性艺术治疗在不同年龄群体生命教育中的运用

主讲人:吕改莲

主讲内容:首先吕教授通过分享自己孩子成长的经历,让大家体验到家庭支持系统在生命教育中的重要作用。其次,吕教授分别从小学生、中学生、大学生的心理特点出发,分析了表达性艺术治疗的设计思路,并讲解了具体的操作要点,例如咨询师对咨询进程的把控、OH卡的使用等。吕教授将生活中的案例融入教学,解释如何提升感受幸福的能力,并具体讲解了一个表达性艺术治疗的团体辅导设计思路,帮助大家更好地将理论与实践相结合。最后,吕教授为大家分享了蝴蝶拍的操作教学视频,作为活动的收尾。

大学生心理危机的评估与处理

主讲人:姚斌

主讲内容:姚斌教授首先分享了近些年国家出台的各种心理健康相关文件,说明了国家对大学生心理健康教育的重视;其次介绍了大学生心理问题及其成因、大学生心理危机的识别、大学生心理危机的处理方法、大学生自杀的识别等内容,通过详细的案例介绍了大学生心理危机的整个处理过程,内容翔实,接地气,对高校心理健康教育工作者具有重要的指导意义。

卡牌在心理委员工作中的应用工作坊总结

主讲人:温娟娟

主讲内容:温教授首先通过讲解理论,让大家直观地了解了卡牌使用的理论基础和在大学生心理咨询中的适用性;其次,从实践的角度,切实地让大家在体验中学习卡牌的使用方法。参会的每位老师都跟随着温教授的节奏探索自我、理解自我,深刻了解并学习如何在大学生的心理咨询、教学中使用卡牌,如何将卡牌这一生动活泼、学生喜闻乐见的道具在班级心理委员的培训中发挥更大作用。

探索未知的自己——积极心理情景剧工作坊

主讲人:李永慧、詹启生、莫华敏

主讲内容:李永慧、詹启生、莫华敏三位教授采用体验式的方法,分工协作,带领60余名学员,了解、体验了心理情景剧的创作过程。首先,通过三人小组分享的形式,让成员间相互熟悉、建立连接。其次,通过成员分享,选出大家关心的

6个议题,并投票确定了心理情景剧主题。再次,选定心理情景剧重点角色扮演者及场景,并利用道具达到渲染和增强的效果。最后,在三位老师的带领和学员们的共同参与下,心理情景剧诞生。

格式塔疗法在学生辅导工作中的应用

主讲人:费俊峰

主讲内容:费俊峰老师首先讲述了心理格式塔的相关概念、理论与技术,然后通过个体在此时此刻的体验,增强个体感悟能力,提高个体人际沟通能力,推动格式塔疗法在学生辅导中的实际应用。

三、各主题报告

沟通——关系中的理解与支持

主讲人:苏彦捷

主讲内容:本场报告以"沟通——关系中的理解与支持"为题,围绕"青少年的心理发展任务""关系中的理解与支持"和"心理支持行动方案"三个方面展开。苏彦捷教授首先介绍了18~26岁大学生的发展任务与特点:这一时期的青年大学生心理波动大,处在不断探索自我身份、完成自我发现的阶段。在此基础上,苏彦捷教授指出要做好大学生的心理支持工作,需要大家在沟通中学会换位思考,尝试从他人的视角分析问题,深入共情以更好地理解他人内心所想。最后,苏彦捷教授以发展大学生资源系统这一角度为例,分享了为大学生提供心理支持的多种行动方案,为与会者开展沟通工作提供了细致的行动指南。

做强朋辈心理资本

主讲人:黄晞建

主讲内容:黄晞建教授首先从社会变革的背景和幸福中国建设的高度出发,介绍了心理资本的内涵和外延;其次,从心理资本的特质论、状态论和综合论的学术之辩总结了心理资本的特点,介绍了心理资本的测量方式,提出树立自我希望、培养乐观精神、提升自我效能感、增强复原力等做强心理资本的"四要素",讲解了如何构建心理资本要素雷达、计量个体心理资本状态;再次,重点从朋辈群体心理资本定义、微观朋辈心理动力的解析、二维空间的群体心理能的形成、多维空间朋辈心理资本状态计量等方面阐述了在新时代如何做强朋辈心理资本;最后,就朋辈心理资本经营中的阻尼问题做了探讨。通过此次报告,参会者深刻了解了做强朋辈心理资本的理论观点、研究进展和实践思路。

从大学生心理危机案例看心理委员的价值

主讲人:马建青

主讲内容:马教授首先从国家政策层面,强调心理委员在心理健康教育工作中的重要作用,并通过几个经典案例让大家直观了解心理委员在学校安全稳定工作中的基层堡垒角色,进一步阐明了加强心理委员队伍建设的重要性。其次,马教授带着大家回顾了近40年他及心理学界的前辈们在心理健康教育事业和朋辈队伍建设中取得的成果,给在场的心理工作者和心理委员打了一针强心剂,让大家更加坚定自己的使命感和价值感。同时,马教授给未来开展心理健康教育和朋辈心理队伍建设工作指明了方向。

美国大学心理健康的朋辈辅导

主讲人:邓明昱

主讲内容:首先邓教授介绍了自己职业生涯的成长轨迹,他的职业成长经历反映了我国心理咨询的发展历程。其次邓教授通过生动的影音材料为大家呈现了美国大学心理健康朋辈辅导的历史、现状、主要工作等,并给在座的老师带来了美国心理朋辈工作的最新资讯,让大家对西方的心理健康朋辈工作有了更直观的认识。本次主题汇报为大家提供了可借鉴的经验的同时补充了本土化的内容,对今后的工作提供了指导。

家校社协同背景下学校心理委员的担当
——基于安全感与社会支持视角

主讲人:孔燕

主讲内容:孔燕教授首先从教育部下发的文件中关于“学校积极主导、家庭主动尽责、社会有效支持”的内容出发,提出积极构建学校、家庭、社会协同育人新格局,认为心理健康促进工作刻不容缓。但是当今社会的不确定性、扰乱控制日常行为的习惯性和自动的心理过程,引发了焦虑心理的产生。孔燕教授基于翔实的科研数据,提出当代大学生存在自我效能感低导致的自卑、科研压力引发的自我否定、导学关系紧张导致的焦虑、人际关系维系存在不畅、性与婚恋方面存在障碍、经济来源方面存在困难等现实问题。所以心理委员的责任愈发重大,要成为学校教育主阵地的重要支持力量,充分发挥朋辈作用,提高心理理解能力,最后实现全体大学生共情、共舞、共同成长。

大学生心理问题类型分类与工作要点

主讲人:姚斌

主讲内容：首先，姚斌教授介绍了对心理问题的界定、识别和细致认定。其次，姚斌教授通过介绍 DSM5 的分类逻辑，将心理委员岗位工作中涉及的各类问题总结为 2 级 14 类，每一类对应一级指标、二级指标。内容上囊括了人际关系、恋爱、学习、家庭等方面。最后，姚斌教授介绍了各类问题的具体解决策略和办法。总体上按照“问题定义—分类标准—解决策略”层级展开。此次报告强调了“分门别类、轻重缓急、有针对”，对心理委员工作极具启发性。

高校心理委员危机干预核心技能

——以自杀危机预防干预为例

主讲人：刘明波

主讲内容：刘明波教授首先通过翔实的数据分析，让大家直观了解全球自杀率、中国青少年城乡自杀差异，引起听者对危机干预的高度重视，再分别从知识、能力、态度三方面阐述危机干预的核心技能组成。其中，“知识”涉及心理危机定义、实质及类型等基础概念；“能力”则重点讲授危机识别能力，要求心理委员初步掌握，并能在校园生活中运用；“态度”则结合美国金门大桥危机干预的实效案例指出“预防为主，生命至上”是危机干预工作中应有的行为态度。大学生心理委员可以成为校园危机预防与干预的有力补充。本次报告在普及心理健康知识，提高现场心理委员胜任力，帮助大学生树立“成为自己心理健康第一负责人”的心理健康意识等方面踏出了坚实一步。

心理委员人际信任量表的编制

主讲人：詹启生

主讲内容：首先，詹教授介绍了高校心理委员人际信任量表编制的背景，并指出建立与提高人际信任水平是心理委员做好朋辈帮扶工作的一项核心能力，具有重要理论意义和现实意义。其次，詹教授介绍了高校心理委员人际信任量表的编制过程，体现了严谨、专业的工作态度。再次，詹教授介绍了该项目的研究结论，他指出：“人际信任量表主要包括特殊信任因子和普遍信任因子，主要反映被试人际信任的总体状况，得分高者代表人际信任度高。”最后，詹教授介绍了该项目研究的不足之处和对未来研究展望。

校园突发事件的应急心理服务(陈雪峰)

经由正念提升大学生抗挫力和幸福感(童慧琦)

青年成长与青年教育——朋辈互助框架下的心理援助与危机干预(李桦)

四、分论坛

(一)朋辈心理辅导分论坛

短程心理咨询的中国方法

主讲人:杨文圣

主讲内容:首先,杨教授从"为什么要进行短程心理咨询"问题开始,引发与会人员积极思考和共鸣。其次,杨教授从文化具身现象着手,提出一个弘扬中国传统文化、追逐心理育人理论与实践创新的梦想;从身心状态的阴和阳的两种表现出发,进一步提出三个本源性心理问题,即欲望、能力、身份,进而基于春夏秋冬四季的时空循环往复维度提出建立关系、处理症状、充实生活、改善境遇的心理问题短程解决之道。最后,杨教授分享了自己撰写的书籍《短程心理咨询的方法与艺术—两仪心理疗法的世界》以及即将远赴美国推广中国式心理咨询的学术活动。杨教授的报告深入浅出,不仅传授了知识和技术,而且让我们看到了中国心理工作者的责任和使命——不只是西方心理学的搬运工,更要做东方心理学的创造者。

高校24小时心理热线的模式选择与评价

主讲人:章劲元

主讲内容:章老师以华中科技大学为例,围绕开设24小时心理热线的背景、心理热线的选择模式、评价效果等方面分享了高校开设24小时心理热线的经验、方法,在危机干预等方面的效果、优势,以及在实施过程中存在的问题和困难,为大家在开通24小时心理热线服务方面提供了有效的经验和做法,具有积极的指导意义。

新时代学生朋辈心理互助的理论构建与实践探索

主讲人:杨爽

主讲内容:首先,杨老师提出了心理委员工作的四大难点与疑问,并对选拔、培养、作用发挥、激励机制四大难点进行了详细阐释,提出了"为什么分专业后心理委员设置被打乱?""心理委员需要掌握哪些知识?""心理委员能不能被标准化地建设?""如何厘清心理委员角色内涵?""怎样走出'圈地自嗨'?""激励机制是不是真的有效?”等具体问题。其次,杨老师结合心理委员工作实践以及精神分析的学习提出自己的见解,如:心理委员自身的经历对其自身心理建设非常重要;心理委员对同学产生的影响可能比我们想象的还要大;真实和真诚是非常重要的示范。最后,杨老师分享了进行文化建设、品牌建设,向有凝聚力的学生学习,寻求辅导员的有效支持,知识学习、个人体验、团体体验、工作实践、督导缺一不可等启发和思考,给大家提供参考。

大学生朋辈心理危机干预中的重难点解析

主讲人:王昌纯

主讲内容:王昌纯教授首先介绍了教育部将加强学生心理健康工作上升为国家战略,然后从四个方面解析高校朋辈心理危机干预工作的重点和难点。一是朋辈心理队伍对心理危机概念的认知,讲解了心理危机的定义、分类;二是朋辈心理队伍对心理危机线索的识别,介绍了心理危机的外在表现;三是朋辈心理队伍对心理危机风险的评估,讲解了心理危机的评估要点;四是朋辈心理队伍对心理危机转介的重难点,分析了心理危机转介的注意事项。

心理委员在学校场域中的责任边界(肖斌)

高校心理委员课程建设与实施(王立前)

如何理解“00后”大学生并与他们一起工作(田宝伟)

研究生心理委员的培育实践(余金聪)

心理情景剧在朋辈辅导中的应用与思考(李永慧)

(二)论文交流分论坛

主讲人:与会师生

主讲内容:各位与会的心理委员、心理系研究生、辅导员老师和心理老师从不同的工作角度和研究角度对多项论文和课题进行了深入研讨。

首先,湖北三峡职业技术学院的张桂林老师分享了他们学校投稿的两篇论文《高职新生情绪智力现状调查及对策研究》和《心理情景剧朋辈团体在高校心理育人中的作用探索》。与会师生就情绪智力的概念、研究方法、进一步的研究建议和心理情景剧在高校开展的各项细节都进行了充分研讨,并在现场一起观看了三峡职院荣获第六届全国高校心理情景剧大赛一等奖的剧目《终极天使》。

其次,来自武汉东湖学院和四川大学的两位心理委员分享了他们的论文:《“互联网+”时代背景下心理委员工作探析》和《大学生心理健康教育工作中发挥朋辈协助作用的研究与实践——以四川大学商学院心理委员联合会为例》,分别从心理委员的个体工作和团体工作模式方面讲述他们的思考与实践。

最后,全体与会师生就《社恐还是低调?心理委员的面众恐惧:自信的中介作用》《人文关怀和心理疏导:新时代高校心理育人的着力点——基于 1 250 封解忧信的相关分析》等多篇论文展开深入讨论,为老师、同学的朋辈工作开展和研究实践提供了诸多新思路、新举措、新方法。还有一位辅导员老师发出了灵魂提问:我们的论文集为什么没有收录以研究生为研究对象的朋辈工作的相关论文?这也提示全国心理研究者、心理工作者应面向研究生团体开展更多的研究和实践工作。

(三)心理委员工作经验交流分论坛

主讲人:朱巍巍　温娟娟　封静　马春凤　张文婷　张平　冯愉涵　刘鹏　杜若飞

主讲内容:心理委员工作经验交流分论坛(分论坛三)共有来自中国人民大学等 9 所高校的老师进行了现场汇报分享。围绕心理委员核心胜任能力,朱巍巍副教授从南京工业大学心理委员选拔、培训、使用和考核机制四个方面进行了阐述和汇报,强调心理委员工作应以调研为基础。温娟娟教授介绍了河南职业技术学院创新心理课堂、规范心理咨询服务体系、提升社会心理服务能力、完善心理危机干预体系等方面的工作情况;学校致力于心理育人工作科研化、科研工作心理育人化,并已取得丰硕成果。封静老师汇报了湖北经济学院法商学院如何将"育人先育德·育德先育心"理念落实于心理委员工作中。马春凤老师分享了大连艺术学院一站式学生社区工作经验,尤其是五位一体心理委员管理体系和"公寓心灵花园"朋辈品牌活动。张文婷老师提到,虽然湖北城市建设职业技术学院心理育人工作虽然起步晚,但是已逐步建立"1+4+5"的心理委员工作及管理模式。张平教授分享了北京邮电大学秉持"自助、互助、助人"理念,重视培养心理委员在危机识别方面的能力,努力通过心理委员朋辈工作打通心理育人"最后一公里"。冯愉涵老师介绍北京理工大学在心理育人工作中制度先行,实现了心理委员朋辈工作的本研全覆盖;重点开展"心启航"本科新生成长计划,以及"微笑海豚"心理委员训练营。刘鹏老师介绍了中国人民大学心理委员朋辈工作的特色,即将国外成熟的朋辈辅导模式本土化;学校将朋辈咨询师培养作为工作重点。杜若飞老师分享了郑州大学在制度建设、课程建设、心理咨询、心理危机干预和学生活动开展方面的成功经验。报告结束后,主持人对本场论坛进行了总结,并向汇报嘉宾颁发了荣誉证书。

（四）百佳心理委员分论坛

主讲人:李积鹏　封静

主讲内容:为了进一步发挥优秀心理委员的典型示范作用,提升心理委员的心理自助与助人能力,有效推动全国高校心理委员队伍科学化、标准化、规范化建设,中国心理学会心理危机干预工作委员会、全国高校心理委员协作组于2023年11月3日在中南财经政法大学文泉楼一楼报告厅举办第六届全国百佳心理委员论坛,论坛共计10项议程。

论坛开始,大会执行主席、全国高校心理委员研究协作组组长、西安交通大学心理健康教育与咨询中心姚斌主任对第六届全国高校百佳心理委员评选工作进行了简要介绍。他表示,本次全国百佳心理委员的评选工作秉持公平、公正、公开、有序的原则,在60位评审专家的审议之下顺利完成,具体名单将会在论坛之后的心理委员工作微信公众号上予以公布。

大会执行主席、天津大学心理研究所创始所长、中国心理学会心理危机干预工作委员会副主任、全国高校心理委员研究协作组首任组长詹启生博士致辞。他指出,心理委员是学校和班级开展心理工作的朋辈中坚力量,也是危机干预网络的重要一环,他强调了心理委员工作的重要性和必要性,并指出各高校心理委员要不断提升自助与助人能力,提升自身心理健康素养,掌握更多心理助人方法与技巧,更好地发挥朋辈互助的积极性和主动性。

接下来,姚斌主任宣读第六届全国百佳心理委员及全国百佳心理委员提名奖名单,经评审专家委员会的评审,决定授予北京大学席添悦、天津大学商琬琪等188人第六届全国百佳心理委员,西安交通大学邓梦竹、华东理工大学李嘉等132名心理委员第六届全国百佳心理委员提名奖。随后,全体论坛成员合影留念。天津商业大学李积鹏老师对第六届全国百佳心理委员论坛拟开展的工作和项目进行了简要介绍。

按照论坛议程, 39名心理委员参加第六届全国百佳心理委员论坛副主席及秘书处成员的竞选,评委由北京大学姜源老师、西安交通大学姬姣姣老师、四川师范大学高玮老师、天津商业大学李积鹏老师、湖北经济学院法商学院封静老师担任,各位候选人从任职经历、工作设想、活动开展、积极创新等方面出发,充分地表达了竞选意愿。

下午的议程围绕高校心理委员特色工作经验交流展开,天津大学商琬琪等27名来自不同高校的心理委员分享了自己在任期间的心理委员特色工作,展现了积极健康、乐观向上的精神风貌和以身作则、恪尽职守的优秀工作素养,切实加强了高校心理委员之间的工作交流和经验分享。

中南财经政法大学心理中心专职教师余金聪宣读了第六届全国百佳心理委员论坛主席、论坛副主席、秘书处成员名单,经大会组委会讨论决定,任命中南财经政法大学李圣楠为第六届全国百佳心理委员论坛主席,西安交通大学杜春诚等14人为论坛副主席,长春工业大学刘昭仪等15人为秘书处成员。随后,李圣楠作为主席团代表发言,她表示,非常荣幸能够担任论坛主席,深知责任重大,是肯定也是考验,目前要积极转换角色、投入角色,强化责任担当意识,在接下来的论坛工作中,将会在现有工作基础上,做好新一届论坛工作规划,将工作逐步落实落细。

(五)高职院校心理委员工作交流分论坛

关于加强高职院校心理健康教育课程思政建设之探讨

主讲人:秦爱君

主讲内容:秦爱君教授首先带大家回顾了课程思政的提出背景和过程,讲解了课程思政的本质与内涵;其次,提出了高职院校心理健康教育开展课程思政建设的必要性;最后,分享了高职院校心理健康教育开展课程思政建设的路径和方法。本场报告进一步加强了心理健康教育工作者对于党和政府关于在高职院校所有学科中开展课程思政建设相关文件要求的认识和理解;进一步增强了高职院校心理健康教育工作者开展课程思政建设的自觉意识;拓展了在高职院校心理健康教育工作中开展课程思政建设的路径和方法。

朋辈心理互助实践路径探析——以湖北城市建设职业技术学院为例

主讲人:杨柳

主讲内容:杨柳老师以朋辈心理互助实践路径探析为题,介绍了湖北城市建设职业技术学院(以下简称湖北建院)朋辈队伍培养模式,紧扣立德树人根本任务,对标省级示范中心,着力构建"165"心理健康服务体系,实施"221"运行机制,探索"521"活动新路径,心理育人取得良好实效。湖北建院大学生心理协会作为全国百佳社团,紧扣"3·21""5·25""10·10"等时间节点,依托心理健康主题教育、"鲁班中国"综合实践技能展、校园文化艺术节、湖北建院"建心节"等活动契机,把握开学季、毕业季等关键节点,融入二十四节气传统文化元素,上半年以心理知识宣传、讲座、活动、竞赛为主,3—6月,开展"5·25"心理健康主题教育;下半年以师生心理技能培训团体辅导为主,10—12月开展"建心节"活动。

高职院校心理健康系列课程建设总结

主讲人:王立前

主讲内容:首先,王教授通过讲解河北轨道运输职业技术学校的大学生心理健康教育系列课程的发展历程,让听众直观地了解大学生心理健康教育课程的设计演变及在整个大学生心理健康教育中的主渠道作用。其次,王教授结合自己对大学生心理健康教育课程十几年的经验,分享了大学生心理健康教育课程的设计方案。最后,王教授讲述了在大学生心理健康教育课程设计时应注意的有关事项,供大家借鉴。

高职院校校本特色心理健康教育工作机制的构建探索

主讲人:史秀玉

主讲内容:高职院校的学生心理健康教育工作特征和普通院校存在巨大差异。高职院校要想出“圈”必须探索走出一条具有校本特色、高职特色的心理健康教育工作之路。浙江交通职业技术学院经过20多年的摸索逐步探索出符合学校、专业、高职生特征的心理健康教育工作体系,史秀玉老师以此为主题与各高职院校做交流分享。

高职院校学生心理危机干预的可持续发展路径探索

主讲人:李佳丽

主讲内容:李佳丽老师首先结合实际工作中的案例对心理危机类型进行分类讲解,让大家更深刻地理解心理危机的发生与发展,以及心理危机的常规处理方式存在的弊端,阐述了心理危机不在眼前不等于不存在了,从而提出心理危机干预的可持续发展路径。在对路径的探索上,李佳丽老师结合目前的医校合作、校企合作流程进行了分析,提出了相对可行的实施方案,并启发大家对心理危机干预可持续发展路径进行进一步探索。

“五心”共育 互动融合——高职院校“情－知－行”浸润式心理育人模式探索与实践

主讲人:张维

主讲内容:张维老师从“问题疏导、宣传教育、聚合互动”切入,通过动之以情——“陪伴式”关心对话,晓之以理——“分享型”价值引领,导之以行——“成长性”技能培育,构建“浸润式”心理育人实践路径,创新打造了一批以“一言‘日签’”“拾尔拾光”“百帮小铁”“心问千解”“万卷计划”“维维道来”等为代表的适应学生心理发展需求且学生喜闻乐见的心理互动品牌活动,有意识地从多方面入手营造一种“氛围感”“沉浸感”,实现“教育正心、咨询护心、宣传入心、朋辈暖心、活动健心”的“五心合一”育人目标,助力挖掘高职学生成长发展潜力,提升心理健康素养。

以高质量心理健康教育培养堪当民族复兴大任的时代新人——长沙民政职业技术学院“五到位五提升”心理健康教育工作汇报(丁玲)

朋辈互助,陪伴成长——心理特色活动开展经验交流(袁庆华)

(六)中小学心理危机干预工作交流分论坛

(七)心理委员慕课录制研讨分论坛

主讲人:李佳 宋姚飞 石宇宁 李文强 程玲琳 王敬群 谭卓立 李琼瑶

1. 心理委员课程录制工作是否还有要增加的部分？每部分是否有需要讨论的内容？

王敬群老师表示每部分应该都是一个系列的课程,不仅是一节课,应重实操轻理论,课时可以多,但是可以必修和选修搭配进行。有老师觉得慕课的量不宜太大,以免学生看了会烦,把心理委员必须掌握的基本点掌握了就好。建议微课的切入点要细,贴近学生的语言。有的老师建议还可以结合一些社会热点,但不适合结合电视剧或者网络热梗,因为要使用很长时间,最好还是使用经典的、已成定论的东西,不能直接引用国外的案例。有的老师认为主题三和主题六是比较类似的,是否可合并。

2. 分主题讨论

(1)心理委员工作概述、心理委员的自我成长和工作实务。

(2)心理委员的人际沟通技巧。

(3)心理健康标准、常见发展性心理问题及识别、心理委员应掌握的危机干预知识,内容都是现成的,不需要修改。

(4)心理委员如何应对恋爱问题。

有的研究生年龄比较大,会有婚姻问题。恋爱、婚姻、家庭,对于不同对象侧重点不同。

(5)心理委员如何应对学业问题及专业与职业发展问题。

这个问题对于高职生、本科生、研究生是有区别的。一些专科院校学生在实习期初入职场时会很不一样,他们提前体验到涉入社会是什么感觉。在日常工作中对新聘用的博导、硕导也要进行心理健康教育。

(6)心理委员对异常心理现象的识别。

有老师提议用案例的形式呈现常见的障碍。有老师建议自杀要单独列出来,心理危机或者单独列出来,或者放在主题六里面。有老师建议通过案例去吸引学生,不用讲太多专业知识,简明扼要地分为几点就可以了。

(7)心理委员需要了解的心理疗法与技术。

建议按照书上内容介绍一下。有老师提出心理委员需要了解的心理疗法与技术课程相比于原来的课程缩减比较多,可能要再斟酌。

(8)心理委员对宿舍关系的应对和对其他人际交往问题的应对。

建议增进和导师、同门、课题组成员的关系。

(9)心理委员对家庭问题的应对和对网络使用过度问题的应对。

建议增加其他特殊问题,例如:电信诈骗及花呗、信用卡等提前消费行为;性骚扰问题;等等。有老师觉得家庭和网络是两个独立的话题,建议将二者分开,因为真正牵扯家庭问题,心理委员是做不了的。但是一些老师认为家庭和心理问题的科普是很重要的。

(10)心理委员对心理问题的分年级筛查及工作督导讨论。

针对很多学校的心理筛查不对心理委员开放的问题,王敬群老师给出解释是不同的年级采用不同的主题。工作督导是我们做的事情,不是心理委员做的事情。有的老师提出辅导员可以给心理委员提供督导,还有心理专干(学院负责心理工作的老师)也可以提供督导。①筛查有哪些问题,哪些需求(请心理委员去调节);②根据不同年级、需求匹配方案;③如何提供有效的督导。有老师提出这个主题会和其他主题有重合。

五、会后工作坊

第十四期全国高校心理情景剧指导教师培训

主讲人:詹启生、李永慧、张延华

主讲内容:

一、11月4日 9:00—12:00

(1)詹启生进行课前测评。

(2)詹启生讲授心理剧及心理情景剧发展与应用。

(3)李永慧讲授心理情景剧的技术与演示。

二、11月4日14:15—17:15

(1)詹启生讲解心理情景剧创作。

(2)詹启生带领全体成员,李永慧和莫华敏协助,进行剧目创作。

三、11月4日18:30—21:30

李永慧、张延华、莫华敏带领小组,进行剧目创作。

四、11月5日9:00—12:00

(1)小组创编剧目展演。

(2)詹启生讲解剧目展示、评审与分析。

(3)李永慧进行小组剧目点评。

(4)张延华讲解心理情景剧的编创与演出。

(5)心理情景剧指导教师考核。

五、大组心理情景剧创作

(1)剧目:《"不"不可怕》。

(2)参与人数:10人。

(3)10位参与者当前最困惑的可展示问题。

①贾玥蕾　襄阳汽车职业技术学院。

充满幻想的"恋爱脑",恋人关系:想依附与想挣脱的冲突。

②周艳红　山西工程科技职业大学。

不会拒绝,下属和上级的关系:不会拒绝领导交代的事项与不愿做的冲突。

③谭卓立　北京大学。

性格温和,父女关系:想改变父亲固执而强势的问题。

④艾婷　武汉轻工大学。

性格温和,同事关系:任务多,不好拒绝的问题。

⑤周璇　武汉轻工大学。

冷漠的人,网友关系:在网上看到的问题,觉得与自己无关。

⑥陈潇　华东师范大学附属学校。

百依百顺的女儿,母女关系:有抑郁症,需要退学,但母亲坚持让她考研。

⑦刘立华　湘潭大学。

说话直接,同事关系:表达太直白、直接,被同事误会。

⑧陈丹　湖北职业技术学院。

讨好又叛逆,母女关系:顺从与叛逆的冲突。

⑨齐艳波　山东第一医科大学。

强势的人，母女关系：不知道该怎么对女儿的恋爱提出建议。

⑩孙惠蓉　山东第一医科大学。

活泼开朗的人，恋爱关系：不知道如何向恋人表达爱。

第七部分　第三届全国高校心理微电影（心理短视频）优秀作品展创新剧目名单（2023年）

2021年，中国心理学会心理危机干预工作委员会发起并成功举办了首届全国高校心理微电影（心理短视频）优秀作品展，并于次年举办了第二届全国高校心理微电影（心理短视频）优秀作品展。两届展演诞生了百余部优秀作品，对于高校学生心理健康工作的推进具有重要意义。2023年12月26日，第三届全国高校心理微电影展演如期举行，共200多部作品报名参与。最终，专家评审出100部创新剧目，名单如下（排名不分先后）。

表7-1　100部创新剧目

序号	剧目	学校
1	《爱在回家时》	西华大学
2	《按键伤人》	齐鲁工业大学
3	《伴你同行》	吉林医药学院
4	《帮信》	浙江理工大学科技与艺术学院
5	《别怕说No》	齐鲁工业大学
6	*Black Dog Theory*	浙江交通职业技术学院
7	《不必完美》	西南石油大学
8	《不讨好的勇气》	浙江理工大学
9	《不畏》	广东交通职业技术学院
10	《朝光行》	湖南科技大学
11	《朝阳白雾》	吉林农业大学
12	《“陈默”不沉默，烛光向未来》	温州理工学院
13	《沉睡的梦想》	遵义医科大学
14	《次第花开》	浙江统计科技职业学院
15	《从心开始》	南阳理工学院
16	《第十一次勇敢》	四川信息职业技术学院

续表

序号	剧目	学校
17	《定义》	江西理工大学
18	《对话清明 慧心成长——生命意义采访》	上海理工大学
19	《风不被定义,你也一样》	济南工程职业技术学院
20	《告别诗》	襄阳汽车职业技术学院
21	《观测者》	浙江树人学院
22	《光》	青岛大学
23	《光芒》	山东轻工职业学院
24	《回响》	新余学院
25	《绘梦》	江苏商贸职业学院
26	《记得保持微笑》	延边大学
27	《交社交税的男孩》	成都理工大学工程技术学院
28	《解心语,“易”生旅》	陕西科技大学
29	《戒机风云》	湖南大学
30	《就像乌云住进了我的身体》	杭州医学院
31	《抉择》	三峡大学
32	《开自己的花》	龙岩学院
33	《镣铐舞者》	浙江工业职业技术学院
34	《落花》	南昌工学院
35	《面对面》	中南财经政法大学
36	《面具》	西南财经大学
37	《面具之下》	南京师范大学
38	《明日之后》	浙江机电职业技术学院
39	《默》	吉林铁道职业技术学院
40	《妮萨》	安徽财经大学
41	《逆光》	吉林外国语大学
42	《逆境重生》	西安电子科技大学
43	《破画》	衢州职业技术学院
44	《破茧》	山西财经大学
45	《破茧成蝶》	江苏护理职业学院
46	《破网》	温州医科大学
47	《青春心飞扬 盘聚助成长》	宁波卫生职业技术学院

续表

序号	剧目	学校
48	《囚解》	山东农业大学
49	《囚禁》	江西环境工程职业学院
50	《去吧,去旷野》	武汉轻工大学
51	《让花朵盛开——女性安全》	芜湖职业技术学院
52	《人生没有如果》	浙江水利水电学院
53	《如影随形》	兰州大学
54	《赛道》	浙江师范大学
55	《社会黑匣子》	浙江机电职业技术学院
56	《生命的选择》	柳州职业技术学院
57	《生命是一万次的春和景明》	山东理工大学
58	《时空对话·迷茫的选择》	河南工业大学
59	《世界尽头的咖啡馆》	浙江工业职业技术学院
60	《是谁偷走了我的笑容》	浙江经贸职业技术学院
61	《庭审》	四川化工职业技术学院
62	《透明人》	江西理工大学
63	《脱“敏”》	山东理工大学
64	《“网”事随风》	桂林医学院
65	《微光》	安徽财经大学
66	《微光》	中南林业科技大学
67	《我爱这样的我》	浙江理工大学
68	《我迟来的勇气》	北方民族大学
69	《我的敌人精神内耗》	浙江纺织服装职业技术学院
70	《我懂你》	襄阳汽车职业技术学院
71	《我可以》	安徽中澳科技职业学院
72	《我们》	湖北三峡职业技术学院
73	《我与我周旋久》	上海政法学院
74	《我真的不好吗》	江西科技学院
75	《无限》	滁州学院
76	《向光而行》	绵阳职业技术学院
77	《向认知陷阱 Say no》	广东工业大学
78	《心“强”》	浙江工业职业技术学院

续表

序号	剧目	学校
79	《心灵之钥》	广东农工商职业技术学院
80	《星星的心灵》	吉林电子信息职业技术学院
81	《寻人启事》	西华大学
82	《异类》	江西师范大学
83	《勇敢说“不”》	湖南信息学院
84	《游过人海的信》	南昌大学
85	《与子同袍》	东华理工大学
86	《元生》	江西农业大学
87	《云开》	绵阳职业技术学院
88	《战胜“黑狗”》	新疆农业大学
89	《真正的“我”》	扬州工业职业技术学院
90	《直面生活,用理解架起爱的桥梁》	西北大学
91	《纸团》	浙江海洋大学
92	《治愈——我遇到了一束光》	青岛大学
93	《重生》	温州理工学院
94	《重拾行囊再出发》	西南石油大学
95	《重塑》	新疆农业大学
96	《追光》	河南中医药大学
97	《滋润心灵,共享阳光》	仲恺农业工程学院
98	《自救》	台州科技职业学院
99	《左右》	南通大学
100	《“1”》	宁波职业技术学院

第八部分　第二届中小学心理危机干预工作研讨会交流材料

华东师范大学附属浦东临港小学心理危机干预工作展示

潘婷婷　邵玉兰

学校的危机干预工作重在预防，要做好日常的心理健康教育工作，从各方面把常态化的心理工作做扎实，防患于未然，把危机事件扼杀在摇篮里，而不是等到发生时才被动地做一些应急处理工作。

目前学校已开展的常规心理工作有：每周一节心理健康教育课（其中一年级的课后多彩课也会安排心理游戏课）；两周一次的心理广播（情绪管理的方法、同伴交往的技巧、积极心态的培养）；不定期的心理主题班会课（小学生心理健康知识、心理咨询的科普）；面向教师的心理培训（学校心理工作内容科普、危机干预培训等）；面向家长的心理培训（如何跟孩子沟通、家校共育等）；个体心理咨询服务（每日开放心理咨询室）。

学校开展的心理工作已取得了一定的效果。学生们喜欢心理课，并从中获得了一定的心理健康知识，同时也能在需要时主动寻求心理咨询服务。心理健康知识科普讲座从某种程度上揭开了心理咨询的神秘面纱，提高了学生主动寻求心理帮助的积极性和自觉性。具体表现在预约咨询的学生自然大方，老师和同学不会觉得来做心理咨询的就一定是有心理问题的学生，很多学生只是暂时遇到了自己无法解决的困扰，需要找心理老师探讨一下。由此，将心理工作服务对象扩大到大多数的健康学生，而不是只盯着有心理危机的学生，心理咨询不再只是为特殊学生服务。同时，将心理工作与全员导师制的工作内容及班主任工作访的培训内容相结合、相渗透，让每个学生在成长过程中都有可信赖的"心灵导师"。

学校心理危机干预是一个系统性的工作，覆盖全校各层级人员，不是心理老师或班主任一两个人能做好的，我们作为一所新学校，虽然心理工作在稳步进行中，但预防层面的心理工作依然开展得不够全面，未来还需要逐步完善。

华曜济南实验学校心理危机干预工作展示

陈 潇 张 婕

作为首届中小学心理危机干预工作研究协作小组发起学校、第二届重要参与及大会分享学校，在中国心理学会心理危机干预工作委员会领导及中小学心理危机干预工作研究协作小组指导下，这一年，学校在加强理论学习同时，更重实践工作。

（1）具体工作实施。

①为每位新生建立心理档案，定期举行心理筛查，对问卷进行统计分析，并将问卷结果反馈给各班班主任。②定期定点向班主任了解班级心理预警学生具体情况，及时进行访谈跟进。班主任结合学生平时表现和心理普查结果，对心理预警学生重点关注，并设置隐形保护人。③在校长的负责下学校建立了三级预防体系，每班张贴省、区、市、校心理危机干预热线，心理中心配备心理信箱，专职心理咨询师每周定期回复学生信件。

（2）心理危机干预与实践中的困惑与难点。

学校心理健康预警和宣传工作加强了，同时，存在的困惑或难点也愈发凸显。①教师对自身成长和对心理健康、心理危机干预工作的了解及对班级突发情况的应对技巧的渴望。②在家校沟通过程中，家长急需对孩子存在的重要心理问题进行预警或识别，当然也有部分家庭仍然受心理污名化影响，对孩子心理问题抱有病耻感，难以配合学校心理老师工作。

（3）建议。

①由国家层面发布政策性文件，这样能引起家校及全社会的重视，降低心理老师的实施难度。②当地教育领导部门设置专门的心理转介或督导部，对于心理危机程度比较高的学生进行转介就医，或对一线的心理老师进行专业督导。

上海市甘泉外国语中学心理危机干预工作展示

张　莹

上海市甘泉外国语中学是创立于1954年的公办安全中学，是首届中小学心理危机干预工作研讨会承办单位、上海市心理健康教育示范校。学校于2000年成立心理健康辅导中心，有心理教师4人，其中3人为心理学专业硕士，1人为心理学专业博士。

学校心理危机干预工作特色如下。

（1）朋辈互助，携手同行。

建立覆盖全校的班级（宿舍）心理联络员网络（负责朋辈沟通、观察、互助、识别、上报工作），定期开展心理联络员培训。定期开展“知心社”社团活动，营造健康“内环境”。

（2）爱心团队，助力成长。

定期进行全校排摸，形成重点关注的学生名单。成立由班主任、年级组长、心理教师、生活导师、中层领导组成的“五人爱心团队”，帮助个别学生走出困境。近一年来，“家、校、社、医”多方联动，加强心育网络建设。

（3）课程融合，创新路径。

为做好危机预防，创建“心理+”创新实验室，成立“心理+艺术”工作坊，进一步拓展学生心理辅导的路径，提升教师职业幸福感。

（4）当前困惑。

多方联动时，如何做好学生的隐私保护工作；心理普测后问题学生过多，难以实现有效干预；面对伤害他人的学生，学校缺乏应对办法。

杭州市实验外国语学校心理危机干预工作展示

马　琳　聂倩倩

杭州市实验外国语学校，作为一所十二年一贯制的寄宿制学校，现已构建了一套独具特色的“1+1+1”心理危机干预体系。此体系通过基本面、重点面、支持面三个维度的有机结合，致力于构建学生健康成长的全方位绿色支持生态，有效提升学生的心理韧性与心理弹性，从而为学生健康成长提供坚实保障。

（1）基本面工作。

在基本面工作中，学校以全体学生为工作对象，通过入学时全面了解新生的家庭氛围、学习状况及人际关系等，建立完善的心理档案。借助心理课堂、讲座、宣传等多种形式，以及心理社团课、心理委员培训、个别与团体心理辅导、心理情景剧等丰富的活动，有效提升学生的心理素养，帮助他们更好地认识自我、接纳自我、关爱自我、完善自我，进而培养出人格健全的优秀学生。

（2）重点面工作。

在重点面工作方面，学校注重健全组织领导机构，完善心理危机识别与干预体系。通过成立心理健康教育领导小组、心理危机识别与干预工作小组等专门机构，确保心理健康筛查测评工作的顺利开展。同时，建立谈心谈话制度和定期反馈交流制度，以每学年两次的心理普测为基础，结合班主任的动态观察，及时发现并干预心理危机预警的学生，确保他们身心健康。

（3）支持面工作。

在支持面工作中，学校将关注点转向老师和家长群体。通过构建健全的家长和老师培训体系，从点到面、从普识问题到有针对性的问题进行全面探讨解决，为家长和老师提供有效的心理支持技能和方法，从而增强他们对学生心理健康的关注和支持能力。这一举措有助于构建更为完善的学生健康成长安全防护网，为学生的全面发展提供有力保障。

上海交大教育集团沪临实验学校心理危机干预工作展示

王　治

沪临实验学校在心理危机干预工作方面进行了多方面的尝试和探索，具体包括以下内容。

（1）主题心理健康教育活动。

①面向学校教师开展“职场阳光心态”和“教师节团队建设”等活动，减轻教师的心理压力。

②针对不同年级学生开展“心灵树洞”“你绘你说”及心理读书会等活动，减轻学生的学习压力。

③为人际关系不良的学生提供多对一的心理咨询服务。

④对全体同学开展积极心理团体辅导和户外拓展活动。

（2）心理培训及相关活动。

①邀请上海、安徽等地的心理专家，针对学生心理危机评估与干预开展专业培训，传授处理心理危机的评估方法和技巧。同时，通过团体游戏、团队聚餐等形式多样的活动为教师心理赋能。

②定期召开学生心理健康教育工作会议，集中分析、制定学生心理健康的现状和工作策略。对于发现可能存在心理危机隐患的学生，学校分别建档并分级干预，必要时转介至区心理健康教育中心。

沪临实验学校通过提供一对一咨询、组织丰富多样的心理健康活动、提升班主任的专业能力，以及制定有效的预警和干预机制等多种方式，全面开展学生心理健康工作，致力于促进学生身心健康和全面发展。

上交南洋学校（宿城新区实验小学）心理危机干预工作展示

韩婷叶

近年来，学生心理健康问题频发，年龄也越来越低幼化，因此，学校一直坚持小学生心理委员工作机制建设的探索和实践。

2021 年 9 月，成立以校长为组长、分管德育工作的副校长任副组长的心理委员工作领导小组；设立校级心理委员指导中心，由专业医生、专兼职心理辅导教师、任课教师作为心理委员核心成员，不断完善心理委员指导中心建设制度。

2021 年 10 月，在班级学生干部中增设心理委员职务。一方面对学生心理问题做到提前防范、实时监控、及时发现、及时疏导；另一方面逐步建立健全辐射到每个班级的学生心理素质拓展体系。

2021 年 11 月，邀请心理专家进校开展题为“心理委员的基本工作职责”的培训讲座，主要介绍心理委员的工作内容及职责。

2022 年 6 月，开展“优秀心理委员表彰大会暨六一活动”，表彰全校优秀心理委员 57 名。

2023 年，学校心理指导室被评为宿迁市“示范心理辅导室”；宿城区“心理委员工作分享会”在学校报告厅举办，全区中小学心理负责人参与此次会议。

2023 年 9 月，各班心理委员开展“乐群”社交活动，通过组织各种社团和社区服务等活动，让学生有更多机会与他人交流、合作。

2024 年，校家社合力，让心理委员机制教育协同化。创新家长、学校工作，建立学校、年级、班级“三级”家长心理委员会。建立联动机制，开设家庭教育与心理辅导专线，汇聚医院、社会机构、家庭等心理服务力量，织密心理委员防控网，关注学生的内心世界，让每一名学生快乐地、有尊严地生活。

南京市第五高级中学心理危机干预工作展示

万蓉蓉

2021 年 12 月，构建学生心理干预“一三五”综合体系。该体系将心理干预与育德、育才相融合，将心理教育理念与学科教育、主题活动、家长成长、校园环境建设相结合，建构学校、家庭、社区、医疗卫生机构等联动的心理促进与支持模式。

2022 年，将学生心理危机的筛查与干预工作作为学校安全工作的重要组成部分纳入学校常规制度建设，建立长效机制。9 月，《南京市第五高级中学学生心理危机识别与干预工作手册》编制完成，班主任老师人手一本，学校心理健康领导小组组织学习，重在心理危机防御与预警。

2023 年 10 月，成功入选国家卫生健康委员会、共青团中央、联合国儿童基金会青少年心理健康发展项目的第一批科研实验学校。

2023 年 12 月，《南京市第五高级中学全员育人导师制工作手册》编制完成。根据“学生人人有导师，教师人人是导师”的理念，打造学校、家庭、社会“三位一体”的中学生身心全面发展支持系统。

2024 年 5 月，形成“5・25”心理关爱工作体系。该体系包括构建五个机制、聚焦两大场域、联结“五育”课程，将学校的心育工作推向更全面、更科学、更系统化的发展方向。

上海交大教育集团贵阳市花溪区文旅城第一学校心理危机干预工作展示

张春艳

学校在“思源致远、创生卓越”的办学理念下，建设了春雁工作室，设有心理接待室、心理咨询室，配备放松解压、心理沙盘等设施设备，近两年为50多名学生提供心理疏导和心理干预方面的服务。

学校心理健康教育的线下途径为开设心理健康课程，开展校会、班会、团体辅导、讲座等，定期为学生普及心理健康教育知识，提升他们的心理素质。线上通过“心灵伙伴云”平台，形成“一生一档”管理模式，对学生心理健康状况进行普测、个测，并将测评结果反馈给班主任，以便进行干预及个别辅导；同时，通过微信公众号推送心理健康教育相关知识，如开学心理调适指南、应对考试压力小妙招等内容，帮助学生更好地进入学习状态，帮助家长构建良好的亲子关系，帮助老师有的放矢地开展教学。

学校坚持家校共育的理念，通过家长会、家长进校园、亲子活动等方式帮助父母与孩子建立良好的亲子关系，建立良好的家风。学校还与社区联动，充分发挥家、校、社协同育人的作用，共同关心孩子的发展，实现全面育人。

合肥市五十中学天鹅湖教育集团潜山路校区心理危机干预工作展示

昂亚轩

为切实发挥心理委员作用，学校开展了以下工作。

（1）构建系统完善的组织架构。

以班级为单位，设立心理委员岗位，每班选拔1名心理委员和1~2名心理安全员，构建“学校－年级－班级”三级心理防护网络，确保心理工作的全面覆盖。

(2)形成密切配合的联动机制。

心理委员及时发现并上报学生心理问题,班主任给予必要的指导支持,心理老师提供专业辅导和干预服务,形成班主任、心理委员、心理老师三方配合的工作机制,及时发现并解决学生存在的心理问题,保障学生心理健康。

(3)开展专业特定的心理委员培训。

在集团统一规划下,组织心理委员培训,确保工作专业性。2023 年 11 月,开展主题为“朋辈互助,相伴成长”的专题培训,明确心理委员工作职责,普及心理健康基础知识,提升沟通技巧和干预策略。2024 年 3 月,开展“心光闪闪,育见你我”专题培训,明确心理委员角色定位,突出危机发现及上报流程,注重自我心理维护。

(4)坚持有效持续的实践探索。

发挥心理委员头雁效应,带动周边学生参与心理漫画大赛等活动。鼓励心理委员自主创新服务方式,利用网络平台、社交媒体、校园广播站、社团活动等途径开展宣传教育。探索建立心理委员工作评估反馈机制和评优奖励机制,推广成功经验,激发工作热情。

合肥市五十中学天鹅湖教育集团天鹅湖校区心理危机干预工作展示

金珍章　吉　王　争　辉

学校七、八、九年级的每个班级均设置至少 2 名心理委员,一般由 1 名男生和 1 名女生组成。

2023 年 11 月,开展主题为“朋辈互助 相伴成长”的首次心理委员专题培训,全校七、八年级共 200 余名心理委员参加培训。培训围绕班级心理委员为何设置、是什么、做什么、怎么做四个方面分别介绍了其职责、角色定位、作用、工作内容以及工作原则,讲授发现可能存在心理危机的同学的技巧,帮助心理委员更好地履行职责的同时做好自我保护。

2024 年 3 月 20 日,开展以“心光闪闪,遇见你我”为主题的心理委员培训。此项培训除了对心理委员工作内容和工作职责再次着重讲解以外,更重要的是调研心理委员在过去一个学期中遇到的问题、当前的困惑,并由学校专职心理老师现场解答，包括校园欺凌、人际交往以及珍爱生命等方面的问题。

在“5·25”心理健康宣传月活动中，心理委员组织班级同学创作漫画作品。这些作品从自我认知、积极赋能、人际交往等角度进行创作，展现了同学们对于身边美好事物的深刻体会和向往。

学校每年开展校园艺术节活动，其中由学生共同参与创作并出演的心理情景剧《她/她——爱的迷雾》荣获 2023 年第四届合肥市义务教育阶段校园心理情景剧大赛特等奖。

合肥市五十中学天鹅湖教育集团望岳校区
心理危机干预工作展示

徐逸云

为推动学校心理健康教育工作发展，充分发挥朋辈心理自助、互助的积极作用，学校开展了以下工作。

2023 年 11 月，开展以“朋辈互助，相伴成长”为主题的心理委员培训，共计 38 名心理委员参与。本次培训帮助心理委员了解什么是心理健康，如何正确看待心理问题，以及明确心理委员的职责。

2024 年 3 月，开展以“心光闪闪、育见你我”为主题的心理委员培训，共计 36 人参加。本次培训进一步明确了心理委员的工作原则，讲授如何发现心理危机事件并及时上报，并以案例的形式为心理委员提供指导，在培训最后阶段，心理老师为心理委员答疑解惑。

此外，学校还建立了“全体学生－心理委员－心理老师”的动态工作模式，心理委员作为班级与心理老师的重要连线员，通过定期向心理老师汇报班级动态，发挥心理委员在危机干预中的三级作用：首先是心理危机预防中的宣传作用，心理委员定期在班级宣传心理健康知识；其次是在危机预警中的监测作用，观察同学的日常表现与变化；最后是在危机干预中的通信作用，及时上报危机事件。

华东师范大学第五附属学校心理危机干预工作展示

李　琳

为切实加强和推进学校心理健康教育工作，提升心理育人工作质量，华东师范大学第五附属学校发挥心理委员力量，期望通过生生支持，构建一套以学生为中心的，全方位、多层次的"3C"心理健康支持模式，有效促进学生的全面发展与健康成长。

（1）瑰宝信箱（Connective Compassion）。

超越常规的咨询渠道，强化生生间的情感连接。心理委员承担整理信件和初步回复的工作，用同龄人的视角给予写信同学理解与建议，建立起学生间情感交流的桥梁。

（2）心灵之声（Comprehensive Coverage）。

突破传统讲座与课程模式，搭建校园空中心理辅导室。精选"瑰宝信箱"中的典型案例，编制成"知心问答"系列节目，每周三中午由心理委员播出，确保心理健康教育全员覆盖。

（3）心力觉醒（Capacity Cultivation）。

强化能力，深化服务，聚焦心理委员培训。为了确保心理委员能够有效履行职责，学校心理教师在每学期初组织心理委员参加专业培训，内容涵盖心理委员工作职责、心理辅导的误区与正确认识、心理危机识别等内容。专业培训，不仅提升了心理委员的服务效能，还促进了个人潜能的发挥和领导力的提升，为校园心理健康教育体系注入了持续发展的动力。

朋辈互助，守护花开
——昆明市官渡区第一中学心理危机干预工作展示

王　梅　张春梅　强慧然　袁　锦

学校按《中小学心理健康教育指导纲要》（2012 年修订）要求建立了三级心理危机干预系统，班级心理委员是三级心理危机干预系统中重要的一环，因此形成了"四阶段双水平"心理委员工作模式。

“四阶段”是学校对心理委员的培养过程。

（1）精心选拔。在选拔心理委员时，要考量其性格特质和能力，如心理健康状况、人际关系、服务意识和表达能力。

（2）全面培训。学校通过团体心理辅导、讲座、书籍分享等形式，分专题、有针对性地对心理委员进行培训，保证他们掌握基础专业知识和基本技能，强化职业道德意识。

（3）实践指导。实行心理委员“心理晴雨表”月报制度和紧急约见制度。教师在遵守保密原则的情况下开展一对一指导，针对存在的普遍问题进行团体辅导。

（4）关怀成长。既要平衡好心理委员的工作和学业，更要关注心理委员心理状况，重视其自我关照意识培养，及时提供专业帮助。

“双水平”是心理委员的工作内容，不同阶段心理委员工作的侧重点不同。

一水平：中学低年级学生的身心发展尚未成熟，以观察汇报为主要的心理援助手段。负责宣传心理健康知识、协助教师开展心理健康教育、收集和传递信息及定期向教师汇报班级同学的心理状况。

二水平：该水平心理委员以朋辈辅导为主要的心理援助手段。在一水平的心理委员职责的基础之上能自主开展以体验和调试为主的班级活动，配合学校预防学生心理危机事件。

御营小学心理危机干预工作展示

刘冬梅

为了进一步落实教育部对青少年学生心理健康重视方针，学校扎扎实实推进工作，切实营造心理健康从娃娃抓起的良好社会氛围，全面提升师生和家长心理健康知识和素养。学校在心理教师倡导“家 - 校 - 社 - 医”协调解决青少年心理健康问题体系的基础上，积极开展以班主任为核心阵地、各学科课任教师多元辐射为辅助、“五育”并举促进学生心理健康发展的实践研究。学校心理健康工作由区、校、年级、班级层层深入渗透，各班成立班级心理委员会。心理老师定期对全校心理委员开展能力素养提升专题培训，每年 5 月 25 日评选表彰校级优秀心理委员，提高他们工作的积极性。

心理老师利用课前、课间、课后随时随地动态了解全校学生的心理状态。各班心理委员是学校播撒下的情绪种子，他们是榜样、是标杆、是温暖形象的代言人。

2021 年 9 月，全校 36 个班均成立心理委员会，由男女生各 1 名学生担任，同时佩戴徽章。

2022 年 9 月，各班成立“爱心互助飞虎队”，帮助身边有需要的同学。推出特权卡，由心理委员颁发此卡。

2023 年 9 月，心理委员佩戴微笑徽章标志“今天，你微笑了吗？”

上海市曹杨第二中学心理危机干预工作展示

胡　倩

学校创建于 1954 年，是上海市首批实验性示范性高中。近年来，学校被评为全国文明校园、上海市学校心理健康教育先进集体等。

心理教师胡倩在第二届中小学心理危机干预工作研讨会上参与交流并发言，主题为“学校心理危机干预中的‘进’与‘退’”。其在发言中提到，学校危机干预的有效经验有：①危机浮现第一时间的“进”，此“进”指师生共进，守护安全；②危机前期舆论控制的“进”，此“进”指点面共进，控制波及面；③危机中期校家协同的“退”，此“退”指以退为进，家校共育；④危机后期自主发展的“退”，此“退”指明退暗进，专业帮扶。在学生心理危机干预中，学校要给予充分的关心和支持，但不可操之过急，而要进退有度。

此外，为进一步加强学校心理健康教育工作的实施，学校于 2021 年率先在高中阶段启动了班级心理委员的创建工作，以期培养一批学有所长、心有所善、行有所止的班级心理委员。学校制定了《心理委员工作手册》，其中记载了心理委员的工作内容、工作原则和其他应知应会；每学期举办 2 次专题培训。

上海市位育初级中学心理危机干预工作展示

楼　珂

为切实加强和推进学校心理健康教育工作，进一步提升心理委员的危机干预意识和能力，充分发挥心理委员在预防学生心理危机事件中的积极作用，学校结合“全员导师制”工作，在各班级设立心理委员即心理联络员，会同各班班主任，形成一个由“心理联络员－班主任/导师－年级组长－心理专职教师”构成的四位一体的心理危机预警防控体系，做到学生心理问题“早发现、早干预、早解决”。

2023年3—5月，组织开展校心理季活动之“同辈互助，赋能成长”心理委员专题系列培训，包括心理委员的基本指责和使命、初中生常见心理问题及应对、早期心理危机的识别和干预等，旨在明确心理委员职责与角色定位，提升心理委员的专业素养。

2023年10月，学校修订完善《学生心理危机事件干预方案》，将心理委员纳入学生心理危机预警三级网络，健全朋辈心理辅导团队。

2024年3月，面向心理委员和心理社团成员组织开展“静心解压禅绕画”活动，加强心理委员团队的凝聚力，提高心理委员的工作热情和积极性。

长沙市雨花区红星小学心理危机干预工作展示

连　艳　姿彭华

为确保每一名学生的身心健康，学校心理心育工作主要从以下四个方面开展。

（1）建立机制与培训师资全面保障。成立特殊生关爱专班，校长任组长，德育副校长、班主任、科任老师全员参与，对学生的心理状况进行监护和干预。通过专业培训和资格认证，提高心理健康教育教师的专业素养，确保心理干预工作的专业性和有效性。

（2）摸底建档与动态管理持续跟进。每学期初以班级为单位，由班主任牵头，通过适时观察、谈心随访、心理普查、体质检测等多种形式，对学生情况开展全方位摸排,建立特殊生档案、台账,实行动态跟踪管理。

(3)包保关爱与全员家访家校携手。落实特殊生“1+N”(每位教师都帮扶1名特殊生)包保关爱机制,落实“一日一关注”“一周一谈话”“一月沟通”“一期一家访”等工作制度。在全员家访的基础上,以重点关爱人群、融合教育对象为重点开展家访工作。

(4)定制个辅与年级团体辅导双管齐下。聘请专业心理咨询师,为重点关注的特殊学生定制个别心理辅导,为学生成长中遇到的烦恼建立疏导的通道。每月都开展“做情绪的主人”“护航青春 抵制欺凌”等团体辅导活动,教授学生遭遇校园欺凌、性侵时的解决方法以及积极面对的策略。

昭通市昭阳区第二小学心理委员工作展示

(1)学校简介。

昭阳区第二小学隶属云南省昭通市昭阳区,地处城乡接合部,有72年办学历史,在校学生1 500余人。学校有一间十多平方米简陋的心理咨询室,心理咨询师邹霁老师自考取得心理咨询师证书。

(2)成功经验。

①为了提升自我能力,学校多名教师于2023—2024年,多次自费到北京、上海等地学习。

②开展学生心理健康专题讲座,组织家长和教师参加培训。2023—2024年,到机关、社区、国企、幼儿园等开展培训30余场次,为家长开展讲座不少于20场,惠及更多群众。

③把学科与心理健康相结合,开设幸福作文课,2024年春,将神经语言程序学(NLP)应用到学科教学的师资培训中。

④2024年7月,举办集美食、体验、表达、疗愈于一体的亲子游学营。

(3)挑战部分。

①昭阳区的175所中小学(小学133所),仅有48所学校有专业的心理老师,占27.42%。多数心理老师属于在职进修取得心理咨询师资格证,且是非科班毕业的心理健康专职教师,专业能力急需提升。

②全区学习提升资源匮乏,心理老师和班主任外出培训和学习的机会少。

③资金紧缺。昭阳区 20% 的学校勉强创建了心理咨询室,我校心理咨询室条件也急需改善。

④全区留守儿童数量日益增长,家庭教育缺失,家长意识落后,认为孩子的教育完全是学校的事情。

⑤学校仅有的一位心理咨询师邹霁老师现担任毕业班班主任,教授语文学科,无法承担学校心理健康教育专职工作。

南京市金陵中学岱山分校心理危机干预工作展示

张 瑜 孙 莉

金陵中学岱山分校位于南京主城西南部。南京市最大的保障性住房片区——岱山保障房坐落于此。学区内拥有近 4 万套保障性住房,拆迁安置户、低保户和外来务工人员占区域内居住人口的 85% 以上,学区内还有大量残疾人、两劳(劳改和劳教)释放人员等特殊人群。每个学生背后都是一个家庭。岱山片区的特殊性,直接导致了学生心理问题的普遍化与多样化。

为了保障学生的身心健康、促进学生全面发展,学校从建校伊始就高度重视学生的心理健康工作。为更好地了解学生心理动向,学校在每个班设立 2 名心理委员,并称其为心理气象员。心理气象员每学期都要接受心理健康知识培训,心育中心的老师带领他们了解什么是心理健康、如何识别心理异常状况。心理气象员把自己学到的知识带入班级,每周向心育中心反馈本班的“心理气象单”,做心理健康老师的“耳朵”,帮助老师更好地把握同学们的心理状况,预防突发事件。

同时,心理气象员积极参与心育中心建设,自发参与心育中心的值班工作。心育中心每周开放 10 小时,除个别辅导室外,资源教室、放松室、宣泄室、“心缘心声”校园广播站等地方也都活跃着心理气象员的身影。

上海市七宝实验中学心理危机干预工作展示

张　瑜

“与其堵而抑之，不如疏而导之。”在心理危机干预工作中，学校秉持“预防前置”的工作理念，坚持健康教育、监测预警、咨询服务、干预处置“四位一体”的学生心理健康工作体系。

多宣传，深入“知”心。2024 年 2 月以来，通过 3 次升旗仪式向全体师生发出心理活动倡议，师生参与率达 100%；通过 6 次微信公众号宣传，展示心理健康教育活动，渲染学校心理节气氛。

广参与，启智“润”心。心理活动季期间，学校分年级开展线下专题心理健康教育讲座：六年级开展“新学期，心适应”心理讲座，七年级开展“考前急救包”心理讲座，八年级开展“拥抱青春”青春期心理讲座，九年级开展“职等你来”生涯教育讲座。全校学生参与率达 100%。

心理委员朋辈互助。2023 年 5 月 9 日，在学校心理委员的倡议下，心理委员会联合学校大队部，组织开展了“润泽心灵，向阳生长”心理游园会活动，让学生们在游戏活动中体验情绪宣泄和团队合作，在同伴交往中释放了压力，滋润心灵。

家、校、社联动，守护学生健康成长。学校联合家长、社会资源，围绕困扰家长的 12 个心理主题，举办了“爱·成长”系列家庭教育指导沙龙，为学校、家长和社会搭建互动交流的平台，增强全员心理健康教育的共识。

昆山市实验小学心理危机干预工作展示

雷明慧　顾惠琴

为了及时发现和处理学生的心理问题，预防心理危机事件的发生，以及促进学生心理健康发展，五、六年级每班按照“自愿申请、班级推荐、心理老师考查、心理知识培训”的原则选拔了 1 名男生和 1 名女生共 2 名心理委员。

心理委员需要对班级中有突出心理问题的同学进行关注，当发现有情绪或者行为问题时及时报告给心理老师；每月心理委员根据班级的真实情况填写班级学生心理状态月报表，帮助心理老师了解各班学生心理动态。

为了扩大心理知识传播面，同时提高小学生的心理韧性，心理委员成为一到三年级学生的“小老师”，既丰富了低年级学生的学校生活，也让心理委员有所成长。

2024 年 4 月，拍摄心理剧，部分心理委员参演的心理剧《与“金丝笼”say 拜拜》获得昆山市二等奖。

在每年 5 月的心理健康月活动中，举办关于“校园霸凌”等心理健康主题的科普短视频拍摄活动。五、六年级的心理委员积极参与剧本创作、排练和拍摄工作。另外，所有心理委员都是“5·25”心理健康月活动中“抗逆力”四格漫画、“你好青春期”讲座等活动的校园宣讲员，对于推动校园心理健康教育工作起到了不可或缺的作用。

第九部分 “心理委员基础知识与实用技能”主讲专家简介及视频观看流程

一、“第六期心理委员标准化教学研讨暨心理委员网络课程制作”教师简介

1. 刘明波

复旦大学社会发展与公共政策学院副教授、应用心理专业硕士研究生导师，中国心理学会注册督导师，中国心理卫生协会大学生心理咨询专业委员会常务委员、副秘书长，中国心理学会心理危机干预工作委员会委员，上海高校心理咨询协会常务副理事长，上海市心理学会婚姻与家庭心理学专业委员会主任委员。

2. 石岭

北京师范大学博士，江苏师范大学学生工作处副处长、心理健康教育中心主任，精神动力学方向心理咨询师，国家二级心理咨询师，中国心理学会临床与咨询心理学注册系统注册心理师，全国 12355 青少年热线咨询专家，江苏省大学生心理危机干预专业委员会副秘书长，江苏省心理学会艺术心理治疗与辅导委员会专委。接触过大量有关学业压力、情绪问题、亲密关系等的心理咨询个案，对压力处理和自我认知培养等议题有独到见解，拥有丰富的家庭治疗经验。

3. 王红菊

山东农业大学学生心理教育中心主任,教授,硕士;国家二级心理咨询师;督导师;华东师范大学应用心理学高级访问学者。担任中国心理卫生协会大学生心理咨询专业委员会委员,山东省大中小学心理健康专家指导委员会委员,山东省大学生心理健康教育专业委员会副主任委员,全国高校心理委员协作组理事和山东心理学会理事。长期从事大学生心理健康教育的教学和心理咨询工作。编写著作 7 部,发表学术论文 38 篇,主持和参与国家级、省市级课题 15 项。主持校级一流课程和课程思政教改项目,教学成果荣获学校特等奖。

4. 刘晨

电子科技大学心理健康教育中心专职教师,发展与教育心理学硕士,国家二级心理咨询师,四川省精神卫生中心兼职心理咨询师。主要研究方向为青少年心理健康与行为、朋辈互助积极行为。主编《我的孩子怎么了》等相关著作,发表心理委员课程研究论文《项目式教学在朋辈心理课程中的应用》等数篇。

5. 鲍英善

大连理工大学心理健康教育与咨询中心主任,博士,副教授,中国心理学会注册心理师,中国心理卫生协会职业心理健康促进专业委员会委员,大连市总工会职工心理咨询服务顾问团顾问,大连市未成年人心理健康教育与咨询中心特聘专家。曾获辽宁省首届高校心理青年教师讲课大赛一等奖,编写了《消费者心理学》《大学生心理健康案例集》等 7 部著作,主持参与省部级各类项目 26 项,在国内外核心期刊发表论文 20 余篇。

6. 李旭珊

北京理工大学心理健康教育与咨询中心主任，副教授，教育学博士。中国心理学会注册心理师、督导师，北京师范大学临床心理学方向研究生实习基地督导师，中国人民大学心理学系行业导师。目前任中国心理卫生协会大学生心理咨询专业委员会委员、北京市高等教育学会心理素质教育研究会常务委员。主持北京高校心理名师工作室、“心理＋科技”工作室。

7. 余金聪

副教授，医学博士，应用心理学硕士，中南财经政法大学心理健康教育咨询中心专职教师，青少年心理发展研究所专职教师，全国高校心理委员研究协作组常务理事，中国心理学会注册心理师，国家二级心理咨询师，学校心理委员队伍、研究生心理健康协会指导教师。在校内开设心理委员通识选修课 2 门，首创校级主题心理班会策划大赛。主持湖北省教育厅和校级课题各 2 项，以第一作者或通讯作者在国内外期刊发表学术论文 15 篇。

8. 张秋艳

广州商学院心理健康教育与咨询中心主任兼学生处副处长，全国高校心理委员研究协作组理事，广东省高等学校学生心理健康教育专家指导委员会委员，广东省高校心理健康教育与咨询专业委员会常委、心理健康教育教学督导，《中国高校学生心理援助热线建设方案和管理办法》起草工作组成员。曾获 2018 年广东省高校大学生心理健康教育教学基本功比赛一等奖。

9. 明晶

内蒙古商贸职业学院学生资助与心理教育中心副主任，副研究员，应用心理学硕士，国家二级心理咨询师，内蒙古高等教育学会心理教育专业委员会副秘书长，全国高校 2015—2018 年度大学生心理健康教育工作优秀工作者。从教 15 年来，一直致力于心理健康教育教学研究，撰写了 20 余篇学术及教育教学改革论文，主持编写教材 3 部，参与编写教材 2 部，撰写专著 2 部，主持和参与省级课题 10 余项。

10. 赵军燕

首都师范大学心理咨询中心主任，副教授，中国科学院心理研究所发展与教育心理学博士，首都师范大学应用心理学专业硕士生导师、心理学院教师心理发展与研究中心副主任，中国心理学会注册督导师。北京高校心理名师工作室“心理创意课程工作室”负责人，北京市高等教育学会心理素质教育研究分会副会长，中国心理卫生协会大学生心理咨询专业委员会常务委员。

11. 王敬群

江西师范大学心理教育中心主任，教授，硕士生导师。中国心理学会注册督导师、注册心理师，中国心理学会危机干预工作委员会委员，中国心理卫生协会大学生心理咨询专业委员会常务委员，全国心理委员研究协作组常务理事。江西省政府应急管理专家组成员，江西省学校心理健康教育中心专家指导组副组长，江西省高校心理健康教育专业委员会副会长兼秘书长。多次获“全国大学生心理健康教育工作先进个人”“江西省五一巾帼标兵”等荣誉称号。主持完成省级课题 10 余项，主编图书 8 部，发表论文 40 余篇。

12. 杨蕊

大连大学心理健康教育中心教师，副教授，中国心理学会注册心理师，大连市高校心理危机预警与干预专项工作组秘书，大连市戒毒所心理合作专家。曾获辽宁省高校心理教师教学竞赛一等奖，获评辽宁省高校校园心理剧优秀指导教师、大连市高校“优秀学生思想政治教育工作者”。带领学生获得全国心理剧展演三等奖、高校心理微电影百佳奖、辽宁省高校心理剧大赛二等奖。多次主持并参与省市级课题，撰写《高校思想政治教育概论》专著 1 部，发表论文 10 余篇。

13. 王立前

三级教授，国家二级心理咨询师，全国优秀教师，全国高校心理委员研究协作组常务理事，河北省大中小学心理健康教育专家指导委员会委员，河北省心理学会理事，河北省心理学会职业院校心理健康教育专业委员会委员。发表论文 20 余篇，主持参与国家级、省级课题研究多项，主编、参编教材 5 部。教科研成果多次获奖并产生积极影响。

14. 程诺

天津大学应用心理学硕士，国家二级心理咨询师，天津大学一流本科课程“心理委员的基础知识与实用技能”助理，心理委员与朋辈辅导工作平台助理。

15. 商似昭

河北大学管理学院教师,国家高级职业指导师,国家三级心理咨询师。有多年大学生心理健康教育工作经验,讲授“大学生心理健康教育”“大学生职业生涯规划与就业指导”课程,参编教材《大学生就业指导》,指导多项大学生创新创业实践项目。

16. 陆美月

福州外语外贸学院心理健康教育与咨询中心负责人,中国性学会性教育分会委员,福建省心理咨询师协会大学生心理辅导专业委员会副主任,国家二级心理咨询师、二级婚姻家庭咨询师。曾获得全国青年运动会志愿者组织工作先进个人、全国辅导员职业能力大赛福建省优秀奖及福州市优秀辅导员等众多荣誉。擅长处理婚姻家庭、亲密关系、儿童青少年情绪问题个案,累计咨询时间超过 8 000 小时。长期教授“普通心理学”“学前心理学”等多门课程,录制的“萨提亚式家庭治疗”课程被纳入人力资源和社会保障部教育培训中心婚姻家庭咨询师培训课程。

17. 刘卉

北京大学学生心理健康教育与咨询中心主任,副教授。北京市高等教育学会心理素质教育研究分会副会长,中国心理卫生协会大学生心理咨询专业委员会常务委员,中国心理学会心理委员与朋辈辅导工作委员会常务理事,中国心理学会心理危机干预工作委员会委员。

18. 张江华

中南大学学生工作部副部长、心理健康教育中心主任，副研究员，应用心理学博士。国家二级心理咨询师，中国心理学会临床与咨询心理学专业机构与专业人员注册系统注册心理师，营地教育师。湖南省高校心理健康教育研究会副秘书长，“芙蓉计划”——湖南省高校优秀思想政治工作者，第七届中国心理卫生协会大学生心理咨询专业委员会委员。

19. 李文强

北方民族大学心理健康教育专职教师、心理委员队伍指导教师，讲师，心理学硕士，国家二级心理咨询师。主持宁夏回族自治区思想政治工作精品项目 1 项、北方民族大学思想政治教育项目 2 项。曾获宁夏回族自治区心理健康教育教学竞赛二等奖、北方民族大学教学设计竞赛二等奖、北方民族大学青年教师教学竞赛三等奖。指导的心理情景剧获宁夏回族自治区心理微电影（短视频）竞赛一等奖。

20. 冯愉涵

北京理工大学心理健康教育与咨询中心教师，助理研究员。指导北京理工大学心理委员骨干成立“微笑海豚训练营”。“微笑海豚训练营”获全国心理健康教育“优秀实践支队”称号，2023 年 12 月入选共青团中央维护青少年权益部直接联系、跟踪指导的高校学生心理健康社团。多次组织校级心理情景剧比赛，指导作品曾获得首都高校一等奖、全国优秀奖。个人获首都高校心理健康季“优秀指导教师奖”及 2021—2022 年度北京高校心理素质教育“优秀标兵”称号。

21. 封静

湖北经济学院法商学院心理健康教育中心专职教师，心理健康教育硕士。全国高校心理委员研究协作组理事，中国心理学会注册心理师，国家二级心理咨询师，国家中级心理治疗师，中国性学会性教育分会副秘书长/常务委员，中国性学会性心理分会委员。湖北省婚姻家庭研究会性教育专委会副主任委员。连续多年致力于大学生心理健康教育工作，负责心理委员队伍建设、管理和培养，注重朋辈心理辅导工作的理论研究和实践创新，主持多项省级、校级教研/科研项目。

22. 莫华敏

南阳理工学院心理健康教育教研室主任，应用心理学硕士，哲学博士，国家二级心理咨询师，河南省优秀心理工作者。主持省级心理健康教育课题多项，编写心理健康教育相关论著6部。参与建设的“心理健康教育”线上课程被评为河南省精品在线开放课程、河南省一流线上本科课程；教授的课程“大学生心理健康教育”被评为河南省高校心理健康教育优秀课程。研究方向为大学生生命教育、团体心理辅导、朋辈辅导以及心理情景剧应用。

23. 范梦

广东工业大学心理健康教育中心副主任，讲师，发展与教育心理学硕士。国家二级心理咨询师，全球职业规划师，全球生涯教练，职业指导师。有较为丰富的心理健康教育、生涯规划和职业发展指导工作经验。曾获第八届广东省大学生职业生涯规划教学大赛本科组一等奖，获评第七届广东省大学生职业生涯规划大赛优秀指导老师。指导学生获得本科生特等奖(全场总冠军)。发表心理学相关论文10余篇，参与编写教材5部。

24. 苏迪

宁夏大学学生心理健康咨询中心专职教师，北京师范大学临床与咨询方向硕士，清华大学心理学系在读博士。中国心理学会注册心理师，国家二级心理咨询师。

25. 温娟娟

河南职业技术学院心理学教授，硕士。国家二级心理咨询师，河南省优秀教师，河南省职业院校省级名师，河南省教学标兵，河南省高校优秀心理健康教育工作者，河南省高校青年骨干教师，河南省女职工建功立业先进个人。河南省心理学会常务理事，郑州市心理卫生协会常务理事，河南省物理医学学会委员，全国高校心理委员研究协作组理事。从事心理健康教育与咨询工作 17 年，发表专业论文 30 余篇，编写教材和专著 5 部，主持省厅级课题 20 余项，荣获教科研奖励 40 余项。

26. 刘欣

西北工业大学学生心理健康教育中心主任，应用心理学硕士。国家二级心理咨询师，中国心理学会临床心理学注册工作委员会注册心理师，中国心理卫生协会首批注册心理咨询师，全国高校心理委员研究协作组理事，陕西省高校心理素质教育研究会副会长，陕西省心理卫生协会第六届理事会理事。参与编写教材 5 部，参与主持教育部高校思想政治工作精品项目、陕西省辅导员基金项目和西北工业大学校级基金项目等 10 余项，发表论文 10 余篇。2020 年获首届陕西高校心理健康教育课程教学大赛二等奖。

27. 李永慧

华东理工大学心理咨询中心副主任，教授，临床心理咨询技术学博士。国家二级心理咨询师，中国心理学会注册心理师，上海市心理学会督导师，上海市学校心理咨询师（高级）。中国心理学会心理危机干预工作委员会委员，全国高校心理委员研究协作组常务理事。美国加州大学伯克利分校访问学者，赴英国牛津大学短期研修。曾获"上海市新长征突击手"称号。编创的剧目三度获全国高校心理情景剧大赛一等奖以及优秀指导教师奖。研究方向为积极心理学、心理情景剧应用、叙事疗法以及表达性团体辅导。

28. 热娜古丽·艾赛提

新疆大学心理健康教育与咨询中心副主任，北京师范大学心理学学士，华中师范大学发展与教育心理学硕士。中国心理学会临床心理学注册心理师，国家二级心理咨询师，中国心理学会会员，新疆维吾尔自治区心理学会骨干成员，新疆维吾尔自治区青少年发展基金会心理学专家。

29. 刘亚菲

天津仁爱学院心理健康教育中心主任，讲师。国家二级心理咨询师，长期从事高校学生心理咨询、团体辅导、心理危机干预实务等工作。讲授"大学生心理健康教育""大学生团体心理辅导理论与实践"等课程。2023 年获天津市首届高校心理教师技能大赛三等奖。

30. 陈娟

重庆师范大学心理健康与咨询中心教师，副教授，硕士生导师，心理学博士。国家二级心理咨询师，中国心理学会临床与咨询心理学注册督导师，中美精神分析联盟精神分析师。全国心理委员研究协作组理事，重庆市心理卫生协会青年教师专业委员会副主任，重庆市学校心理健康教育研究会理事，重庆市团体心理辅导与心理健康专业委员会理事，重庆市心理卫生协会理事，重庆市优秀思想政治教育工作者，重庆市“心理健康专业人才库”专家，重庆市大学生心理健康教育与服务中心专业负责人。

31. 肖斌

中国科学院大学心理健康教育中心主任，中国心理学会注册督导师，中国心理学会心理危机干预工作委员会委员，全国高校心理热线协作机制发起人，美国心理学会心理治疗分会国际会员，国际依恋联盟中国分会主席。主要从事以情绪心理过程为核心的应用心理学的研究与实践，有丰富的心理咨询和危机干预临床经验。

32. 向莉莉

南京师范大学心理中心主任，江苏省仙林大学城心理健康教育研究中心办公室主任，中国心理学会注册心理师，职业生涯规划师，生涯教练，江苏省社会心理学学会团体心理辅导与咨询专业委员会委员，江苏省大学生心理健康教育工作优秀工作者。

33. 史秀玉

浙江交通职业技术学院心理健康教育指导中心主任，浙江大学应用心理学博士，中国心理学会注册心理师，国家二级心理咨询师，全国高校心理委员研究协作组理事，浙江省高校心理咨询专业委员会青年委员，浙江省教职工心理健康服务中心心理咨询师。曾获第二届全国高校心理情景剧大赛优秀指导老师、浙江省心理健康教育年度人物、校年度工作先进者等多项荣誉称号。主持的课程获浙江省微课竞赛一等奖

34. 姚斌

西安交通大学学生心理发展指导中心主任，博士，教授。中国心理学会注册督导师，中国心理卫生协会首批认证督导师。教育部高等学校学生心理健康教育专家指导委员会委员，中国心理卫生协会理事，中国心理卫生协会大学生心理咨询专业委员会常务委员、副秘书长，中国心理学会心理危机干预工作委员会委员。陕西省心理卫生协会副理事长，陕西省心理卫生协会大学生心理咨询专业委员会主任委员。

35. 王昌纯

海南大学心理健康教育中心副主任(主持工作)，中国心理学会注册心理师，国家二级咨询师。海南省应急心理救援队专家成员，海南省心理咨询行业协会秘书长。心理咨询服务时长累计 5 000 小时以上，接受心理督导及个人成长 260 小时。曾荣获全国心理情景剧优秀指导教师称号，获全国高校心理微视频课程比赛二等奖。为海南省教育系统开展教师培训 30 余场。主持的项目 2022 年获评海南省社科联优秀思政研究项目，2024 年获海南省高校心理健康指导案例一等奖。

36. 周全丽

陕西师范大学心理健康教育(咨询)指导中心副主任。中国心理学会临床与咨询心理学专业委员会注册心理师,国家二级心理咨询师。陕西省心理学会理事,陕西高校大学生心理咨询专业委员会委员,陕西省心理卫生协会心理危机干预专委会委员。长期从事大学生心理健康教育、教学、咨询和研究等工作。

37. 张洪英

上海交通大学心理中心主任,副教授。中国心理卫生协会大学生心理咨询专业委员会常务委员,上海高校心理咨询协会副会长,中国心理学会临床心理学注册工作委员会注册督导师、注册心理师,中国心理卫生协会首批认证督导师。长期从事心理健康教育与咨询工作,主要研究方向包括压力管理、心理健康教育、心理咨询的过程与效果研究、危机干预等,在人本、家庭、心理动力学、叙事咨询等方面均有深入学习和咨询督导实践;擅长整合取向的胜任力模型的督导实践。编写教材和专著10余部,发表论文10余篇。

38. 史海松

华北电力大学心理健康教育中心负责人,博士。国家二级心理咨询师,中国心理学注册心理师。北京市高等教育学会心理素质教育研究会第七届分会常务委员兼副秘书长,中国心理卫生协会大学生心理咨询专业委员会第七届委员,中国社会工作联合会青少年与学校社会工作委员会委员。长期从事大学生心理健康教育教学、个体咨询、督导和科研工作。

39. 李佳

西北大学心理健康教育中心专职教师,副教授,西北师范大学临床心理学硕士生指导教师。中国心理学注册心理师,国家二级心理咨询师。全国高校心理委员研究协作组常务理事,东方明见注册系统第八期督导师培训学员、实习督导师。讲授“大学生心理健康”“社交技能团体心理辅导”“心理委员培训”“健康人格心理学”“教育心理学专题”5门课程。主持课题6项,参与课题19项,发表论文13篇,参与编写著作10部,获奖6项。

40. 曾珍

广西大学学生心理发展指导中心专职教师,国家二级心理咨询师,临床与咨询心理学专业机构与专业人员注册系统助理咨询师。长期从事大学生心理健康教育工作,获广西壮族自治区心理健康教育教学比赛一等奖2项,微课比赛一等奖1项,获省部级教学成果二等奖1项,所指导的学生多次获全国百佳心理委员称号。

41. 刘正奎

中国科学院心理研究所研究员,中国心理学会副秘书长,中国心理学会心理危机干预工作委员会主任。

42. 詹启生

天津大学心理研究所创始所长,中国心理学会心理危机干预工作委员会副主任,全国高校心理委员研究协作组首任组长。

二、视频观看流程

扫描二维码观看“心委慕课”

第十部分　英国牛津大学朋辈训练项目介绍

当我们打招呼时会发生什么:朋辈支持计划如何构建关爱社区

安妮·W. 福特,社会工作硕士专业学位,资深心理辅导员,英国朋辈支持计划创始人

设想一下:你现在在课堂上,和同事们同处一室,或者在一个会议上,还可能坐在一个你从未谋面或不太了解的人旁边。现在想象一下,你转身面向你身边的人,简短地介绍自己,成为那个发起对话的人。你会怎么说？在继续阅读之前,想象一下对话可能会如何发展。

现在,回答以下问题:

当我第一次让你这么做的时候,你是怎么想的？

你是如何设想对方的反应的？

你有什么感觉吗？

在这一章中,我们将思考:当我们打招呼时会发生什么？打招呼意味着什么？打招呼后停下来倾听他人的想法,或者根本不打招呼,又或者在我们匆忙地经过他人身边时打招呼,也许对方忙于别的事而没有注意到外界声音,这种行为会对社交带来什么影响？它为我们和其他人带来哪些机会？

有这么多种可能性。一方面,我们可能会有积极的社交体验,无论多么短暂但是它包括所需的一切:被注意、被看到、被承认。另一方面,我们可能得不到回应,甚至当我们违反不成文的社会规则时,可能感觉到某种程度的困惑或敌意。即使知道如何打招呼——我们或他人文化中的常规行为(握手、鞠躬、以正式或非正式的方式称呼对方等),也会让人感到很难驾驭。我们不断地解读一种情况的文化敏感性,在最广泛的意义上和特定的背景下什么是可以接受的,什么可能是不好的。而且,随着这些事物的演变,我们需要保持清醒。例如,在英国,新冠

疫情以来，人们与别人问候时不会像以前那样主动握手。有时很难知道在第一次问候某人时该怎么做，这会在互动开始时使人尴尬。

然后，可能会有意无意地把焦虑和所希望的情感带入一种情境。最近，我参加了中国的第十八届全国高校心理委员工作研讨会，在为中国之行做准备的时候，我有些担心——我做对了吗？害怕误解或不理解中国的文化，害怕犯下某种错误。但令人高兴的是，我感受到的是兴奋和新的希望。前往一个新的地方，结识新的同事，让我感到兴奋，因为我相信，由于共同的人文学科，我们会建立良好的联系。事实上，我建立的联系是温暖和发自内心的。通过了解到并调整自己的感受，我能够从容地驾驭一种新的、可能会引发焦虑的情形。

我与你分享我的感受，是因为当我们能察觉到自己内心的想法、他人的想法以及我们之间的想法时，我们就可以打破障碍，建立更深层次的联系。这些过程正在进行中，并随着我们经验的变化而变化，而决定在什么时间走出舒适区是有挑战性的。毕竟，我们都想被看到、被听到、被属于、被喜欢和被爱，就像我们想要看到、听到、喜欢和爱别人一样。这是联系的本质，在生理和心理上都是正确的。我们知道，当我们的感觉没有以一种有意义的方式联系在一起时，我们会分泌更高水平的皮质醇（应激激素），当我们对某人产生积极的依恋时，大脑会释放出“快乐”的激素（催产素和血清素）。我们从出生起就要与外界联系，我们知道这种社交体验是拥有良好的情感和幸福感的重要因素。

那么，它与朋辈支持有什么联系呢？

根据我在美国运营朋辈项目和在 1990—2017 年创立和运营牛津大学朋辈支持项目，以及现在与英国的慈善机构和大学合作的经历，我对朋辈支持有了更深的理解。朋辈支持包括与他人相处的常规、普通和熟悉的方式，以及更具挑战性的情况，即朋辈支持者勇敢地走出舒适区，比如当他们注意到某人有心理异常时，主动跟他交流并消解隔阂，建立沟通渠道。正如一位朋辈支持者所说：“当我在去图书馆的路上与某人打招呼并开始交谈时，这就是现场支持。”虽然朋辈支持者不是治疗师，也不能提供治疗，但朋辈支持者为他人提供了援助，也就是提供了未来进一步发展的机会和改变的可能性。这是现场治疗的适应性。

在牛津大学年度朋辈支持会议上，朋辈支持者 T 谈到了他被帮助的经历以及这对他的影响。T 感到情绪低落有一段时间了，但他并没有把这种情况告诉自己的朋友。T 的朋友（也是朋辈支持者）注意到了他的变化。当 T 的朋友问 T 过得怎么样时，T 说，尽管他知道自己过得不好，但他告诉他的朋友他很好。朋友看着他的眼睛,告诉他,当他想倾诉时,他随时愿意倾听。T想告诉朋辈支持者的是:“你永远不会知道你对他人能产生多么巨大的影响。尽管我当时不想对我的朋友敞开心扉,但他用心关注了我。在那之前,我一直感觉很迷茫。”T在这次互动后主动寻求帮助,并表示寻求帮助的动力是朋辈支持者对他的关注,并口头、非口头、同情和非评判地承认他明白自己有些问题。

在另一个例子中,朋辈支持者围着一张桌子坐在一起,桌子上有糖果、蛋糕,他们在这里探讨朋辈支持计划的开展情况。这是一种主动向人们提供朋辈支持的方法,而不是被动地等待人们来找他们。有一次,一位朋辈支持者向一名路过的学生打招呼,这名学生点头回应。这位朋辈支持者问她是否想要一块蛋糕或一张信息卡,这名学生回答说:“不用了,谢谢。”

那天上午晚些时候,这名学生顺道过来,感谢朋辈支持者。这名学生一直感到非常担心、难过和焦虑,甚至想过做出伤害自己的行为。但是,被朋辈支持者关注让她改变了想法。当这名学生向朋辈支持者分享这些时,朋辈支持者认真倾听,并给予一些基础支持,然后带她去咨询服务中心预约后续治疗。这种看似温和而简单的打招呼行为,对朋辈支持者和被支持者都产生了深远的影响。

反思练习——打招呼对人的影响

·当你听到这些故事时,你有何感想?

·回想一下,你感觉自己被看到和听到的时刻,或许是出乎意料的时刻。在那种情况下发生了什么?那个人做了什么或说了什么?你在事前、事中和事后的感觉如何?

·想一想,你向某人问好时他们的回应是什么?你使用了哪些朋辈支持技巧?

朋辈支持方案

在建立和执行朋辈支持计划时,我们需要向不认识或不太了解的人打招呼。在以学生为对象时,我们可能会收到兴奋、热情、喜悦的反馈。同样,我们也可能会收到怀疑、敌意或恐惧的反馈。正如我们所知,对现有制度的任何影响都将给现状的平衡带来挑战。就像打招呼一样,了解背景是什么,我们在朋辈支持方面提供哪些帮助,以及了解两件事之间的关系是很重要的。

背景

1984年,芭芭拉·瓦伦霍斯特说:“朋辈咨询作为一种被认可的咨询干预方法,有着短暂的历史,活跃的现状,如果有足够的研究支持,未来可能会很强大。”受益于20世纪70年代前人所做出的重要贡献,我们才能够从前人的智慧中受益,并取之以用,加以补充,使之成为自己的。

历史,包括同伴朋辈支持的历史,是很重要的,因为它为我们设定了一个背景:它将我们放在时间线上,并与过去发生的事情和未来可能发生的事情联系起来。如果我们要理解他人,了解背景是至关重要的,无论是整个社会的背景、工作所处的制度背景、家庭背景、学生背景,还是这些背景之间是如何交互的。朋辈支持计划的美妙之处在于,它能够适应周围环境,随着社会、文化、机构和学生需求的变化而发展。如果朋辈支持方案的目标明确、培训材料合理、框架和结构清晰、方案内部和方案之间的沟通有力,那么朋辈支持就能在大学内部创造一种倡导友善、关怀、有同情心和博爱的人文环境。这为学生创造了建立更深层次的联系和归属感的可能性,并促进和补充了现有的学生支持服务。无论是哪种类型的组织和个人,朋辈支持的力量都在于它以一种深刻的方式跨越了文化和语言障碍,有助于在学生之间以及学生与所属机构之间建立关怀性社群。

J的故事

J在牛津大学赛德商学院攻读工商管理硕士(MBA),她将在这里学习为期一年的密集的研究生课程,而这里90%的学生是国际生。她参加了一项朋辈支持培训,该培训开始于紧张的学年之前。J开始缺席社交活动、学期前讲座,还错过了一次培训课程。小组中的朋辈支持者注意到了这一点,并决定利用他们新习得的朋辈支持技能,委婉地向她表达他们的担忧。于是他们了解到了以下情况。

J来自中国,她有考进牛津大学赛德商学院所具备语言水平,但缺乏购买日用品所需的语言能力。她买了一种她认为是洗发水的东西,但发现它不起泡沫。原来她买的是沐浴露,她没能理解标签的含义。

她差点退学了,因为“在来之前,我认为自己有能力,也很自信。在中国时,我出版了一本书,并攻读了另一个更高的学位。我连洗发水都买不明白的话,怎么面对这一学年呢?”朋辈支持者承认,来到一个新国家的经历对她来说是多么令人沮丧,他们也有类似的经历,并向她提供了所需的一切支持,既有情感上的

（听她讲述自己的感受和经历），也有实际的（把自己的课程笔记借给她）。

她说，正是她参加了朋辈支持培训，朋辈支持者为她提供了帮助，以及他们为此建立的纽带让她没有放弃。通过这种经历，J 和小组中的其他人经常将朋辈支持小组作为他们的“家”。

> **反思练习——朋辈支持对 J 的影响**
>
> ·J 在英国上大学有哪些压力？
>
> ·你认为最终是什么帮助了她？
>
> ·你是否曾到国外或者一个新的城市接受教育？如果去过，那么你面临的挑战是什么？什么因素起了帮助作用？
>
> ·如果建立社交关系有助于减少孤独感，提高幸福感和韧性，那么是什么让寻求支持变得如此困难？写下 5 个想法。
>
> ·作为朋辈支持者或教师，当你支持来自另一个国家或城市的人时，你会怎么做？

孤独状态对人的心理、身体和情绪都有影响，而拥有归属感和建立联系则会对身心健康带来益处。朋辈支持在大学和各种机构中都有用武之地，有助于形成一个健康的社区。

牛津大学的背景

朋辈支持不再只有一段短暂的历史：牛津大学朋辈支持计划始于 1990 年，由大学咨询服务机构负责，一直执行至今。在此期间，朋辈支持计划已经在英国各地的中小学和大学中普及。

朋辈支持计划开始于牛津大学的一个试点项目，以响应一份大学报告。该报告显示，当学生需要支持时，他们首先且最主要的是寻找同龄人。在该报告发布之前，美国的研究已经证实了这一点，此后的研究也证实了这一点。大学时期是一个学生经历某种形式的自我独立的时期，因此他们正在思考如何从依赖家庭过渡到独立。此外，还有一项发展任务，那就是在离家的同时，与同龄人一起掌握社交互动的方法及其涉及的其他方面。这种离家并不适用于所有文化背景下的家庭，它是一个必须被妥善处理的发展任务，无论学生是否真的脱离了家庭。20 世纪 90 年代初，英国很少有关于心理健康和幸福的公开讨论，我们的目标之一是减少与寻求支持相关的羞耻感。要让人接受和信任朋辈支持计划，需要坚持付出大量的努力。

朋辈支持计划已经发展并适应了社会的变化。尽管通过互联网联系的人比以往任何时候都多,但面对面亲密联系的质量在过去 20 年里有所下降。新冠疫情的流行在全球范围内增加了孤独的体验,这使得心理健康的话题比以往任何时候都更加公开。我们对孤独感增加的理解,再加上社会上对幸福和心理健康的讨论更加开放和坦率,引发了我们对朋辈支持可以提供哪些帮助来缓解这种情况的思考,特别是那些有心理健康问题的人经常感到孤独或无法寻求支持。

牛津大学的朋辈支持主要关注学生的情感和心理社会体验。对于在一个机构里害怕做得不够好、害怕被“发现”、害怕暴露弱点的人,朋辈支持计划为他们提供了一个不加评判、富有同情心和反思的空间。让他们感到惊讶的是,通过承认和理解自己和他人的弱点,以及分享这些弱点所带来的好处,会让他们感到自己变得更强大,而不是更弱和不够好。在经济不平等以及种族、移民等问题在英国普遍存在的时候,朋辈支持所固有的平等尤其重要。朋辈支持有可能惠及所有学生,无论其背景如何。正如来自新加坡的学生在谈到他的经历时所说的那样:

作为一名少数族裔和国际学生,在我大一的米迦勒节学期(即秋季学期,责编注),我很难适应。尽管我的朋友们都很友善,我也没有遭遇过种族歧视,但我在适应不同的天气、食物、文化和语言方面面临着挑战。我很难找到其他能同情我处境的学生。这就是为什么我觉得牛津大学需要少数族裔的朋辈。他可以帮助少数族裔的学生从那些能够理解他们并经历过类似情况的人那里找到支持。

随着该项目的成熟,对于它为朋辈支持者、他们所支持的人以及整个大学提供了什么,一个更加深入的理解逐渐成形。牛津大学的朋辈支持者都是志愿者。他们接受了 30 个小时的培训,内容包括倾听和支持技能、有效沟通以及与家庭、文化、危机干预、自杀预防教育、转介和标牌、自我照顾、限制设定和隐私保密有关的问题。朋辈支持者从培训本身和支持他人中收获巨大,同样,他们也通过作为项目的一部分而成长和发展。朋辈支持培训是与时俱进的。通过培训和监督,朋辈支持者之间建立了密切的、深厚的关系,他们获得的技能,包括在实践中自我照顾的能力等,对他们本身的影响非常大,会在他们生活中产生连锁反应,并服务于日常生活。

学生们经常评论说,参与朋辈支持对他们所有的社交关系都有积极的影响,而不仅仅是他们支持的朋辈关系。每年都有很多学生因为参与朋辈支持计划而改变自己的职业道路。我们经常听到那些即将退出朋辈支持计划的毕业生说,这是他们在牛津大学读书期间所做的最有价值的事情之一。2016 年毕业于牛津大学赛德商学院的安基特·肖谈到了自己的经历。

朋辈支持是我从赛德商学院 MBA 项目中学到的重要东西之一。培训和督导课程提供了一个极好的平台来提高我的倾听技能和增强自我意识。这两项技能不仅对课堂讨论和小组会议至关重要,在工作中也是如此。我更有信心参与讨论,而人们也觉得和我在一起很舒服,因为他们意识到我遇到问题不随意评判、有同理心和耐心。我受益匪浅,我从来没有想过会从这次经历中得到这么多,包括朋友、同情心、温暖和为他人服务的能力!

克洛伊是一名朋辈支持者和毕业生,她退出了朋辈支持计划,她说:

朋辈支持计划改变了我。如果我们没有接受培训,我不敢相信我们能在这么多方面给大学氛围和同学们的生活带来好的变化。就我个人而言,我认为如果没有朋辈支持,我在这里的时光将没有那么愉快。朋辈支持计划让我在牛津大学找到了归属感和自信,还有我们谈论的自我价值和自我照顾的广度大大改变了我对待自己的方式和在牛津大学经历的看法。朋辈支持给了我信心和技能,让我学会用同理心关心我周围的人。我总能在帮助别人中找到快乐,而朋辈支持让我能够更有效地做到这一点。毋庸置疑,我将继续充分利用我所学的技能。

反思练习——参与朋辈支持方案对参与者的影响

·无论是作为朋辈支持者还是老师,朋辈支持对你产生了怎样的影响?

·你学到了什么?

·关于支持他人的力量,你学到了什么,无论是通过正式的朋辈支持互动,还是在你打招呼之后。

·你如何在日常互动中使用朋辈支持技能,向他人表达善意和同情心?

携手共进

除非人们都认同和理解朋辈支持项目所体现的价值观和所发挥的积极作用,否则该项目不会执行。合作对于启动和坚持执行一项计划至关重要,这包括与该计划所在机构的关键人员、托管朋辈支持服务(学生服务、咨询服务)内的关键人员以及与朋辈支持者本身合作。根据我的经验,当对朋辈支持的目的、培训涉及的内容以及学生在培训后如何提供朋辈支持缺乏理解时,合作就会出现问题。所有院校都面临的一个问题是,学生能否"做好"朋辈支持者。多年来,我不得不纠正这样一种谬论,即利用学生来支持朋辈是不安全的。如上所述,学生自然会倾向于接触他们的朋辈。当然,更好的做法是让一群指定的学生具备倾听、支持的技能,以及必备的知识。

当务之急是,朋辈支持计划的执行者必须认同朋辈支持计划的目标和精神:平等、相互尊重、同情和善良、可获得性、包容性、平易近人和支持。他们要相信,学生能够承担朋辈支持者所做的工作。如果对此存在怀疑,这将有意无意地改变项目和培训的实践效果。因此,重要的是,在启动和执行一项计划时,进行周密的安排,以适应特定的机构,并进行正式培训及定期召开监督会议,这两项是对朋辈支持者的强制性要求。

朋辈支持者的日常行为,比如在晚餐、演讲时及在运动队、俱乐部、洗衣房里与人聊天时,对他人的影响是巨大和深刻的。重要的是,不要以一年中与朋辈支持者接触的次数的多少来衡量朋辈支持计划的成功与否;相反,更好的衡量标准是从朋辈支持者那里了解到他们每天是如何使用自己的技能的及他们打招呼时会发生什么?通过这一衡量标准,我们将获得更丰富多样的信息,了解朋辈支持者在日常生活中是如何表现出善意的,比如与他们注意到的正在独处的某人说话,或者向某人打招呼,以及他们如何更正式地支持他们的朋辈,这些都很重要。

最后,正如14世纪诗人哈菲兹·希拉兹所写的:“当你陷入孤独或黑暗时,我希望我能让你看见:你内心存在的惊人之光!”

通过敞开心扉、接受问候,我们就有可能照亮内心的黑暗,减轻内心的孤独感。通过阅读这部分内容,以及不断反思与练习,我希望你会对朋辈支持和建立联系的重要性、朋辈支持与获得归属感的联系,以及朋辈支持对人们生活的积极影响有更深刻的理解。抓住机会与别人打招呼,或者在别人向你打招呼时积极回应,会给你带来什么?被注意、被看到和被承认的潜在作用是巨大的。反过来,你可以将这些提供给他人,它可能会产生让你意识不到的深远影响。

归根结底,我们每个人生活在世上都只是历史长河中的一瞬间,我们在前人的基础上不断取得进步,目标是让世界变得更好、更友善、更博爱。朋辈支持计划对朋辈支持者和他们周围的人以及培训他们的人产生了明显的积极影响。朋辈支持项目为参与其中的人带来希望、联系和归属感,这是我们在未来发展中迫切需要培养的东西。

格拉斯哥大学朋辈健康支持与支持者的心路历程

罗伯特·比德（资深心理辅助员），凯瑟琳·肯尼迪（资深心理辅助员），
安妮 - 玛格丽特·汤普森（资深心理辅助员）

格拉斯哥大学的朋辈健康支持（PWS）是一项独特的朋辈倾听服务。我们采用学生对学生的模式，主要针对学生在日常生活中存在的困扰提供保密性的心理健康支持服务。该服务是更广泛的健康服务中的早期干预点。我们是苏格兰唯一一所以这种方式提供朋辈支持的大学。

目前，我们大学大约有 60 名学生接受过培训，由 3 名担任学生生活培训师的工作人员负责监督，他们都是完全合格的执业咨询师或心理治疗师。其他员工包括经理、培训师和主管（外部临床监督）。

学生从提出申请开始，要进行为期 9 周的实习生培训，完成后，他们将成为朋辈健康支持者（简称“支持者”）。在学期间，支持者提供学生对学生的倾听服务，并由培训师和主管在每两周举行的强制性监督会议中对其提供支持和负责监督。

我们的目标是建立一个强大的学生听众社区。培训和监督的目的是帮助学生发展、磨炼意志和建立积极主动的倾听技能。事实上，学生是彼此情感支持的宝贵来源，而高超的倾听技能可以对对方起到积极作用。

本文是现任培训师和主管的合作产物，其中还包含了一些支持者的建议。我们的目标是对服务的提供方式进行概述，同时探索支持者的心路历程。它分为三个部分：起始部分由凯瑟琳·肯尼迪探索，中间部分由罗伯特·比德探索，最后部分由安妮 - 玛格丽特·汤普森探索。

起始部分

凯瑟琳·肯尼迪

或许我们可以向大自然寻求更好地理解变化发展过程的灵感。它可能是缓慢而微妙的，而不总是能被肉眼明显察觉的。在成为支持者的过程中所经历的各种蜿蜒曲折也是如此。成为一名熟练的主动倾听者的目标开始于内心的蜕变。就像破茧成蝶一样，训练环境为支持者创造了一个安全的空间，以提高技能。这个过程涉及自我解放的意愿、自我探索的开放性以及不断学习和进步的愿望。

心路历程始于申请流程，鼓励申请人考虑服务工作对自己的实际生活和情感的影响。实习生将在9周内接受27小时的培训（以3小时为单位），同时完成课程作业。为了确保他们的学业不受影响，需要获得学监的批准。此外，课程完成后，他们每周将至少参加2个小时志愿服务，并每两周接受一次监督。对于申请人来说，自己的心理健康状况以及致力于自我探索、积极参与小组工作和从经验出发的练习能力至关重要。为了了解实习生是否适合，还审查他们的相关经验、技能、需要改进的地方以及他们为何被吸引到我们的服务中从事志愿服务。除了申请之外，我们之前还试点了在线小组面试。但是，截至2023—2024年第二学期，面试已被取消，现在换成了必须参加的信息会议，以确保实习生了解所需要担负的责任及做出正确决定所需的信息。为了确保朋辈健康支持项目能够代表广大普通学生群体，我们鼓励有不同背景和生活体验的各种学生提出申请。

一旦申请被提交并由培训师审查，就到了关键时刻。成功入选的申请人可以暂时松一口气，同时收到欢迎他们加入朋辈健康支持项目的电子邮件。我们的目标是，在接下来的9周里提供一个茧，以促进他们成长并蜕变为一名合格的倾听者。如同蝴蝶效应一般，支持者微妙的变化不仅会影响他们自己的学术发展，也会影响大学社区及其他领域。一位来自2023—2024级的实习生说道："我注意到，在整个训练期间，我的倾听技能有了很大的提高……这是任何学生一生中都不可或缺的技能，无论是在大学阶段，还是在日常生活的中。"

2022—2023年第二学期的一位支持者分享道："我认为朋辈健康支持培训提高了我的技能，改善了我的人际关系。我对我参与的对话更加了解了，我相信这将对我的人际交往方式产生巨大影响。我也感觉我真正融入了大学生活。此外，我感觉与其他学生以及整个学生团体的联系更加紧密。谢谢你！"

为了增进福祉而开发和利用重要的生活技能。随着个人情绪积极健康地发展，整个群体都会受到积极影响，一个由熟练的活跃倾听者们组成的社区可以为更广泛的大学生群体提供学生对学生的支持。

实习生首先须是一名好的倾听者，他们是家庭或社交圈中他人求助的对象，他们因此而自豪。他们的目的是利用自己的优势和技能为同龄人提供支持。但是，随着他们意识到要以合适的方式高效地应用倾听技能时，初入培训的兴奋感可能会下降。这些技能很容易理解，但付诸实践却很困难。有趣的是，他们并没有被吓退，而是积极面对。2023—2024年第二学期收到的学生反馈："我真的很喜欢这些会议！我喜欢和一个愿意变得脆弱、一起学习并尝试走出舒适区的群体在一起。”并且“我喜欢它的互动性。如果只是幻灯片，人们就无法享受或从中受益，这些课程有助于我们学以致用。”

一系列从经验出发的练习都要求实习生了解自己和自己的触发因素。这个过程可能会令人不舒服，但有助于增强自我认识。我们会注意到，自信的实习生可能会变得有点踌躇不定，像一个不得不学习如何用新的翅膀飞行的初学者。培训师（拥有临床经验及咨询师、心理治疗师的身份）已做好准备并愿意在他们遇到困惑的时候为他们提供支持。

培训在线下和线上同时举行，大多数学生都参加线下培训。在培训过程中，实习生会告诉他们的同龄人他们目前感受到的情绪。最初这对他们来说可能是一个表现脆弱的过程，但随着习惯于承认自己的情绪，他们能更好地开展探索同龄人的情绪的工作。在培训课程开始时，我们可以看到实习生在处理事情时感到疲倦、紧张，并且常常压力重重。然而，有趣的是，3 个小时后，他们的情绪状态会发生变化——带着轻松的心情离开房间。事实上，根据 2023—2024 年第二学期第 4 周的反馈，一名实习生说：“无论我之前的感觉如何，课程结束后我都感觉好多了。”无论他们在现阶段的感受是否明显，这种情感转变也许正好体现了被朋辈关注和进行情感交流所产生的直接效果。

朋辈健康支持项目改编自 Anne Ford 开发的培训方法。该方法是从实践经验性中得来的，它涵盖以下领域：介绍、签订合同、保护隐私、非言语沟通、识别和标记感情、质疑、欢迎或不欢迎行为、分享担忧、提供建议与积极倾听、决策和价值观、跨代交流、评估障碍、刻板印象、危机意识、自杀和设置限制等。这是一种全面而系统的方法，有效地引导实习生经历蜕变期，让他们成长为合格的倾听者。他们进入房间时还不确定接下来发生的事情将如何影响他们，离开房间时他们已确信自己具备了成为有效的积极倾听者所需的技能。

几项体验式练习促进了个人发生变化。这些训练包括单人、双人、三人或整个小组练习。最常见的是倾听练习，三人为一组，称为三人组练习。三人组里有一名实习生扮演倾诉者，其谈论生活中遇到的实际问题。另一名实习生扮演倾听者，并运用主动倾听技能来为倾诉者解决问题。第三名实习生扮演观察者，这是一个非言语角色，实习生通过观察倾听者来为其成长提供重要的反馈。这种设置要求他们在同龄人面前实时练习倾听技巧。初学者会感到紧张，当讨论谁先开始以及各自将扮演什么角色时，可以听到他们紧张的笑声。培训师们分散在房间里,用敏锐的专业眼光监督三人组。

在每次三人组练习结束时,实习生都会反思自己的倾听过程并对他们所参与的课程进行评论,坦诚地反思自己的表现,并向朋辈提供建设性的反馈。我们要求他们反思倾听中推动训练发展的方面,以及他们认为可以改进的方面。他们提供反馈时会感到尴尬和产生抵触情绪,因为担心会伤害别人的感情。然而,这种每周练习可以培养他们为同龄人保留情感空间的能力,同时处理好自己的情绪。根据2023—2024年第二学期第8周收集的反馈,一名实习生指出:“培训期间的团队反思、理解其他人的情绪和感受促进了积极和互助氛围的营造。”他接着说:“体验被倾听的感觉可以帮助他们了解倾听关系中哪些内容不太有益,但很有效。”事实证明,体验式练习创造了一种共生关系——实习生不仅从自己的错误中得到成长,还从他人的错误中得到成长。因此,虽然他们收到即时反馈可能会感到不舒服,但这有助于他们意识到自己的言行对于那些处于脆弱状态、对日常生活存在担忧的人多么有影响力。

也许情感旅程中一个意想不到的部分是实习生与自己新发展的部分相遇:通过不同的视角见证自己,放弃当前的倾听方式,同时采用新的倾听方式。成长曲线要求他们采用不同的方式倾听自己,然后才能有效地倾听他人,虽然对这种微妙要求的意识可能会建立得很慢,但经过不断练习,积极倾听技能将体现出来。练习中会出现一些常见的错误:在进行情感探索之前问得太多;迷失在故事细节中,而没有反映他们对所涉及情感的理解;非常想为倾诉者提供解决方案,但这些对倾听关系没有帮助。

在《存在之道》一书中,以人为本的心理疗法创始人卡尔·罗杰斯解释了自己在倾听关系中的过程:“如果你能让他们做自己,人们就像日落一样精彩……当看日落时我不会说:‘把橙色的右边的角落涂柔和一点,再把底色涂上更多的紫色,并把云彩涂得再粉一点。’我不会那样做。我不会试图控制日落。我怀着敬畏的心情欣赏它。”

罗杰斯自然而然地倾听、观察和欣赏倾诉者,接纳他们的情绪,而不是改变它们。倾诉者及其独特的经历受到高度重视。实习生必须体现类似的做法——他们必须观察和接纳倾诉者的经历,而不是试图改变。他们虽然理解这一点,但做起来却需要时间。2023—2024年第二学期的学生反馈证实,到培训结束时,他们克制住了为倾诉者解决问题或提供保证的冲动。罗杰斯进一步解释了他的方法:“当对方受伤、困惑、焦虑、害怕,或者怀疑自我价值、不确定身份时,他需要被理解。由能理解他们的人为他们提供支持。我相信,在这种情况下理解是一个人能送给另一个人最宝贵的礼物。”

事实上,实习生们在努力送出这样的礼物——富有同情心地倾听和传达他们对同龄人情感状况的深刻理解。然而,这个过程需要时间,而且学习曲线对他们来说有时可能很陡峭。随着他们技能和能力的发展,实习生说他感觉更加自信:“如果我注意到班上的其他学生过得不好,我就觉得有能力与他们交谈。”当他们开始向同龄人敞开心扉,感觉自己有能力表达同理心和理解力时,他们会快速成长。

当实习生们在培训课程之前、期间和之后聚集在一起,领取热巧克力或交换手机号码时,能观察到他们之间形成了令人振奋的联系。有趣的是,尽管在线培训小组缺乏这种面对面交流的机会,却有他们独特的重要的联系方式。首先,他们能够熟练地通过视频进行沟通。其次,在线培训使他们能与校外同学建立联系,这可能会解决孤立感的问题。最后,在线培训小组可以为那些处于战乱地区,饱受痛苦的人们提供重要的社会支持。

倾听过程往往是敏感的,而发人深省的反思也是情感旅程的一部分。实习生可以反思自己生活中遇到的困难时期,并了解其他实习生遇到的困难。该培训旨在确保他们能够熟练地运用主动倾听技能的同时保持适当的界限。我们是为需要处理日常生活烦恼(早期干预案例)的学生提供服务的,如果需要更高水平的照护,实习生必须熟练地为学生安排其他服务。为了在服务中安全操作,实习生必须全面了解与大学的保障团队共同制定的风险协议。培训师的工作是确保实习生有信心并善于有效地设定限制。实习生反映,他们很高兴知道“如何具体处理超出职权范围的情况”。设定限制时所经历的情绪变化(恐惧、内疚、不知所措)在三人组练习中得到了引导。这些是培训的最后几周的内容,可以确保他们在投入服务工作之前对知识记忆犹新。

如果最后几周的内容让人感觉沉重,那么倒数第二节的一项练习可以让他们放松心情。实习生在互相手写确认书时会收到同龄人的感谢。9 周的共同旅程让他们为自己的下一阶段发展做好了准备,他们从实习生过渡到了支持者,并进入了朋辈健康支持部门,成为该服务的合格成员。正如蝴蝶的蜕变令人惊叹,我们看到了实习生经过坚持不懈的训练实现了不断成长。他们突破自我,向新的方向发展,更有能力为朋辈提供支持。

混乱的中间

罗伯特·比德

培训后,支持者将获得证书、丁香饰带和连帽衫。这样做是为了让支持者产生一种自豪感,巩固他们支持者的身份,并标志着他们进入了朋辈健康支持旅程的下一阶段。支持者通常非常喜欢在组织的活动中穿着连帽衫。他们将被邀请参加"培训毕业"庆祝活动,在那里他们有机会与自己小组和其他小组的实习生的谈论经历。在毕业典礼上,支持者和培训师动情地谈论他们对自己的了解和他们获得的友谊,以及他们所学到的倾听技巧。毕业典礼上支持者的热情常常是显而易见的,他们结交了"一生的朋友"。此次活动也是该服务部门其他成员自我介绍并认识新成员的机会。

毕业后,培训小组解散,他们会加入学院内与其专业相关的既定支持者督导小组。例如,如果他们学习医学,就会被介绍到医学和生命科学小组,该小组由他们学院的学生组成,其中一些人已在该服务部门工作多年,另一些人则工作了一个学期。有 5 个小组,可为有需要的人提供额外的"开放"督导。小组有不同的会议模式(面对面、在线和混合会议模式),具体取决于哪种对支持者最有用。这些小组由对支持者进行培训和督导的 3 名工作人员提供帮助。

支持者在与家人和朋友的个人生活中,在恋爱关系中,在大学实习中,在医院、兽医诊所和农场等地方工作时都会运用到倾听技巧。将支持者分组是为了促进、组织和处理"正式会议"或"会谈"。"会谈"是定时、可预订的,大学里的所有学生都可以来见支持者,讨论问题的时长可达 1 小时。这可以在支持者或工作人员安排的房间中面对面进行,也可以通过视频会议进行。我们始终确保 1 名学生有 2 名支持者,以落实安全问题和问责制。预订会谈的方式有数字屏幕、讲座和部门电子邮件等。虽然会谈只是支持者工作的一部分,但我们发现支持者会将正式会议作为朋辈支持的"真正"或主要工作,这有时会导致小组内部产生挫败感,因为该服务没有得到充分利用,或者他们的培训没有得到充分利用。这是一个反复出现的问题。

新的支持者经常对加入新监督小组很矛盾,并对加入新团体产生紧张感,当没有见到在其他学院学习的支持者时会感到悲伤,当与同学院的支持者密切合作时会很高兴。如果培训他们的工作人员是他们的督导,他们有时会松一口气,反之他们会焦虑。作为他们的培训师,我们会通过向他们介绍新团队的友好性、告诉他们小组的运作方式以及充分了解他们的新督导来减轻他们的焦虑。支持者将每两周与督导会面一次，通常持续 1~2 个小时，具体取决于需要讨论的内容，并且他们可以根据当时的需求决定督导会议的持续时间。

新的支持者进入新小组时，将进行自我介绍。所有朋辈支持者以及督导都被要求介绍自己，说出自己的名字、代称（如果愿意的话）及感受。督导通常先发言，以身作则。如果督导与大家的感受是一致的，这可能会表现出脆弱性和与群体分享权力的意愿（而不是接管权力），并鼓励支持者进行类似程度的脆弱分享，促进与朋辈的深度接触。支持者在学期开始时提到的常见感受，如兴奋、认识新朋友的快乐、紧张、焦虑、不知所措、压力，都被平等地接受。通常，督导会进行同理心的反思，并承认支持者的感受，但不会试图解决任何困难。一些新的支持者可能会在这个阶段与更有经验的督导合作。

督导会议可以采取不同的形式，具体取决于小组实际情况。小组的运作方式也会根据其规模不同而有所差异，具体取决于有多少新的支持者加入小组以及有多少支持者毕业，或者由于个人或学术问题而离开工作岗位。

督导小组的作用是让支持者充分利用倾听技巧，并监督其使用技巧的方式是否合理。

有时，在督导中，我们会分析哪些倾听技巧的效果比较好。但如果支持者对会谈感到失望，我们会尝试找出原因并控制情绪。有时，督导会分享自己作为倾听者的成功或失败的例子，无论是在作为治疗师的临床工作中，还是在日常生活中。例如，督导没有无条件地尊重与他们持有不同价值观的客户（求助人），或者他们评判客户的道德。这让支持者知道，即使是经验丰富的督导也很难做到完美地倾听，而且他们要处理的事情有时会更难。督导还可以将理论概念或心理教育方法传授给小组成员，以帮助他们解决困难，并进一步促进他们学习。除了处理正式倾听之外，支持者还可以讨论他们所进行的非正式倾听，比如在与朋友和家人的关系中或在他们的实习中等。

一些小组将大量时间花在开展推广活动上，如举办海报宣传活动、接管 Instagram、在讲座上发表演讲。支持者还提出了新的举措，运用他们的倾听技巧，开展步行小组、瑜伽课程、烘焙促销、电影之夜等活动。这一切都是在督导时讨论的。

督导的一个重要部分是技能练习，即倾听技能的练习和调整。督导将倾听技巧解释为“如果不使用它们，就会失去它们”，而这种督导就像共情能力训练一样。支持者们组成二人小组和三人小组，并以与训练中类似的方式互相倾听。

督导会为支持者提供倾听方面的指导，例如同理心是什么，为什么不提供建议，以及学会倾听并提供反馈，鼓励支持者就他们的倾听技巧互相提供建设性意见。

随着学习的深入，新成员与小组的关系更加牢固，他们的感受变得更加多样：一位支持者说他很高兴参加督导会议，另一位支持者说他差点就放弃了。在学期中的某个时刻，尤其是在考试期间或论文上交前后，他们的情绪在小组中可能变得相当同质化，即表现出压力、不知所措、疲倦、饥饿和筋疲力尽。如果支持者因情绪状态不好而缺席，督导会询问他们需要哪些支持。有时，支持者会参加一些不会给他们带来压力的学术工作，或者通过放松来练习自我调整。我们相信支持者知道哪些对他们的心理健康有益，并且不会让别人感到内疚。

每次督导会议结束时，支持者和督导都会进行总结。每个成员都分享他们的感受。支持者和督导都会意识到他们的情绪状态与开始时不同。如果会谈期间进行了技能练习，这可能会对团队的情绪产生积极的影响。支持者表达了说出心里话的好处，并感谢听众以这种方式帮助他们。在傍晚聚会的小组的支持者通常会感到疲倦和饥饿，他们期待在结束后和朋友一起出去吃晚饭。

与小组的情况一样，一些重要的支持者在工作中付出了大量的精力和热情，他们总是参加督导，在团体内扮演重要角色（如社交媒体经理或团体协调员），并成为第一个自愿领导正式会谈的人。这些小组成员在得到督导的支持后，积极性会提高。然而，当这些积极进取的小组成员承担了超出他们能力范围的事情时，督导会建议他们分解任务、转换角色或暂时休息一下。

其他支持者可能不是固定成员，或者是专门的督导参与者，他们并不希望承担太多工作。一些支持者发现自己不想参加正式的会谈，而是想在小组中承担更多的行政工作，这在管理预订课程时可能非常重要。支持者可以在任何时间扮演他们觉得最舒服的角色以及应用他们的技能。

督导是强制性的，积极预订课程的支持者要坚持参加。如果出勤率不佳，或者支持者退出，督导会联系他们，寻问具体情况。通常，缺席者多因为学习和生活上的事情较多，抽不出时间参加。有时，他们会为缺席而感到内疚。督导尊重他们的决定，如果想返回，大门随时敞开，如果不想返回，也会感谢他们的付出。

该群体全年都在波动和变化。新培训的支持者可能会在学期开始时充满热情，到了学期结束时，他们可能会因为预订人数少无法提供正式会谈而感到沮丧。有时，在督导中，小组会讨论为什么会谈比他们预期的要少，其中包括在线预订系统烦琐、感觉没有足够的学生了解该服务，以及可能存在个人、情感或社会障碍阻止了学生与朋辈的分享。支持者注意到，预订课程的男生比较少，他们产生了向特定人群进行宣传的想法。

督导们对这种看法的态度可能会有所不同。重要的是要承认支持者的感受是合理的，甚至可以接受批评。支持者根据他们在培训中收到的信息表达对服务、督导或他们期望的工作方式的“负面”感受是可以的。督导会分享一些有关如何看待服务的背景，以重新构建支持工作与会谈的想法，即向支持者展示他们在生活中每天都在使用支持技能，这是他们继续训练的价值。督导会帮助支持者认识到，他们与朋友建立良好倾听关系的方式巧妙地传播了这些技巧——良好的倾听是具有感染力的。

支持者参与朋辈支持的时间越长，督导在他们身上看到的情感成长就越多。一些支持者为小组中的新人提供指导，向他们传授经验和知识。倾诉者开始适应支持者的倾听风格，慢慢放松下来，不那么拘谨。

在大学生涯结束时，支持者分享了悲伤或“苦乐参半”的感觉。督导向支持者表示，即使他们不再在服务部门工作，他们学到的倾听技能也将永远伴随着他们。希望他们不要放弃与朋辈支持相关的这一部分。

结局和美好的告别

安妮-玛格丽特·汤普森

最后的晚餐，最后的吻，最后的火车，最后的终结……终于！一切都结束了。

搜索“结局”，你会看到一系列令人眼花缭乱的词汇和语句。结局可能是令人困惑、相互矛盾的，事实上，结局很少只是一件事。通常，结局意味着某事的结束或到了最后部分，不再依恋人、地方或事物。但结局也可以成为让我们聚集在一起的机会，提醒我们很快就到了放手的时候，让我们的注意力集中在此时此地，以及所有实现和未实现的期望上。它们可以是计划内的，也可以是计划外的，可以是预期的，也可以是意外的，可以是期待的，也可以是可怕的。它们激起各种情绪，如恐惧、悲伤、宽慰、焦虑、兴奋、辛酸和欢乐。如果我们敢于向内窥视，它就会有不同的深度和意义。支持者反思、发展自我意识和情感成长的能力贯穿于整个朋辈健康支持项目。因为我们知道这一点，我们作为咨询员、培训师、督导师的角色就是想象他们可能经历的无数可能的结局，记住他们，并帮助支持者以自豪的方式体验他们的结局。

结局带来了一些真正的挑战。每个支持者的经历都是个性化的，是他们为自己量身定制的，因此有很多种结局。对于一些人来说，这可能是对他们最初询问能否参加的答复。对于那些决定不继续申请的人来说，是一封感谢他们参与的电子邮件，并欢迎他在未来的某个时期再申请或使用该服务。同样，有些人会申请和接受培训，但后续由于某些原因无法继续。当情况发生变化时，他们无须重新申请，并且其职位将为他们保留，这是向学生展示他们重要性的一种方式。他们有权决定这是不是他们与朋辈支持的故事结束的地方，或者重新踏上新的旅程。始终值得注意和庆祝的是那些对朋辈支持表现出兴趣和渴望成为朋辈支持一部分、自愿花时间支持同学的学生。从一开始就承认这一点很重要。这说明了他们寻求加入的社区的一些信息——我们看到了你，我们听到了你，并感谢你想要做出改变。当我们教导参与的学生时，朋辈支持的曲线是一个广泛而包容的弧线，即在与他人建立联系的每一个微小的时刻都有能力做出改变。因此，我们从一小步开始，认识到每一步的重要性，然后从这里开始建设。

在 9 周内完成 27 小时培训，对学生来说，是成为支持者的一个重要里程碑，也是一项值得关注的成就。格拉斯哥大学以正式的方式将其纳入每个学生的高等教育成就报告（HEAR）中。这是格拉斯哥大学承认额外成就的官方成绩单，并在毕业时颁发。它为学生的个人发展提供了正式的荣誉。有一些参加培训的学生，由于各种原因，没有继续成为积极的支持者。他们反映，培训对他们来说是有价值的。参与其中的学生在看待自己的方式上经历了真正的改变。培训有助于学生学会新的人际关系交往方式，有助于增强他们的信心。他们宣传培训的价值，并倡导这项服务。正是由于这些原因，所有完成培训的学生的贡献以这种简单但令人难以置信的有意义、积极和有影响力的方式得到了认可。

对于那些继续成为支持者的学生，我们有很多方法可以记住并关注他们在朋辈支持经历中的结局。每次督导会议结束时，支持者都会通过反思他们的感受来检验他们的成果。学期结束后，该服务将暂时关闭。电子邮件收件箱中添加了自动回复功能，提醒学生支持者下一次何时可以提供支持。有时候，由于个人原因，学生不得不提前结束他们的志愿服务。督导会与这些支持者联系，与他们交谈，并为他们提供支持以及提醒他们可以随时回归。学生在不同的时间结束和离开。在督导小组中，结局是有计划和被记录的。为了感谢学生，有时还会准备蛋糕。学期结束通常也意味着夏季学期社交活动的结束。有些学生在整个大学期间都在提供服务，一些学生则以独特的方式做出贡献，组织或参加校园定制活动；有些人会在幕后默默工作，支持服务的管理；其他人会成为社交媒体的焦点。这是一个表彰个人和集体成就，庆祝朋辈支持社区的时刻。正如我们所提到的，这些结局可能是“苦乐参半”的。离开并继续前进会让人感到悲伤，但通常也有快乐，因为曾经的美好记忆、他们结交的朋友、他们为此做出的贡献都会得到认可。对于接下来会发生什么，人们可能会感到恐惧和不确定，也有期待。通常，另一扇门已经在他们面前打开了。我们希望他们已经学会敲开紧闭的门，因为他们内心有钥匙，并继续走下去。无论他们人生旅程的下一个目的地是哪里，我们都希望他们能走好每一步。

剑桥在线词典将“ending”描述为“过程的最后一部分，尤指某物停止存在的方式”。对于参加朋辈健康支持的学生来说，他们在朋辈健康支持的时间可能结束了，但他们学到的课程不会结束。一位支持者说的很有说服力，很有诗意：

感谢你们组织了这次令人难以置信的朋辈健康支持培训。对我来说，这是一段非凡的个人成长之旅。

随着春天的临近，我想起了朋辈健康支持的恢复青春活力的核心。就像春风一样令人舒适和振奋，我期待把我学到的课程带在身边，继续激励我前进。

最好的问候！

——何海若（中国安徽省芜湖市）

我们希望每个学生都能从朋辈健康支持的经历中获得一些重要的东西。这是一种深入学习的感觉——关于如何倾听自己和他人的声音，关于通过这种学习来改变和提升自己，关于感觉自己拥有了一个能更好地管理工作、爱情、生活的工具包，关于能够向前发展并为那些需要它的人带来改变。

无论支持者站在哪里，他们都告诉我们，他们与朋辈支持的旅程已经成为他们生活的一部分。这是格拉斯哥大学所提供的大学生活的一个方面。大学内的两个学院开设了成熟的本科和研究生课程，鼓励学生在学位之外发展他们的技能，分别是亚当·斯密技能奖和医学、兽医和生命科学学院（MVLS）技能奖。亚当·斯密技能奖建立在3个支柱之上：个人发展、社区和未来。MVLS技能奖也建立在3个支柱上：激情、专业和进步。学生在每一个领域从事一项活动。每个项目都提供了一种交朋友、参与、回馈和培养未来毕业生技能的方式。每个项目都鼓励学生积极参与，提供进步的空间，并将朋辈健康支持列为提供志愿服务机会的潜在合作伙伴，以帮助支持者发展这些技能。事实上，格拉斯哥大学一直鼓励志愿服务和毕业生学习技能。许多学生对心理学、咨询或组织系统方面的职业感兴趣并考虑从事这方面的工作。朋辈健康支持提供了一个获得实践经验的机会，让你了解什么是好的倾听服务。在朋辈健康支持和整个大学期间，我们明确表示，在履行这一承诺的同时，支持者也在确定职业身份、培养生活技能。对支持者来说，这很重要。在总结参加朋辈健康支持的收获时，来自苏格兰格拉斯哥的 Seonaidh Macgregor 告诉我们："是的，你这样做是为了帮助别人，它帮助你更多地了解自己，它也帮助你思考你离开大学后想做什么。"我们鼓励支持者在他们的整个旅程中反思 10 项关键的毕业生技能：学科专家、反思型学习者、自信、适应性、道德和社会意识、独立性、批判性思考、足智多谋、负责任和有效的沟通。当支持者意识到帮助别人对他们自己有多么大的帮助时，常常会感到惊讶和受到鼓舞。无论什么原因让支持者加入朋辈健康支持，他们都很珍惜培养全面的毕业生技能的机会，他们知道这将帮助他们从学习环境进入工作环境。

最后，我们也鼓励通过学生会代表志愿者奖来表彰支持者的志愿服务。学生们记录他们的技能和经历，并将其与格拉斯哥大学的研究生技能进行对比。他们可以达到铜牌、银牌、金牌或白金级别。每个级别都需要额外的志愿服务时间，也需要证明他们在此过程中获得的技能是如何得到发展的。与朋辈支持项目一样，这些奖项在高等教育成绩报告（HEAR）上得到正式认可。他们也有机会获得国家认可的 Saltire 奖。Saltire 奖是苏格兰政府对苏格兰青年志愿服务的认可。在朋辈支持领域，我们很自豪能够以这种相互联系的方式工作，为支持者提供一个获得专业知识的平台，并得到正式认可。它更有针对性地认可了个人努力和参与。对于有时间和能力的支持者来说，他们可以选择金牌或白金级别。一些支持者不会寻求额外的认可，但他们知道，如果他们想的话，机会就在那里。我们鼓励支持者做正确的事，目的是培养归属感和社区意识。了解投入的时间很重要，但朋辈支持的使命远不止于此。我们很自豪能与支持者一起建立一个更有情感意识的社区，一个以学生心理健康为中心、学生相互提供支持的社区。支持者对此也有一种真正的自豪感，对许多人来说成就感是一种内在的动力，也是他们参与其中的原因。

什么时候结束不是结束？毕竟，在每一个结局中，都有新发芽的种子。这就是朋辈健康支持的精神。格拉斯哥大学寻找那些想要改变世界的学生，或者像一名支持者在向下一代支持者移交工作时所说的那样，"立志激励"（印度，贾巴尔普尔）。没有一个项目是完美的，也没有一篇论文被修改得完美无瑕。它们总是在不断地发展和变化，由当时的环境和事件以及作为其当前监护人的学生群体所塑造。近年来，该项目受到新冠疫情影响。我们持续反思和回顾过程，把定性和定量反馈结合起来，分析已经取得了什么成就，哪些做得很好，哪些做得不好，下一步要做什么。学生是这一切的核心，在培训的每个阶段，在整个监督过程中，都要征求他们的意见。今年，我们考虑重新命名这项服务，更新培训，完善学生预订和使用这项服务的方式等。变化让我们保持创新，与支持者合作并为他们服务。

朋辈健康支持项目的核心优势之一是赋予学生们为自己、为他人以及在更广阔的世界中做出改变的力量。他们服务、塑造和改变世界。他们离开朋辈健康支持时，是作为自己学科的使者、项目的使者、大学的使者和更好的倾听使者。他们更愿意走向世界，去实现他们想要看到的改变。这就是“千里之行始于足下”。还有比这更好的结束方式吗？

项目介绍英文